圖解

五南圖書出版公司 印行

諮商理論與技術

閱讀文字

理解內容

觀看圖表

圖解讓

諮商理論
與技術

更簡單

序

序

　　諮商理論課程不好上，因為同時要囊括許多取向與學派，基本觀點的異同也時候會讓學生很混淆，然而這也表示基本功需要累積與熟悉，才能扎根、成為實力，同時也點明了入門書不好寫。五南文化公司有鑑於此，將發行一系列相關圖解書，一來是因應目前學生的閱讀習慣，二來是藉由圖表的輔佐，希望可以讓讀者更容易理解。

　　我之前寫過《諮商理論與技術》一書，於是以該書為基底，添加必要的圖文說明與整理，希望可以讓讀者更容易閱讀，我也感謝有第二次機會可以將理論的觀念與脈絡說得更清楚些。

第 4 章　關係與體驗取向的諮商理論

第 5 章　行為取向的諮商理論

第6章 認知取向的諮商理論

第7章 後現代取向的諮商理論

第 8 章　生態脈絡取向的諮商理論

第 9 章　總結：諮商理論與技術的學習與運用

第 1 章
諮商師的準備

1-1 為什麼要學諮商

　　諮商是一門助人專業，是藝術也是科學（Nystul, 2006），需要經過系統訓練、實習、完成論文之後，才有資格參加國家認證考試、取得諮商師執業資格，接下來可能在學校或是社區心理衛生機構工作，也可能是不受僱於機構的「行動諮商師」（free-lance counselor），然而不管是受僱或是自由行動的諮商師，最後還是會經過市場機制的檢驗，也就是當事人或是社福機構會從經驗或是聽聞的名聲來決定諮商師的「效率」程度。

　　有人將諮商當作是職業，可能因為名聲好、社會聲望較高、或是收入不差，也有人將諮商師當作是畢生志業，希望可以結合自己的個性與生活，成為貢獻社會的一種途徑。因此，在正式進入諮商師訓練課程之前，得先要問問自己：「為什麼想要做諮商師？」了解自己的動機，才會更清楚這個專業助人工作適不適合自己？此外，也要了解將要面對的課程與訓練。許多想從事助人工作者，第一個念頭可能就是想要協助他人，認為在助人過程中有很棒的酬賞，還有一些是希望可以趁機做自我療癒，想進入諮商這一行的人，可以先檢視一下自己的情況如何？藉此也可以更明瞭自己。

諮商師的養成與訓練

我國諮商師證照制度

　　我國自九十年《心理諮商師法》通過之後，翌年起就將諮商師證照考試列為基本資格考，也就是準諮商師必須要在諮商或輔導相關研究所畢業（其中包含第三年的「全職實習」）之後，才能取得報考資格。目前每年舉辦諮商師高等考試兩次（二月與七月），平均「六十分」為及格分數。

　　國家考試的項目，最初是直接沿襲美國諮商師學會的做法，規定準諮商師要有八大領域的基本知識，考試科目原本為六項〔人類行為與發展、諮商與心理治療理論、諮商與心理治療實務（包括諮商倫理）、團體諮商與心理治療、心理測驗與評量、以及心理衛生（包括變態心理學）〕，但是自一○二年起，修改為以下六項：

　　（一）諮商的心理學基礎（包括社會心理學、人格心理學與發展心理學）。
　　（二）諮商與心理治療理論。
　　（三）諮商與心理治療實務、專業倫理。
　　（四）團體諮商與心理治療。
　　（五）個案評估與衡鑑。
　　（六）心理健康與變態心理學。

　　兩者的差別只在於分類的部分，內容還是一樣，考試類型為申論與選擇題兩類。一般報考的諮商師認為較難的科目是「人類行為與發展」及「團體諮商與心理治療」兩項，前者需要注意許多的理論與細節，後者重實務經驗與體悟。

成為助人專業的動機 (Schneider Corey, & Corey, 2011)

助人動機	可能的危機
我想要對他人造成影響	因為重視當事人的改變，可能會從「賦能」（使其有能力或力量）當事人而獲得滿足，若當事人無意改變、就容易受挫或灰心。
我想要回饋給曾經幫助我的人	自己曾經受到協助，轉而想要幫助他人，也可能因為過度幫助，而讓當事人覺得無能或無自信。
我想要照顧別人	是因為自小就有的習慣，也成為個人認同的一部分，但是這種單向的照顧，一來不一定得到認可或喜愛，二來容易身心耗竭。
我想要協助自己、做自我療癒	諮商師有過創傷經驗，容易過度同理當事人、或將當事人視為自己的延伸，失去客觀性，反而未能協助當事人。
我想要被需要	覺得「被需要」很重要，若他人不感激就會失落或憤怒，也可能忽略了自己的需求。
我想要有名望、地位與權力	這一行有時必須與許多弱勢族群工作，經濟上的酬賞並不豐厚。倘若諮商師以收入為考量，是否就不去幫助需要協助的人，或是讓可以結案的人持續接受治療？這是否也違反了專業助人的善意與本質？
我想要為問題提供解答	很多時候一個問題並沒有一個解決方式或根本無法解決，有行動做改變的還是當事人本身，若當事人無改變意願或動機，諮商師就容易受挫或認為當事人不合作。
我想要獲得掌控	生活中有適度的掌控是正常的，倘若想控制更多、甚至涉及他人的生活，不僅對方可能會有反感或抵抗，諮商師本身也會有情緒上的失調或失控。

美國諮商師考試的八大領域

1-2 諮商師到哪裡去？

　　諮商師證照的考試只是「入門磚」，通過國家考試只是諮商師執業的第一步，表示有執業資格，接下來需要經過市場機制的篩選，也就是靠實力來決定諮商師的專業聲望。目前國內諮商師主要是在大學院校、公私立社會福利或醫療機構任職，此外就是「行動諮商師」，沒有受僱身分，只是接案子、做臨床工作。

　　大部分的諮商師在大學或專科以上的校園裡工作，有些在高中職執業，這些諮商師除了臨床實務工作外，還需要有策劃活動、擬定與執行計畫，甚至撰寫研究計畫與評估結果的能力，研究生因為都經過論文的薰陶與實作，有過研究法、統計等訓練，基本上沒有問題。

　　專業諮商師不僅要會做研究（或執行方案計畫）、會寫報告，在專業生涯裡很重要的是持續進修，閱讀相關論文與報告就是最便捷之途，倘若諮商師自視其短、拒絕新資訊的吸收，不給自己學會閱讀數據或報告的能力，也可能斷了許多自我與專業成長及發展的機會。諮商師最重要的老師就是當事人，理論需要許多的實務經驗來印證與修正，諮商師會隨著臨床實務經驗與進修的增加而精練自己的專業，然而影響其業務的盛衰還是以市場來做決定。

諮商專業訓練課程

　　美國一般的諮商師養成課程科目包含：人類成長與發展、社會與文化基礎、助人關係與團體工作技巧、生涯與生活型態發展、評鑑、研究與專業取向（professional orientation），而體驗內容主要是放在課堂上的角色扮演以及後來的校內與校外實習（Hazler & Kottler, 1994）。目前我國有二十八個諮商相關研究所在做諮商師培育的訓練，但是課程、教師與學生素質還是有差異。

　　專業課程是一般諮商相關研究所會提供的內涵，研究生在學校學習的第一、二年，基本上就是專業課程的學習，如果非本科系大學畢業，可能會要求學生往下（大學部）修習一些預備課程（如輔導原理、心理測驗與統計）來補足。而在研究所第一年下學期，許多學校都會開始安排研究生進入實務現場去見習與實習，碩二就要開始兼職實習，碩三就要做「全職實習」，通常在碩四那一年，研究生會將心力放在論文的執行與完成上，碩四畢業後參加每年兩次的諮商師高考，通過之後就取得諮商師執業資格。目前正式課程的學習還是不夠周全，因為其目標只是提供學習者入門的知能，無法提供準諮商師足夠的能力去因應職場的需求，也因此準諮商師需要花額外的時間去汲取其他相關資訊與經驗（Kottler & Hazler, 1997）。

小博士 解說
- 「兼職實習」（或稱「在校實習」，practicum）：在學校或是社區心理健康機構擔任實習工作，這些實習機構通常需要經過衛福部的認可。
- 「全職實習」（internship）：像正式上班族一樣朝九晚五地工作，有規定要滿足的實習時數（包括諮商的直接服務、衛教宣導、諮詢、行政及其他相關業務）。

我國諮商師證照考試領域與科目

諮商與心理治療理論領域課程	諮商與心理治療理論 諮商理論與心理治療理論
諮商與心理治療實務領域課程	諮商實習或諮商與心理治療實習 諮商專業實習與諮商心理實習
諮商倫理與法規領域課程	諮商倫理與法規 諮商專業倫理與諮商倫理或諮商與心理治療倫理
心理健康與變態心理學領域課程	心理衛生 變態心理學與心理病理學
個案評估與心理衡鑑領域課程	心理測驗或心理評量 心理測驗與衡鑑及心理衡鑑或心理評估
團體諮商與心理治療領域課程	包括團體諮商理論與實務或團體諮商理論與技術 團體諮商與團體心理治療
諮商兼職（課程）實習領域課程	諮商實習或諮商與心理治療實習 諮商專業實習與諮商心理實習

成為諮商師流程

專業訓練課程 ▶ 實習／論文 ▶ 畢業 ▶ 考諮商師證照 ▶ 執業

1-3 了解不同學派或取向的世界觀

　　每一個學派都有不同的「世界觀」（worldview），指的是對於人性、社會關係、人與自然的關係、時間與活動取向等，都有不同的看法（Nystul, 2006），尤其是對於問題的產生與定義有不同的觀點，這些就會與準諮商師的一些既定信念有交會或衝突，因此諮商師選擇的諮商理論或取向，可能是與自己個性、經驗相符，或是可以說服自己去解釋相關的生命經驗，此外就是對於問題之所以會發生的理由與解釋。準諮商師對於某些特定的學派可能會較喜歡，也許是這個（些）理論與自己的生命經驗相映照、或是足以解釋準諮商師的生命經驗，也因此，倘若諮商師要以某些取向做為自己執業的基礎，也必須要自己先相信、接著才會在生活與實務中履行與實踐。

　　「諮商理論與實務」是諮商師最基本的課程，然而理論也必須要一再研讀、對照自己的生命經驗及臨床實務，才可以融會貫通，而實際的生活與臨床經驗，也可以協助準諮商師對於理論的進一步了解與可能的質疑。「理論」與「實務」是一體之兩面，缺一不可！

實習

　　諮商師養成過程基本上在國內是經過三至四年的培養，除了要修習諮商專業相關課程之外，還要通過全職實習一年，然後完成論文、通過口試，才能取得諮商師證照考試的資格，接著通過諮商心理師高考、取得專業執業證照，就可以執行諮商師的工作。諮商師養成的專業課程（基本上吻合證照考試科目）包括幾個領域，前面已經介紹過，這些領域則是我們自美國諮商師證照考試移植過來的。

　　專業訓練課程中最重要的包括第三年的全職實習（或校外實習），這也是一般準諮商師認為對其專業最受用的部分，在此之前有所謂的「在校實習」，其實也不是在本校內實習，而是在校外機構擔任兼職的實務工作，也就是可以實際接觸到當事人與諮商相關事務，儘管如此，在學校學習階段，實務上的歷練仍嫌不足。倘若在實習之外，自己可以找機會擔任相關助人工作的義工，也不失為增長自己臨床經驗的好管道。

　　實習過程中，新手諮商師不免會有一些焦慮或擔心，像是不清楚督導過程、擔心督導的評估、擔心督導關係、受督者未解決的衝突或個人議題等（許韶玲，2003），而這些都是專業養成之路必然出現的情況，其實不必過度焦慮，不妨將其視為挑戰與需要克服的課題，即便是資深諮商師，面對新的當事人與議題，也依然會有焦慮或是陌生感，卻不會因而減少助人的熱忱與努力。

小博士解說

　　督導有「在校督導」（school supervisor）與「駐地督導」（on-site supervisor）兩位，前面指的是授課教師，後者指的是實習單位或機構的督導。

不同學派的人性觀（整理自 Corey, 1991, pp.447-448）

取向	人性觀
精神分析	人類基本上是受到生理力量與早期經驗所決定，無意識動機與衝突是目前行為的中心。
阿德勒	人類行為受社會興趣所驅動，每個行為都有其目的，在生命早期就形塑了不同的形態。
存在	人類生存的條件，包含了自我覺察、選擇的自由與責任、焦慮從「不存在」而來、創造生命意義。
個人中心	人性是向上向善的、有成長動能，人越能自我覺察、自主、自信，就更能自我引導、達成自我實現。
完形	感受、思考與行為是一體的，成長是從環境支持發展到自我支持。
溝通交流	人有選擇的潛能，也可以改變選擇。
行為	行為是學習的產物，我們同時是環境的產物與創造者。
理情與認知行為	人的行為與情緒主要是受到個人「詮釋」事件的影響。
現實	人是自我決定、也是自己生命的主宰。
焦點	人是自己問題的專家，也有自己可用的資源，只是容易卡住或忘記資源、才會產生問題。
敘事	人所建構的事實受到主流社會的影響，因此容易流為「受害者」，人有多元身分、也應被尊重。
生態	同時重視個人內在、環境與人際之間的關係，將人置於脈絡中做考量。
家族治療	家庭是一系統，置於社會與文化的大系統中，家庭成員也是系統中一員，容易受到系統的強烈影響，這個系統也包含情感成分。

＋ 知識補充站

諮商取向

諮商取向可以是融合不同的學派或單一學派而成，基本上是諮商師「相信」的學派。像諮商師以阿德勒自我心理學派及存在主義學派為取向，二者皆是「人文取向」，只是重點或有不同。

1-4 督導角色

　　實習過程中，在校督導與駐地督導會做密切聯繫、了解學生實習的情況，「在校督導」還負有「守門人」（gatekeeper）的職責，也就是實習學生的情況會影響日後該機構是否願意繼續接受該系所的實習生？「駐地督導」因為事關其機構或學校內學生的福祉，更是會謹慎小心！

　　不同學派或背景的督導，可能有不同的督導風格與重視事項，但是一般說來督導除了「監督指導」實習生的工作之外，還兼負著其他角色，包括老師、諮詢顧問、諮商師、教練、楷模或父母的角色，受督導的實習學生要有「不恥下問」的精神，主動積極的學習態度，也要以督導作為學習的楷模，不要將自己侷限在小小的諮商室裡，而是願意踏出去、接觸不同的個體與人群，宣導諮商專業，讓助人專業更可以被一般大眾接受。實習諮商師對於督導的態度，秉持著「後學者」的謙遜與尊重、積極主動之外，也要有質疑的勇氣。許多實習諮商師很擔心督導的「評分」角色，不敢對督導的意見有任何質疑，其實也不是明智之舉；要記得督導也不是完人，也有接受挑戰的肚量。目前國內已經開始施行督導訓練與認證制度，也就是希望經由系統訓練，讓督導制度更為完備、完整，可以培育出更優良的諮商師，也繼續承襲諮商專業。

　　此外，有朝一日成為執業諮商師之後，諮商師除了專業成長上仍需有督導協助之外，也可能成為實習諮商師或一般諮商師的督導。許多諮商師成為督導之後，基本上是沿襲自己之前的被督導模式進行督導工作，或是以自己熟悉的理論取向做為督導的理念基礎，當然也需要了解督導的一些發展理論，可以讓自己的督導工作更專業而有效率！可惜的是，許多諮商師培訓課較缺乏「督導」課程，除非是博士班的課程才會包含。

　　即便諮商師已經自己執業，也要有持續進修的努力，可以藉由自費督導（自己出錢請督導協助）的方式，讓自己可以有固定諮詢對象，而同儕督導可能是最為便捷、也是最為可行之道，因為許多諮商師可能都是自己開業或是單獨作業的行動諮商師，只是憑藉著自己的努力、沒有同儕的支持，常常陷入耗竭的危險，藉由同儕督導的機會，彼此可以互相提攜與學習、繼續成長，不僅可以了解其他同業處理不同個案的方式、看見自己的盲點，也可以學習到以多元觀點來看事情、最新的技巧與理論，也互相支持。同儕督導可以是同一機構的諮商師、或是跨機構的專業助人者，進行方式則可用個案討論、讀書會或是同儕督導團體等進行。

督導功能與方式（整理自連廷嘉、徐西森，2003, p.92）

督導功能
● 檢核與評量
● 教導與建議
● 示範
● 諮詢與探問
● 支持與分享

督導方式
● 講述
● 示範
● 觀察諮商過程
● 現場立即督導
● 諮商後依據錄音（影）內容提出討論與回饋
● 體驗性作業

督導任務（整理自連廷嘉、徐西森，2003, p.93）

諮商技巧	示範或教導諮商技巧，並做適當釐清。
個案概念化形成	協助受督者將當事人求助的優先次序、資源、可能進行方式與考量做計畫。
專業角色	維持適當關係界限與角色、謹守倫理規範，並做適當督導楷模。
情緒覺察	對受督者與自我的情緒有適當覺察並處理。
自我評量	針對自己的督導工作與角色做評估，以為改進。

✚ 知識補充站

同儕督導團體指的是同樣從事助人專業者固定聚會的團體，裡面成員可以全部是諮商師，或是來自不同助人領域者（如精神醫師、社工、諮商師、心理師等）。

1-5 專業證照考試

　　碩士課程畢業之後，只是取得了基本考照的門檻，接下來要通過國家「諮商心理師」的考試，才可以取得執業資格，接著就由市場機制來篩選或決定諮商師的效能。許多諮商師為了讓自己的能力提升、以及專業加強，還特別修習了特殊取向的證照（如精神分析、完形、心理劇、溝通交流分析、現實治療、理情治療等），或是針對某特殊族群（如青少年、女性、少數族群、身心障礙等），或是議題（如家庭暴力、性傾向、上癮行為、情緒困擾等）參與特別課程或訓練，而取得相關證明。不管是分類或是族群不同的領域，也是國內諮商專業發展的未來趨勢（林家興，2009）。

　　證照的意義有二：（一）作為諮商師專業執業的決定與約束，也明確指出擁有諮商師執照者的執業範圍；（二）是為了一般社會大眾的福祉，確保該執業者業已完成最低限度的教育訓練、被督導經驗、以及通過若干評估與篩選，可以執行其相關專業業務。換句話說，擁有諮商師證照表示諮商師本身受過必要的一些專業訓練、且通過最低限度的評鑑，可以讓一般大眾免於被不合格或未受最低必要訓練的諮商師服務。但是證照並不等於保證該諮商師「有能力」完成所規範的相關工作、也沒有具體說明該諮商師可以服務的族群或問題（Corey & Corey, 2011）。

　　專業證照考試只是成為諮商師的入門磚，有照的諮商師在執業期間，還需要滿足「繼續教育」的進修規定，在執照有效六年內需要完成最低時數的相關專業繼續教育訓練（其中包括倫理與法律十二小時，目前還增加傳染病的部分），雖然沒有硬性規定也需要有督導、同儕個案討論等進修項目，諮商師也要加入專業學會或團體、時時閱讀相關專業期刊與研究報告，必要時尋求諮詢或督導、個別諮商或治療，以及參與研討會或是相關會議，這些都有助於提升專業知能與聲望。

諮商師的自我認識

知汝自己

　　成為一個諮商師最重要的是了解「自己的模樣」，或是「自我知識」（Corey, 2001），知道自己是誰，也是發展自我獨特諮商型態的起點。擔任諮商工作，接觸的是一般人生活中會遭遇的問題與瓶頸，因此治療師本身也要對生活周遭的相關議題有所了解，此外，因為諮商師是人、在諮商場域也會觸碰到自己許多未探索的障礙，如權力、性慾、價值觀，或一些存在議題，如孤單、死亡與意義，可以藉由進一步的覺察與行動，讓自己的專業與生命品質更佳！

成熟的諮商師應該展現的特色 (Jacobs, cited in Whitmore, 2004, pp.67-68)

成熟的諮商師應該展現的特色

了解人類成長與發展、心理病理學、不同理論與取向的理論與實務、研究方法與覺察。

成熟的判斷力與做決定（評量與治療過程）的自信、做評估的能力。

在與當事人接觸或焦慮時，還能同時去思考與聚焦。

能評估諮商過程（包括自我評估、監控自己的判斷、與發展一個「內在督導」）。

對督導的態度（不只是訓練之必要，也是深入了解與發展實務的重要諮詢來源）。

藉由不防衛地對實務做反省，從錯誤中學習。

對學習開放（統整知識與實務）。

能夠有效率地工作，隨經驗拓展個案源與脈絡。

對「未知」覺得坦然，有能力放棄威權的需求、也對自己能力更有自信。

對自己能力的真誠謙卑，也讓當事人可以更認可助人專業。

自我接納、有自信地自我呈現、一致的承諾，與當事人工作時展現出效率與專業。

從不同經驗裡持續自我發展與增進自我知識。

隨時間而增加的效率，有機會與不同的當事人工作，統整理論與實務，也可以發展劃時代的新理論。

有效能諮商師應具有的特色 (Kinnier, 1991, cited in Capuzzi & Gross, 1995, pp.34-36)

自愛	要有自信、自我悅納與愛自己，接受自己有能力去愛與尊重他人，以及自我實現的能力。
自我知識	了解自己，對於自己的感受、動機與需求保持覺察，會自我反省且願意去了解自己。
自信與自我控管	對自己有自信且可以獨立作業，有適當的能力與果決行為，可以合理地管控自己的生活並達成目標。
清晰的現實感	周遭事物雖然很主觀，但是有足夠的社會共通性，有清楚現實感、對生命樂觀。
勇氣與韌力	人生縱使無常，但是願意去面對挑戰與改變現狀，能從沮喪或挫敗中重新振作起來。
平衡與中庸	工作與玩樂、笑與淚、享受預先計畫或自發性的時光，可以很邏輯也很直覺。
愛他人	深切關切他人福祉或是人類的處境，有隸屬感、給予與接受愛、與他人發展緊密的關係。
愛生命	幽默、自發性、開放、積極主動、好奇、愛冒險、享受悠閒，也期待偶發的情況。
生活有目標	生活有目標，也願意去投資、創造意義與滿意度。

1-6 諮商理論決定對問題的看法與處置方向

　　理論是提供處理問題的一個系統取向、也是有效治療的根基，理論取向的不同，主要是因為每個取向對於人性與問題的解釋及處理不同；精神分析取向認為人性是生物決定論（受驅力與本能所影響），人本取向則是相信人性本善、人有自我實現之潛能，行為取向則是認為人受制於環境、人與環境是互動的，認知取向對人性持較為中立的看法，從此延伸對問題的認定與治療方式也殊異，基本上其共同點在於「行為是可以改變的」（George & Cristiani, 1995）。

　　理論不是一成不變的，而是提供一個大概的架構，讓諮商師將諮商過程的許多面向合理化、賦予意義，提供諮商師如何進行助人工作的藍圖（Corey, 2001, p.3）。不同的理論架構是提供諮商師「解釋」或「理解」當事人所帶來關切的議題，因此對於同一問題或是困擾就會有不同的看法與可能歸因，而這些就影響諮商師下一步的處置計畫與動作。選擇一個特定的諮商理論，也表示自己生活得像那個取向的信徒，這就是諮商師的「表裡一致」。

諮商師的價值觀

　　諮商師的價值觀也影響其對於助人專業所要成就的為何（Corey & Corey, 2011, p.26）？畢竟，專業助人者想要從工作中創造與衍生的意義不同，因此也需要檢視自己為何想要從事這一行？是希望賺錢、有權力、成就感或聲望地位？還是因為工作的穩定性、變化與創意、責任的承擔、展現獨立或與人合作？或因為自己的興趣、冒險性、喜歡智性的挑戰與競爭、追求內在的和諧？對於與自己價值觀不同的人有何看法？可以忍受他人不同的價值觀或堅持、仍保持開放的心態嗎？

　　每一個諮商理論與運作都有其價值觀涵蘊在裡面，因此所有的諮商理論都不是「價值中立」（value-neutral）的，而每一個理論都只解釋了「部分」的事實，因此在學習諮商理論的同時，不要忘記帶著批判的眼光來理解。

　　在諮商過程中，也不能免於價值的影響，有效能的諮商師會注意到當事人的價值觀、也不強加自己的價值觀在當事人身上，只是或多或少、有意無意之間，都不免會將自己的價值觀傳達給當事人知道，諮商師的工作不是去批判當事人的價值觀，而是協助當事人探索與釐清信念、運用在問題解決上（Corey & Corey, 2011）。況且要讓諮商效果好，諮商技巧與過程就必須要適合當事人個殊的價值觀、生命經驗與文化背景（Corey, 2001）。偏見與成見可能是因為資訊不足、或是原先未驗證的刻板印象，導致諮商師在面對有些當事人或是議題時，已經有先入為主的想法，而帶著這些有色眼鏡做治療工作，可能就會妨礙或危及當事人福祉。

諮商師的價值觀檢視表

價值觀	進一步思考
我對於性別的看法	是否很堅持不同性別的刻板印象或偏見？ 是否認為男人應該像什麼模樣？女人應該如何？ 對於不同生理性別所表現出不符合該性別典型行為（如男生很娘、或比蘭花指）會覺得不舒服或噁心？
我對於性傾向少數族群的看法	對於性傾向少數群是否有足夠的認識？
家庭價值觀	對於不同性別在家庭中的角色如何？ 對於「完整家庭」有無迷思？
宗教或靈性信仰	對於諮商師自己與當事人的宗教信仰有無迷思？ 或因為宗教關係，有些價值觀不能改變（如不贊成同性婚姻或墮胎）？
我對不同種族人的看法如何？	國內不同的種族（如閩南、客家、外省、原住民、新移民）有其特殊的文化背景或宗教信仰，諮商師本身有無意願去了解？ 與這些族群有無第一類接觸經驗？有無刻板印象？ 對國外的白種人與其他不同種族或膚色人種的看法與對待是否不同？
生命權	對於墮胎（維護生命權或選擇權）或安樂死的觀點如何？
性慾與性行為	諮商師本身對於人類性慾的看法如何？ 對於自己的性慾與親密關係有何想法？ 對於當事人提出有關親密關係或性行為的態度如何？ 對於結婚與單身、婚外情或劈腿的觀點又是如何？

註：當然檢視項目不只這些，其他像是對於不同年齡的人、不同社會階層、不同障礙程度、不同裝扮等等，是不是會有既定的印象或評估？而這些也可能會在治療場域中出現、影響治療過程與效果。

價值觀的影響示例

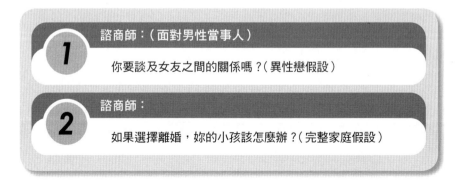

1 諮商師：（面對男性當事人）

你要談及女友之間的關係嗎？（異性戀假設）

2 諮商師：

如果選擇離婚，妳的小孩該怎麼辦？（完整家庭假設）

1-7 **諮商師的自我覺察功課**

　　助人之前要先學會助己。許多進入諮商輔導專業課程的準諮商師，第一個念頭是想要協助他人，然而諮商師訓練中很重要的一項功課是：將所學運用在自己身上，如果有效，再將其運用在當事人身上。「諮商」是一種生活方式的選擇，學習諮商就表示喜歡這樣的生活方式，願意讓諮商成爲自己生活的一部分，而且劍及履及，甚至與諮商「合而爲一」。

　　有人認爲諮商只是自己謀生的方式，與自己的個性及生活無關，因此也接受自己在臨床場域的表現（專業態度與行爲）與眞實生活（做自己）不一致，其實很值得商榷。倘若諮商是一種生涯選擇，所謂的「生涯」包含了自己的個性、喜愛的生活方式與態度、生命意義之所在。也因此，選擇諮商做爲一生的志業，除了相信助人對自己的生命極具重要意義之外，也願意在生活中履行諮商人的哲學與原則。

　　覺察的工作不是在專業或臨床上而已，最好的方式就是在日常生活中養成覺察的習慣，誠如曾子所謂「吾日三省吾身」。正因爲諮商師所面對的當事人也都是在一般生活中遭遇困境或瓶頸，諮商師也是一般人，所以更需要在日常生活中有更敏銳的覺察與感知，才能夠更眞實體驗當事人的經驗。

　　許多的價值觀存在於「認知層面」，但是很容易在言行舉止之中表現出來，因此即便諮商師在上述的覺察上都無問題，然而在現實情況中的表現可能會有差異，若沒有敏銳的自我覺察習慣，很容易就犯下錯誤、甚至傷害了當事人。通常是在遭遇一些情況時（有時很細微），諮商師才會敏銳覺察到自己的價值判斷，倘若沒有刻意留意，其實很容易事件過去、也不會引發任何反思或改進的動作。

覺察是經過刻意訓練

　　儘管人有自我反省的能力、基本上也是理性的動物，但覺察是需要經過自己刻意訓練，不是渾然天成的。諮商師自我覺察會越來越迅速，且更容易找出解決之方，進一步有改變的行動。諮商師的繼續進修是當事人之福，同樣地，諮商師願意自我覺察，不只在專業上更能勝任，在自我生命與成長上更是獲益良多！有些覺察是旁人提醒，但有效能的諮商師的確有更多的、細微的自我覺察。

　　此外，諮商師要有多元文化的知能與覺察，平日所接觸的人物或是事件，也都可以讓我們廣開視野、悅納多元，也會更進一步去了解不同背景與經驗的人及其文化，在實際與當事人接觸時，不妨站在「未知」的立場，虛心求教於當事人，也是尊重當事人及其文化的表現。

諮商師日常生活的自我省思

諮商師自我覺察項目	舉例
與原生家庭的關係	我與家人的關係如何？ 我的家庭氣氛如何？ 我的家庭有哪些價值觀或是規則？ 我從父母親身上看見甚麼？ 我與手足間的關係如何？ 我的原生家庭可有祕密？ 我父母親的原生家庭如何？
個人成長史	生命中重要他人是誰？對我的影響為何？ 我的生命經驗中有哪些重要事件？ 我對這些事件的看法如何？ 從性別角度來看自己的成長史，有沒有什麼特殊事件？ 我對自身成長的文化與族群了解多少？ 我的文化對我的影響為何？
接案之後的省思	我對這個當事人有何看法？ 生命中是否也曾有過類似經驗的人？ 我覺得這個案子很棘手還是很容易？ 我喜歡我的當事人嗎？ 這個當事人讓我想到什麼？
每日的生活省思	我今天過得如何？ 有沒有看到特別事件或人物？ 我今天的心情與狀況如何？
對於理論與實務的連結	我是否閱讀或是聽聞最近的專業論文或相關文章？ 參加了研討會或聚會有一些新的學習？ 我今天對於哪個觀念又有了新的體悟與認識？ 我發現哪個理論的哪一點可能有新的創發？ 我試用了一個新的技術，這個技術是我自己發想的。
閱讀或是影音資料	哪些訊息跟我之前的理解不同？ 哪些故事或資訊勾起我曾有過的經驗或傷痛？ 這些都處理了嗎？ 要不要繼續處理？
聊天或討論	我對於某些人的看法是否改觀？為什麼？ 今天又有哪些重要的提醒與領悟？ 感謝這些人在我生命中出現。

1-8 **學習諮商的可能迷思**

在大學階段，諮商相關系所的同學常常被外人誤解，而本系所學生也常有錯誤的自我期許。這些錯誤期許，若沒有經過自己的檢視，也很容易誤導學習的方向！曾經有許多學生進入諮商系所，發現裡面的訓練嚴謹、課業繁重，後來就打了退堂鼓，白白浪費了珍貴的時光！也有研究生最後選擇不去實習，只完成論文交差，當然也無法進入諮商師之堂奧。

許多諮商相關科系的學生慢慢學習專業領域的知識之後，也會變得更謙虛，知道自己所學不足，而從學習諮商的過程中，也對於自己與人性更了解，清楚諮商此一專業的使命與責任。

新手諮商師的迷思

沒有人是從「零」開始

許多初學諮商的同學會告訴我：「我什麼都不會。」我的回應有兩個：（一）承認自己「什麼都不會」需要很大的勇氣，但是這也表示同學的「虛心」願意學習的動機；（二）「什麼都不會」是一個迷思，即便同學認為自己在助人專業上的經驗是「零」，但是事實卻非如此！因為對於「學習諮商課程」可能是開始，但是每個人都已經達到成熟的年齡，之前也有過生命經驗，因此「諮商」的「準備度」是綽綽有餘！以往的生命經驗與各種學習都可以是學習諮商的「資產」或是「踏腳石」，一點也沒有「枉走」。

新手諮商師的擔心

我在帶領學生實習時，也發現學生常常會有一些擔心，包括：希望可以討好當事人或被當事人喜歡、害怕當事人不出現或不再出現、無法處理非自願性當事人、擔心自己處理不當或者可能傷害了當事人、無法辨識與處理危機、不知道該在何時使用何種技巧、誤以為「技巧」等於「專業」、擔心當事人認為自己不夠專業、甚至認為諮商是自己獨力一人的工作等等。這些擔心與焦慮都是正常的，然而隨著時間與經驗的累積，新手諮商師會慢慢成熟，以上這些焦慮也會減緩。

基本上，諮商師所接觸的都是在生活上已經面臨瓶頸或是困厄的當事人，所聽到的故事當然也不是賞心悅目，因此不動感情是不可能的，但是要隨時覺察，以免陷入情緒的洪流、讓自己的價值觀或是個人經驗影響當事人的福祉。有些新手諮商師常常會將治療成效視為自己的單一責任，其實在治療中責任是會轉移的，也就是諮商初期是治療師擔負大部分的責任，然而進入諮商中期後，則是將責任慢慢移轉到當事人身上。這也說明了現代心理治療裡的「平權」關係，諮商師很重要的職責是「讓當事人成為治療過程中的積極主動參與者」（Corey, 2001, p.23），也只有當事人的主動參與，改變才更為可能。

學習諮商者的錯誤自我期許

自我期許	說明
選填科系時，以為只要自己進入這個系就可以學會「測心術」	知道別人腦中在思考什麼
學了一點點就用來賣弄	以所學理論來解讀他人的行為，不管正不正確
用所學來解讀自己行為	分析自己的某些行為是否為「不正常」
認為自己不能協助他人就很挫敗、對自信的打擊	忘了自己才剛學習助人專業
以為進入本系之後就是專業助人者，可以服務他人	主要還是要看自己學了多少、有多少本事

他人對於心輔系學生的錯誤期待

他人期待	說明
不知情的人以為同學一進入這科系就「應該」可以「解人疑竇」或「處理心理相關困擾」	就像是「認為」學佛的人「應該」有「佛心」
只要本科系的同學做出「不同理」、「不協助」的行為，就會加以韃伐	譬如「你們不是學輔導嗎？怎麼這麼自私？」
將同學當作「專業人員」或是傾吐對象	逼迫學生要「表現」專業
認為「諮商人」應該都滿懷愛心、以助人為樂	諮商師也有不同個性，展現不同風格

心輔系學生對諮商的迷思（邱珍琬，2013）

迷思類別	說明	舉例
對尋求諮商（求助者）的迷思	包括對象與治療時間。認為諮商是有問題或有病的人、甚至是情況很嚴重的人才會去求助，或是對於諮商效果過於樂觀。	● 心理有問題的人才會去諮商。 ● 踏進輔導室或是諮商室的，大多是問題學生或兒童。 ● 只要去諮商，問題就一定可以解決。
對諮商師本身的迷思	包括諮商師特質、訓練、能力、諮商師生涯目標與諮商關係。認為諮商師應該是善良、平易近人，或是有讀心術，也有認為諮商師是要賺錢、或誤解治療關係的。	● 諮商師不需要有什麼能力，只要具備善良的心。 ● 心中所有的困擾，都被諮商師察覺，且都會被解決。 ● 諮商師沒有意願去幫你，只是為了你的錢來幫你，當你是一個客戶。 ● 可以和諮商師當朋友，之後看診時可以便宜些。
對諮商過程的迷思	包括諮商只是灌輸想法、聊天或問問題，挖人瘡疤、情緒宣洩、以及對諮商架構的迷思。	● 諮商只是與諮商員聊天、談心，只是請一個人聽自己抒發而已。 ● 諮商師是一個恐怖的人，把你的傷痛拉出來。 ● 沒有時間限制，講到我想停了為止。
自身對諮商求助的迷思	包括洩密、被諮商師或社會貼標籤、諮商效果、占用資源與諮商本身。	● 我會害怕諮商師對我說的事件能否保密。 ● 害怕諮商師將自己視為生病的人，或者是不正常的人。 ● 害怕自己的問題並非大問題，會給人帶來不便或浪費時間。

1-9 諮商技能從自己本身做起

諮商理論與技術的課程，基本上會按照「由淺入深」、從基本到個別的次序來安排，讓學習者從最基本的入門介紹，慢慢可以區分學派或取向，做更深入認識。只是諮商學派與取向太多，並不是靠四年或是兩年研究所課程可以完全包括，學生必須自己更積極學習、甚至參加校外的許多研習，才可以讓所學更根深柢固。

諮商理論與技術的學習光靠上課是不足的，因此最好是學習者隨著教師上課的進度學習，也要做充分閱讀的功課，教師所開的一些參考書目最好都瀏覽一遍，或是配合上課進度做補充閱讀。當進入不同取向或學派的進度（或課程）時，也可以去找原創學派學者的作品來閱讀，甚至是閱讀他們處理案子的逐字稿，更可了解此學派之真髓。若是學習者對於某一學派特別感興趣，不妨請教老師提供一些書單、或是自己上網找資料閱讀，當然參加相關學派或取向的工作坊、研討會或是課程，也是相當有幫助的。

在學習諮商理論與技術初期，許多人很容易將不同學派的立論搞混、辨識力較低，但是隨著閱讀、上課與經驗的增加，基本上會將這些取向做基本的區辨。有關諮商理論的書籍，可能是授課教師某一學期採用了哪一本書做為指定閱讀，但是學習者卻無法詳細讀完、吸收了解其真義，很擔心一學期結束，這本書也不可能再去翻閱，那麼就留下來、好好依照自己的步調做完整閱覽。有關諮商理論與技術的入門書都借來翻閱，一來可以讓自己更了解每一位作者所說的是不是同一回事？我的理解有沒有錯誤？或是只看一位作者的解釋仍不清楚，多看看其他作者的，可能就會理解；有關理論的書，都可以一再翻閱，每一次閱讀也會有不同的理解與收穫！

此外，各學派可能有其特殊的介入技巧，但是技巧是可以跨越取向使用的，而諮商技巧若是不能依不同的當事人與其脈絡進行打造與改變，基本上就是無用無效的（Corey, 2001）。許多諮商師在經驗累積之後，也會修改或創造不同的諮商技巧，不會拘泥於原來的模樣，主要因素就是配合不同的當事人與情境而發展；對待每一位當事人也不應以一種制式的態度與做法、或是一樣的介入處置方式，畢竟每個人的問題不同，其形成的背景脈絡不同，而個人的解讀與在乎的也不一樣。

擔任諮商工作最主要的是熱忱與心，技術會慢慢熟成。因此，諮商技術的使用也是從自己本身做起，如果用在自己身上有效，之後用在當事人身上就會較有自信。別忘了，學習諮商第一個受惠的是自己，接下來才是當事人、以及與自己有關係的人。

新手諮商師會面臨的一些挑戰 (Corey, 2005)

挑戰	說明
處理自己的焦慮	擔心與當事人之間的不確定未來、以及自己的專業能力是否可以勝任？
自我揭露的程度	怎樣才是適當的揭露？太少可能難與當事人建立信任關係，太多當事人會懷疑其動機或專業性。
完美主義	害怕犯錯、未能處理好當事人問題。
對於自我能力的了解	不太清楚自己會什麼，也不知道自己可以為當事人做些什麼。
如何處理諮商過程中的沉默（或了解沉默的功能）	急著填補空間與沉默，說太多或是太急躁。
對於當事人的要求該如何應對	需要討好當事人、或讓當事人喜歡自己嗎？
對於不肯承諾的當事人應如何處理	若當事人不能承諾（改變），是不是就表示諮商無效或是諮商師無能？
是否能忍受曖昧不明的情況	很擔心沒有明確的目標或結果。
太擔心當事人的情況	將當事人問題個人化、或是將當事人問題帶回家。
如何展現適當的幽默	當事人會不會認為諮商師將問題低估？或是諮商師在嘲笑自己？
該如何與當事人分攤責任	當事人才是改變的主角，但是卻又期待諮商師可以協助其改變。
如何避免太早或太容易給建議	諮商師因為急於協助，因此可能在不了解當事人真正的情況下就輕易給建議，同時也忽略了當事人解決問題的能力。
自己成為一位諮商人的定位是如何	諮商師不太清楚自己可以協助當事人的範圍是哪些？有些諮商師急於「替」當事人解決困境，忘了當事人才是動手改變的主角。
如何適當使用諮商技巧	基本諮商技巧要熟練，但是不應以技巧取勝，只要多加練習，即便可能犯錯，慢慢會較迅速修正。
如何發展自己的諮商型態	諮商師對自己要很了解，也對一些可以解釋自己經驗的學派有更深涉獵，就可以慢慢發展出自己的諮商型態。
如何做自己與專業助人者	諮商是一種生涯選擇，做自己與諮商師應該是同一人，需要經驗與生活的歷練讓自己更清楚。

新手諮商師的一些常見問題 (Nystul, 2006)

挑戰	說明
聚焦在當事人所提出的第一個問題	有時候當事人只是試探，在尚未信任諮商師的情況下，只提出一些枝微末節的議題，需要諮商師仔細聆聽。
忽略了一些身體與醫學上的線索	認為諮商是唯一解決之道
企圖拯救當事人脫離苦難	像是為當事人掛保證、提供立即的建議，或是阻止當事人有強烈情緒表現。
在諮商過程中迷失	像是當事人談論太多不同的議題，諮商師認為自己沒能幫上忙。
問太多問題	急著要了解當事人的一切，卻讓當事人覺得自己在受審問。
太渴望協助當事人	像是諮商師比當事人更努力，也常常把當事人的問題帶回家。
想要被當事人喜愛	擔心當事人認為自己專業度不足，下回不來了。
捲入情緒之中	受到當事人經驗的影響，陷入當事人的情境中，無法做客觀判斷。
太個人化	以為當事人的一切都是針對自己。
不熟悉多元文化與議題	沒有顧慮到當事人的背景文化，容易犯了不該犯的錯誤。

第 2 章
諮商倫理與實務

2-1 為何需要專業倫理

　　每一行業都有其專業（工作）倫理作為最基本的行為標準，主要是用來約束這個行業的成員，在擔任相關業務時謹守的分際，舉凡公務員、教師、司法人員、醫師或護理人員等等，因為影響層面更大，對於本行的專業倫理更是要遵守。只是一般法律是規範國民行為的最低準則，專業倫理所規定的也只是「最低」的職業行為標準，而「最高」的專業倫理是無人可以規範的，全靠個人的道德修養來決定。倫理有「法定倫理」（mandatory ethics）與「渴望倫理」（aspirational ethics）；前者是最低標準，是硬性規定的，有罰則或是法律約束力，也聚焦在「行為」上；後者則是專業人員所尋求的最高標準，與個人想要發揮的程度有關，沒有上限（因為「道德」沒有上限），而專業人員的倫理覺察與問題解決技巧是決定其專業行為最重要的因素（Corey, Corey, & Callanan, 2007）。

　　倫理的規範主要有三個目標（Herlihy & Corey, 1996, cited in Corey, 2005, pp.38-39）：

　　（一）教育諮商專業人員與大眾有關此專業的責任。

　　（二）藉由倫理規則的執行，提供此專業的基本可信度，保護當事人免於受到不合倫理行為的傷害。

　　（三）提供專業人員執業的反省與改進基礎。

專業倫理的必要性

　　所有心理衛生專業的倫理都強調以下幾項：當事人的安全、專業能力與執業適當性、尊重當事人不同的生活型態與信念、尊重當事人的自我決定權、禁止剝削當事人、訂立契約、保密原則以及維持專業聲望（Bond, 2010, p.57）。可見是以當事人福祉為最優先考量，同時維護心理專業人員與社會大眾的權益。

　　諮商是一個專業，因此也有專業倫理的約束，入門的準諮商師都需要修習「諮商專業倫理」這一門課程，了解到專業倫理所規範的只是最基本、最起碼的約束，而在需要實際倫理判斷的時刻，諮商倫理就是最基本的「指導原則」，但不是像食譜一樣實際的執行方針，因此在實際專業上視每個諮商人想要成就的不同。

　　我國的心理諮商師專業倫理規範的內容大致與美國諮商師協會所規範的大同小異，唯一較不一樣的是：美國相關助人專業倫理還受到法律的約束，因此執業的專業人員（包含實習生）都需要投保「責任險」（liability insurance），以防萬一消費者因為諮商師執業失當或有疑慮而做傷害提告；我國將心理諮商師列入「醫療（事）人員」，卻沒有相關的法律來保障消費者與諮商師權益，的確也是需要評估與檢討的問題，目前國內已有類似這樣的提案在醞釀，相信會讓所服務的社會大眾對諮商更有信賴感。

一般專業倫理的五個面向（Welfel, 2010, p.5）

有足夠的知識、技巧與判斷力，運用有效的處置

尊重當事人的尊嚴與自由

一般專業倫理

負責地使用專業角色所賦予的權力

行為表現可以提升公眾對專業的信心

將當事人福祉列為專業人員最優先的考量

ACA專業倫理規範（ACA, 2005, Code of ethics, pp.4-19）

規範項目	內容
諮商關係	包括當事人福祉的維護（紀錄的維護與保密、知後同意的必要性、文化與發展的敏銳度），避免傷害當事人與強加價值觀（諮商關係的規定、諮商師在不同諮商情境的角色與責任、諮商師是代言人、對臨終病患的照顧）、終止諮商與轉介、特殊技巧的介入與使用科技相關議題。
保密、溝通特權與隱私	包括尊重當事人權益（保密與尊重隱私權、文化與差異的考量）、保密的限制、資訊的分享、團體與家族諮商的相關議題、紀錄的維護與釋出、研究與訓練相關規定、諮詢注意事項。
專業責任	包括諮商師的能力與限制、廣告與顧客招攬議題、諮商師的資格（如證書、教育背景、不能歧視）、社會責任。
與其他專業人員的關係	包括合作與保密議題、諮詢的考量。
衡鑑、評估與解釋	包括以當事人福祉為優先、施測能力與解釋、資料提供給合格專業人員、診斷與多元文化、法院評鑑等議題。
督導、訓練與教育	包括諮商師為何需要督導、督導責任、督導資格與關係、諮商師教育者責任、學生責任與評估。
研究與出版	包括研究與出版須注意事項、研究參與者的權益、研究關係等。
專業議題的解決	包括諮商師須了解自己參與相關學會的倫理規定、當倫理與法律有衝突時的解決方式、懷疑有違反倫理之可能性時的處理。

2-2 專業守則

一、美國諮商心理學會專業守則

美國諮商心理學會（American Counseling Association, ACA）在首頁（p.3）說明專業守則的目的為：

（一）讓學會本身可以讓目前與未來會員、以及所服務的民眾清楚諮商學會會員的共同倫理責任；（二）這份守則也支持學會的任務；（三）規範建立一些原則，定義學會成員的倫理行為為何？以及最佳的執業行為為何？（四）規範如同倫理指標，協助會員建立專業行動步驟，來為使用諮商的民眾做最佳服務，同時提升諮商專業的價值；（五）規範也是針對成員倫理申訴或質疑過程的基礎。

換句話說，諮商專業倫理的目的是告知諮商學會成員與使用諮商服務的大眾：諮商師需要遵守的共同倫理，不僅提供民眾最佳服務，也提升專業形象。

二、我國的專業諮商倫理

我國諮商師專業倫理（以臺灣輔導與諮商學會所訂立的為代表）內容，與ACA所規範的相似，除了「總則」說明諮商目的、專業人員責任等之外，主要分為「諮商關係」、「諮商師責任」、「諮詢」、「測驗與評量」、「研究與出版」、「教學與督導」與「網路諮商」等部分。茲將一般諮商倫理重要議題分述如下：

當事人福祉

以當事人權益與福祉為第一優先：

諮商首要以「不傷害」為原則，進一步則是「為當事人謀取最佳福祉」。

保密原則：

1.是維護當事人權益之必要，同時也是建立治療信任關係的關鍵。縱使在與成年當事人晤談前，可以在諮商契約裡說明保密的原則與例外，再者，當事人有自傷或傷害他人的潛在危險（包括法定的傳染疾病），就不在此列；而當事人若是實習生，在督導的協助下，有時與督導討論個案，也不在保密之列，然而也都需要當事人的知後同意。

2.倘若當事人是法律上所規範的「弱勢」（如未成年、無行為能力等），有時候需要獲得監護人的知後同意之後才可以進行治療，但是諮商師對於當事人的保密是否就要打折扣？或者當事人是被法院強制治療的，治療師在保護當事人隱私與法院的強制了解之間也需要取得平衡，這些也都是需要注意的。

3.在進行團體諮商或治療時，保密的確是很重要的關鍵，管理得好有助於團體凝聚力，萬一失當，就可能危害成員，因此治療師還是要以當事人的福祉為優先考量。

4.保密還涉及當事人的資料、紀錄之保護，以及做研究要注意勿洩漏可認出當事人身分的線索等。諮商師最好先弄清楚或了解相關的一些法律，免得因為責任間之衝突造成保密的誤判（Corey, et al., 2007）。

ACA 所規範的諮商師專業倫理

內容	說明
總則	闡明諮商目的、專業人員的責任等。
諮商關係	包括諮商師與當事人的責任與權利、諮商關係與保密。
諮商師責任	包含諮商師的能力與限制、以及社會責任。
諮詢	諮詢意義、能力、限制與收費。
測驗與評量	所需能力、注意事項與測驗解釋。
研究與出版	以人為研究對象及出版的注意事項與責任。
教學與督導	所應遵循的倫理、督導關係與責任。
網路諮商	運用網路提供諮商服務的相關規定,包括避免傷害、網路安全與須注意的倫理與法律。

主要的倫理面向

注意項目	說明	解釋
不傷害當事人	諮商契約是保障當事人權益;此外,在治療進行過程中,第一個都要考量到對當事人是否有益?	諮商師需要有敏銳的危機意識及同理心,只要直覺上懷疑當事人可能(會)受傷,就要直接仔細詢問,基本上當事人來求助、自我強度較為脆弱,許多細節也都要注意,不能傷害當事人。
知後同意	任何有關當事人權益的事,都要獲得其或(法律上無行為能力者,包括十八歲以下與身心障礙者)監護人之同意。	這是保障當事人與治療師的必備動作,包括簽訂諮商契約,需要錄音、發表研究報告或論文、使用新的治療方式或技巧時,也都需要簽訂知後同意。
保密原則	不傷害當事人與其他人的情況下,謹守保密原則。	保密是建立治療關係最重要的關鍵,然而也有例外(當事人自傷或傷人、任何人受傷的可能性)需要考量,也要讓當事人知道。
雙(或多)重關係	除治療關係之外,其他有害於治療或當事人福祉的關係都不應有,因為諮商師是處於較有權力與地位的立場,關係處理不當就會造成傷害。	有些學派(如女性主義治療)對於治療之外的關係較無嚴謹規範,但是一般說來,關係越簡單越容易處理,也較不容易發生倫理議題。

2-3 專業守則與專業責任

一、雙重或多重關係

基本上治療師要儘量避免與當事人之間有治療以外的關係，主要是因為治療師的地位與立場是較為權威（有權力）、被仰賴的，容易剝削當事人或誤用權力（Herlihy & Corey, 2006），影響判斷力，也未能提供有效的服務，因此諮商師必須要負責任地使用其權力，須是可信賴的，同時尊重當事人的尊嚴與自由，有足夠的專業知能與判斷力、提供有效的服務（Herlihy & Remley, 2001）。

倘若治療師以私利為出發，自然就會賠上當事人的福祉，因此應該儘量避免雙重或多重的關係，特別是性關係。女性主義治療師沒有特別限定治療關係之外的發展，是因為此取向的治療目標是讓當事人也可以發揮力量，成為改革社會的一份子。然而有時候是小社區（包括學校）的限制，治療師同時也可能是教師、督導或是社區裡（如教會、家長會）的成員，這樣的雙重或多重關係就很難避免，因此治療師本身要負最大的責任，為適當的「界限」把關，最好的方式就是對自己誠實、自我檢討治療師行為對當事人的影響為何（Corey, et al., 2007）。

Corey與Corey（2011）特別提到「界限違反」與「跨越界限」的不同，前者是指傷害當事人的福祉，也是法律上所不允許的行為（如性關係或性騷擾、性侵害），後者是指「暫時跨越」角色的行為（像是治療師去參加當事人的畢業典禮、給予支持）、是可以有程度地允許，當然這涉及諮商師的判斷力，因為萬一結果不如預期，可能就吃上官司。

二、諮商師的專業責任

諮商師訓練與轉介

諮商師除了接受適當訓練、通過必要考試、拿到證照以及繼續教育之外，諮商師對於自己可以提供的服務範圍與能力必須很清楚，必要時（如有利益衝突、雙重關係，或有其他專業人員可以對當事人做更好服務、治療效果不佳或進度緩慢時，以及當事人有必要接受其他服務時），可做轉介動作。

諮商師每一回所遭遇的當事人，可能都是治療師第一次面對的問題，不能因為自己沒有經驗而轉介所有的當事人，這樣不僅自己沒有機會處理不同個案，也無法磨練與累積自己的專業實力，因此治療師最好也要明白為何做轉介。

能力方面的考量

能力是一個逐漸養成的過程，許多諮商師都是從新手慢慢磨練成熟，因此準諮商師也不需要妄自菲薄。但是對於自己沒有的專業、未能達到的療效，都不能妄加宣傳或使用，治療之持續與否，也要以當事人最佳福祉做考量；其他像是測驗的使用與解釋等，都需要經過完整訓練之後才可以運用。

雙（多）重關係的考量（Herlihy & Corey, 2006, pp.191-194）

多元關係幾乎影響所有心理衛生執業人員。 **1**

大部分的專業倫理都會提醒該領域的成員小心雙重關係的形成，但卻沒有進一步知會這些關係的複雜性。 **2**

不是所有的雙重關係可以避免，也不是所有這樣的關係都是有害的。 **3**

多重角色關係挑戰我們的自我監控能力、以及檢視我們執業的動機。 **4**

不論何時，當我們考慮要進入多元關係時，最聰明的方式就是去諮詢信任的同事或督導。 **5**

幾乎沒有絕對的答案或方式可以解決多元關係的難題。 **6**

當決定是否進入多元關係時，應以當事人或所服務對象的福祉為考量，而非保護治療師自己。 **7**

在決定進入多元關係前，要先考慮其潛在益處是否多於害處。 **8**

諮商師教育訓練課程應介紹界限議題，並與學生探討多元關係的議題。 **9**

諮商師教育訓練課程或機構有責任發展出一套屬於自己的原則、政策與過程，以處理課程內多元關係與角色衝突的問題，及有關更多諮商場域可能出現的雙重或多重關係。 **10**

治療師較常遭遇的訴訟問題（Corey et al., 2007）

未能取得或記錄「知後同意」書

未能控制危險當事人（可能危及他人或大眾）

拋棄當事人

與當事人的性關係

使用特殊的治療方式（未知會潛在危險性）

不健康的移情關係（治療師未能有效處理）

超乎自己能力之外的執業行為

當事人壓抑或錯誤的記憶（特別是在性侵或創傷案件中發生）

錯誤診斷

2-4 專業責任

一、危機情況的記錄

倘若諮商師處理危機個案（像是自殺或性侵），最好的方式就是「記錄」所做的一切，這樣不僅可以了解處理危機時所做的必要措施，必要時（如上法院）也可維護諮商師的權益。

二、諮商師的自我照顧

諮商師的專業能力，除了在專業行為的展現與判斷上，還包括諮商師自身的照顧，畢竟諮商師所接觸的大多是在生命過程中遭受困挫的人，每天吸收許多負面能量，若是沒有好好照顧自己，其展現的專業也會令人存疑。諮商師的自我照顧，除了生活、智性、情感關係、與心靈上的，當然還有專業上的成長。

三、尊重也接納多元

身處多元文化的現代，治療師本身不能對不同種族、語言、性別、膚色、背景、文化、教育程度、社經地位、價值觀、信仰、年齡、功能程度、性取向等條件的當事人有偏見或歧視，因為這些偏見會影響諮商師對於當事人的態度與處置。這也是諮商師必須時時覺察、自我提醒的最重要目的，因為人難免有偏見或成見，只是很多情況下沒有機會做檢視，除非自己親身經歷，才可能做最直接的檢驗。拉到更廣的角度來看，我們每一個人都是特殊、與眾不同的，若是為了私己或我群的利益，而刻意區分你我，疏離、貶抑、欺凌或壓榨對方，是非常不人道的行為，況且許多的「不同」是天生、不可能改變的，如性別、膚色、身心障礙等，誰又希望生成那樣？

治療師也要尊重多元，對不同文化背景的當事人要尊敬，也對文化相關議題（如種族、語言、價值觀、性傾向、社經地位、宗教或靈性需求等）保持敏銳，同時覺察文化與社會力量對於個人生活的影響，並留意自己可能的偏見或歧視（Nystul, 2006）；當然，多元也包含主流文化、非主流文化的權力與社會議題，像是男性與女性、異性戀與非異性戀、本土與新住民、成人與孩童、社經地位高低等，諮商師不能是「文化盲」（將所有文化視為一樣），也要注意不同背景的當事人或族群在目前社會中的地位與被對待方式。

在美國本土的諮商守則裡，很早就規範這一條，我國的種族類別雖然不若美國那般多元，但還是由不同族群（閩南、客家、外省、原住民、新住民等）、性別、社經背景、城鄉地域、性取向、年齡、信仰、能力程度等民眾組成，因此多元文化的議題還是存在，也需要重視，像是一般人對於女性會假設其是「照顧人」的角色，而對於「母職」的期待又比父職更多。

諮商師多元文化議題檢視表

檢視項目	說明
種族	對於不同種族或是膚色的人，我的對待方式會不一樣？例如對白皮膚的高加索人比較親善，對膚色較黑的人（如印尼、南美或原住民）則會較不友善？
語言	對於不同說話腔調（或口音）的人，會不會有不同對待或懷疑？像是喜歡ABC（美國出生的中國人）、不喜歡說話有臺灣國語的人？或是南部人會懷疑對方不是南部人？
價值觀	價值觀的相同或相異會影響你／妳對此人之評價或態度。
性別	因為他／她與你／妳同性別而特別親近、疏離？不管你／妳的性別為何，會不會比較「尊重」男性而較不尊重女性？或者是你／妳認為哪些行為是「應該」屬於某特定性別的？
性傾向	你／妳對於同異性戀者有強烈個人意見嗎？或是你／妳不能接受性傾向少數族群？
社經地位	對於社經地位高／低者你／妳使用的語言或態度不同嗎？
宗教或靈性需求	對方所信仰的與你／妳相同或相異，而有不同對待方式？或者是對方有無宗教信仰，都影響你／妳對他／她的觀感？
城鄉地域	因為對方來自大都會而特別尊崇、或是對方來自鄉村地區而有鄙夷？
年齡	會不會因為對方是年幼或老年而有不同對待？
能力程度	會不會因為對方有身心障礙而過度同情或是鄙視？
教育程度	會因為對方的教育程度較高而極為尊敬、或因對方無很高學歷而對待不同？
長相或外表	因為對方的長相較清秀而「愛屋及烏」，或是因為對方長相平平而冷淡對之？

註：以上這些問題很容易就「答對」，但是這些態度的差異主要是表現在真正接觸時，而不是靠檢視項目就可以完成。諮商師必須要有足夠的敏銳度，嚴格且真誠地檢視自己生活中的一些互動、感受與想法，就可以更清楚！

2-5 避免違反專業倫理的指導原則

　　儘管準諮商師在養成期間已經修習了諮商專業倫理課程，然而實際的專業倫理議題卻要在臨床現場才碰得到，也才能真正考驗諮商師的判斷力。在上「諮商專業倫理」課程時，授課教師只能儘量以舉例方式來說明、分析或討論，然而許多倫理議題沒有「唯一」的正確答案，也有許多模糊空間，必須仰賴諮商師的判斷力與執行，也因此在面臨倫理議題或是困境時，諮商師需要諮詢相關人員、有適當督導，或者是請教法律專家，進一步了解所涉及的問題與後果，同時採取適當行動。

　　專業倫理基本上是約束諮商專業執業人員，也就是不違反現行法律，進一步提升諮商專業的社會聲譽與地位，然而光是了解「諮商專業倫理」還不夠，我國的諮商專業人員在受訓期間沒有接受法律相關知識教育，而是在「繼續教育」規定這個條件（專業倫理與法律在執照有效期限六年間，需要修習十二個學分以上），也由於諮商心理師法與現行法律沒有實際掛鉤，因此諮商師若是違反倫理，只是接受諮商心理師公會的評估與判定，沒有真正顧及當事人權益，這也是未來我們要努力的方向。

　　倘若發現同業有違反倫理的行為時，可以先提醒、勸告，若無效則諮詢督導或同事，最後則是請諮商學會相關負責單位處理。

　　要避免傷害當事人福祉，同時也避免違反專業倫理受到制裁，以下是一些建議：

　　（一）隨時複習相關的倫理議題，以及需要注意的部分。

　　（二）倘若遇有「可疑」或是覺得「不對勁」的情況，就要就近、儘快尋求督導或是資深諮商師的意見，必要時還需要徵詢法律專家的看法。通常發現「不對勁」的情況需有一種「專業的直覺」，也就是鼓勵諮商師要「相信」自己的直覺。

　　（三）諮商師若遇到任何「可疑」或是有可能危及倫理的事件（或狀況），都需要鉅細靡遺地記錄下來，可以記錄在當事人的紀錄裡，也可以放在機構的正式流程紀錄中。

　　（四）相關倫理與法律的繼續教育是必要的，因為這些課程或是工作坊裡，可能都會列舉一些實際處理案例可供參考，而講師也可能是熟稔法律與專業倫理議題的專家，可以提供相當重要的諮詢意見。

　　專業助人者還有所謂的「社會責任」，包括遵守與維護專業倫理規範，為弱勢或是不公義代言或發聲，甚至成為改變的動力，而做「研究」則是諮商師將臨床與理論做結合的最好途徑，也可以就社會制度與現狀做適當檢視與觀察，甚至可以成為與「促動」改變的角色。

避免違反專業倫理的一些指導原則（DePauw, 1986, cited in Nystul, 2006, p.40-41）

諮商階段	注意事項
諮商前	廣告的適當性、費用之清楚規定、提供諮商師能力與專業所及之服務、讓當事人了解可選擇之服務項目、避免雙重關係、清楚指出實驗治療取向，並採適當防護措施、清楚說明保密的限制。
諮商中	謹守保密原則，必要時尋求諮詢，適當保持當事人紀錄，在當事人有自傷或危及他人時採取必要行動，了解並通報有關虐童或疏忽個案的相關法律。
諮商結束後	當事人在諮商結束時與結束後所關切的議題為何？治療師要提議結束治療或是轉介（若當事人已經不能在治療中獲益）？再來就是評估治療效果。

協助諮商師做更佳倫理判斷的步驟（Corey et al., 2007, p.20）模式一

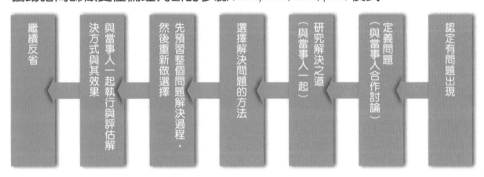

繼續反省 ← 與當事人一起執行與評估解決方式與其效果 ← 然後重新做選擇 ← 先預習整個問題解決過程， ← 選擇解決問題的方法 ← 研究解決之道（與當事人一起） ← 定義問題（與當事人合作討論） ← 認定有問題出現

協助諮商師做更佳倫理判斷的步驟（Welfel, 2010, p.30）模式二

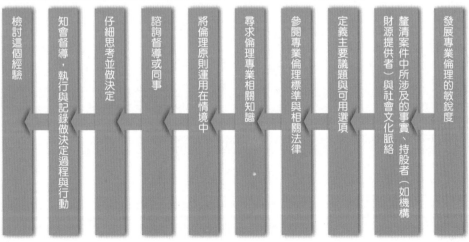

檢討這個經驗 ← 知會督導，執行與記錄做決定過程與行動 ← 仔細思考並做決定 ← 諮詢督導或同事 ← 將倫理原則運用在情境中 ← 尋求倫理專業相關知識 ← 參閱專業倫理標準與相關法律 ← 定義主要議題與可用選項 ← 釐清案件中所涉及的事實、持股者（如機構財源提供者）與社會文化脈絡 ← 發展專業倫理的敏銳度

第 3 章
動力取向的諮商理論
——精神分析學派、新佛洛伊德學派、
心理動力治療、自我心理學、
客體關係理論與自體心理學派

3-1 不同取向與其世界觀

在介紹幾個重要諮商理論取向（approach）之前，先說明本書將呈現的幾個重要取向與其所屬學派，分別是：

（一）動力取向：包含精神分析學派、新佛洛伊德學派、心理動力治療、自體心理學派與客體關係學派。

（二）關係與體驗取向（或稱「人本取向」）：包含人本中心學派、阿德勒（個體）心理學派、完形學派與存在主義學派。

（三）行為取向：包含行為主義學派與BASICID。

（四）認知行為取向：包含理情治療學派、認知治療、溝通交流分析與現實治療。

（五）後現代取向：包含敘事治療、焦點解決諮商、與女性主義治療。

（六）生態脈絡取向：包含生態諮商、社區諮商、多元文化諮商、與家族治療。

不同取向表示其基本立論與對於心理疾病或健康的看法殊異，因此被歸納為在不同的取向大傘之下。

動力取向的基本理念

心理動力（psychodynamic）取向相信人類基本上是受到本身生理驅力與早期經驗的影響，潛意識的動機與衝突影響目前的行為，這些心理的力量（psychic forces）是非常強烈的，甚至讓我們以為是天生的衝動使然。傳統的心理動力理論，主要以佛洛伊德（Sigmund Freud）為代表，強調人的衝動主要是性慾與攻擊所主宰，但是後起的「新精神動力學派」（或「新佛洛伊德學派」），則加入了社會與個人化（成為「全人」whole person ——的過程）因素，也就是說，不以「生理（物）決定論」為指標，雖然兩者還是強調早期經驗的重要性（Halbur & Halbur, 2006）。

動力取向的治療理論是許多諮商理論的先驅，也就是許多理論是從這裡開始衍生的，其強調當事人的「頓悟」，因此潛意識與早期經驗就是治療重點（Corey & Corey, 2011）。

小博士解說

Approach原為「趨近」之意，在此是指一些理論因為對於基本人性觀、世界觀與問題原因，所採取的立論相近，因此將它們歸為同一類別之意。

不同取向的基本立論

取向	學派	基本立論
動力取向	精神分析學派	行為或性格由非理性力量、潛意識動機、與生物驅力所決定。
	新佛洛伊德學派	拒絕佛洛依德的「決定論」將社會與文化因素納入影響人格的力量。
	心理動力治療	關切當事人性心理、社會心理、與客體關係發展對個人的影響。
	自體心理學派	自我（體）與其他重要他人的客體關係對其人格的建立與健康有莫大關連。反對佛洛伊德的強調父職；聚焦在母子之間的聯繫
	客體關係學派	從早期童年到目前的關係、甚至連結到當下治療關係的發展。
關係與體驗取向（或稱「人本取向」）	人本中心學派	人有成長與發展的潛能。人朝向「自我實現」目標邁進。
	阿德勒（個體）心理學派	人的行為有其目的、受到社會性趣所驅使，人有克服自卑的能力。
	完形學派	人有責任在自己的人生中找到定位，並為自己的行為負起責任。
	存在主義學派	人生存的現狀包括自我覺察、自由選擇、責任與焦慮，人要尋找生命意義、以及自己的定位。
行為取向	行為主義學派	人的行為主要受學習因素與社會文化的影響，學習基本上是經由「制約」而來。
	BASIC I.D.	要顧慮到多面的因素以為治療之基礎，評估 BASIC I.D.（行為、情感、知覺、想像、認知、人際關係、藥物與生物因素）。
認知行為取向	理情治療學派	我們的想法會影響我們的感受與行為，事情發生不重要、重要的是我們怎麼解讀這個事件？
	認知治療	人的情緒反應是針對特殊情境的詮釋而產生。
	溝通交流分析	我們的溝通有「社會」與「心理」兩個層面。
	現實治療	人對自己生命有自決權，人需要選擇有效方式滿足其需求。
後現代取向	敘事治療	人往往受困於主流文化的威權、不能發展出主體性而感到挫敗。
	焦點解決諮商	人是自己問題的專家，人有能力解決自己面臨的困境。
	女性主義治療	個人是政治的，權力的不平衡造成許多弱勢無法為自己發聲。
生態脈絡取向	生態諮商	「人」與「環境」是互相生成與影響。
	社區諮商	改變個人收效不顯著，讓整個社區改變才是長治久安之道。
	多元文化諮商	當事人都是「在社會脈絡中的人」，而這些脈絡都深深影響著裡面的個體。
	家族治療	人生處在家庭這個系統中，牽一髮而動全身。

3-2 佛洛伊德的「精神分析學派」（一）

一、精神分析的理論基礎

精神分析學派（psychoanalysis）的創始者是佛洛伊德（Sigmund Freud, 1856-1939），其理論奠定了諮商與心理治療的基礎。佛洛伊德認為人的行為都是由內在力量所引發、決定的，主要是受到性與攻擊驅力的驅動，而這些驅力基本上不是在我們意識之內可以察覺的（Lemma, 2007），因此他也被稱為「決定論者」。

（一）人性觀

佛洛伊德的人性觀是「生物決定論」，佛洛伊德認為所有人類都是趨樂（生物性的驅力）避苦，而企圖在社會的約束下，在其動物本能與尋求快樂的衝動之間取得平衡，因此他將人們行為的動機稱為「慾力」（libidinal energy）。

（二）人格結構與發展

佛洛伊德將人格劃分為三個部分，有不同的功能：「本我」（id）、「自我」（ego）與「超我」（superego）。人格結構中的任何一個目標與其他二者不同時，就會產生衝突，需要藉由：1.消除驅力，2.直接表達驅力，或3.重新導正驅力來試圖解決。而「衝突」會產生「焦慮」，又分為三種不同型態的焦慮：

1.神經質焦慮（neurotic anxiety）：本我與自我衝突的結果，如被當眾指責而發怒。

2.道德焦慮（moral anxiety）：本我與超我的衝突結果，如偷竊受到良心指責而感到羞愧。

3.客觀焦慮（objective anxiety）：出現在現實生活中的真實威脅，如遭遇車禍或火災。

佛洛伊德的精神分析學派認為，凡事必有其原因，過去的種種會導致今日的一切，人類的性格也肇因於早期的經驗，而人的發展也必須經歷一些特定階段，這也是佛洛伊德對人格發展的貢獻，他的發展理論稱之為「性心理發展」（psychosexual）理論，是從出生到死亡，但是聚焦在出生到青春期，而且早期經驗會影響後來的性格發展，主要分為五個階段，每一個階段都必須要獲得滿足，然後就會進入到下一個階段，倘若需求未能獲得滿足、也就是遭受到挫折，就可能會產生一些停滯或問題，若是在某一階段有過度沉溺的情況，就是所謂的「固著」（fixation）。

（三）意識層次

佛洛伊德將「心靈」（psyche）分為三個層次、彼此共通，它們是：

1.「意識」（conscious）：在當下我們所覺知的。

2.「前意識」（preconscious）：當下無法覺知，但很容易經由努力就提升到意識層面。

3.「潛意識」（unconscious）：占了心靈的九成。我們大部分的行為是由自己無法知覺的力量所引發，特別是那些有威脅性或傷痛的素材，很容易讓我們將其排除在意識之外，或是經由「偽裝」方式進入意識層，這也是精神分析被稱為「深度心理學」的原因。

佛洛伊德的人格結構

本我 （在潛意識裡運作）	是出生時就存在。是生理動力（psychic energy）與直覺的來源，主要是性與攻擊，其主要功能是維持有機體在一種「無緊張」的舒適狀態，所依據的是「快樂原則」，基本上是要滿足人類生存最基本的生理需求。
自我	在嬰兒出生後六個月大時出現。可以忍受需求未滿足的緊張、延宕需求，它基本上是人格執行者，因為它可以管理與控制本我與超我，同時維持與外界的互動，其所依據的是「現實原則」，主要功能是協調「本我」與「超我」之間的平衡。
超我	在兒童三、四歲時成形。可以不依賴外在要求或威脅而評估自己行為，是父母與社會價值的內在代表，有「良心」（conscience）與「自我理想」（ego ideal）兩個面向，超我代表的是人格道德、社會與正義的部分，會將父母親的標準同化進來，最後就以自我內在的威權來代替父母親的威權，依據的是「道德原則」，企圖想要達到完美、道德目標的努力，其功能為阻止本我追求快樂的衝動、勸導自我遵循道德原則。

佛洛伊德人格功能與知覺層次（引自 Liebert & Liebert, 張鳳燕譯, 1998/2002, p.107）

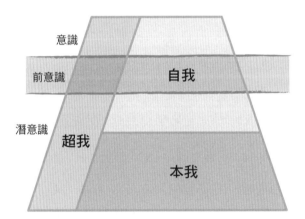

✚ 知識補充站

「固著」是指某發展階段需求未獲得滿足，就會產生停滯或出現問題，也可能會有過度耽溺的情況，造成個人人格受到童年獲得滿足的方式所掌控（像是固著在肛門期，可能在往後生活或擇偶上有嚴重潔癖；固著在口腔期，可能會呈現出過度依賴、順從權威）。

「慾力」有「求生」與「求死」兩個方向，「性」是屬於「求生本能」，「攻擊」則是屬於「求死本能」，一般人會希望在壓抑的性慾與攻擊衝動中求得平衡，過一個較為健康的生活。

3-3 佛洛伊德的「精神分析學派」(二)

　　治療目標是將「潛意識」變成「意識」，因此就是將「潛意識」變成「前意識」(preconscious)(當事人也許知道，但是沒有說出來的)。

　　佛洛伊德認為人類的所有行為都是內在力量引發，許多的衝動或需求因為受限於人類社會的約束，因此必須要將其掩藏起來或壓抑，不能自由發洩或獲得滿足，因此就會產生焦慮，一般人會採用一些方式(「防衛機制」)來抗拒這些焦慮，所以大部分的人可以維持相當的健康程度、過正常生活，但是有些人卻將這些「社會不允許」的念頭或需求壓抑在「意識層」底下，以為這樣就沒事，但是這些衝動並未因此而消失，而是會在潛意識裡流竄，偶爾冒出來影響一個人的正常生活或功能。一般人的困境來自於潛藏在意識層底下的內在心理衝突，一旦將其呈現在意識層，這些深層的衝動與焦慮對人的控制力就減弱了。

(四)直覺(instincts)或譯作「驅力」(drives)

　　有「生的驅力」(life instincts, libido)與「死的驅力」(death instinct, thanatos)兩種，指的是生命本能與對行為的破壞力(Liebert & Liebert，張鳳燕譯，1998/2002)，驅力是個體動機的源頭(Gilliland, et al., 1989, p.17)，也就是行為的驅動力。

(五)防衛機制

　　因為人格的三個面向(本我、自我、超我)在日常生活中的運作，不免讓我們產生焦慮，而我們會如何因應這些焦慮呢？主要就是運用「防衛機制」(defense mechanism)。

　　「防衛機制」是個人為了不讓衝突檯面化、影響生活所採用的心理因應技巧，使人免於被社會所不允許的衝動淹沒，在短時間之內，可以讓個人覺得有掌控感，暫時解決了那種焦慮。防衛機制有其特定功能，然而基本上它是扭曲或錯置事實的，如果只是僵固地使用其中一兩種防衛機制，甚至過度使用，也會產生問題。

　　「防衛機制」是自我(ego)所使用的，它可以用扭曲、否認或是誤解事實的方式來減輕焦慮，基本上具有保護功能。防衛機制運作時，個人必須付出一些代價，可能無法發展成健康的適應方式，像是強迫症可能就是使用「解除」(undoing)過多的一種反應，而「昇華」(sublimation)是防衛機制裡較為「正向」的一種，將不被容許的衝動以創意的方式來表現，如英國文豪莎士比亞、藝術家米開朗基羅分別以文學及繪畫的方式昇華其「同性傾向」的衝動；然而1997年在美國加州發生的「天堂門事件」(Heaven's Gate)，就是教派領袖AppleWhite將對自己同性傾向的事實以「來地球出任務」(上帝的使者)的方式解釋，聚集了許多信徒拋家棄子追隨其理念，後來卻演變成集體自殺的可怕結果！他的這種「昇華」卻不是有利於己或他人的。

小博士解說

　　解除戀父(母)情結與發展「超我」有關，就是將父母親的一些價值觀與規矩都加以吸收、內化；許多的理論學者將子女模仿父母親的行為視稱為「性別社會化」的一環，而不是佛洛伊德所稱的「情結」或是不能說的祕密。

佛洛伊德的「防衛機制」

防衛機制	說明
壓抑 （repression）	主動地將具威脅性的想法、記憶或感受逐出意識之外，壓在潛意識裡。像是受性侵者將這段被侵犯的記憶壓入潛意識，甚至造成這一段記憶的空白；壓抑也可能會造成轉形的反應（Conversion reaction），像是氣喘、風濕或胃痛，也就是將心理（或情緒）上的情況轉換成生理上的徵狀。
否認 （denial）	不承認令人痛苦的經驗或記憶，可以讓人暫時遠離現實獲得紓解。像是不願意承認愛子過世的事實，在用餐時依然擺上愛子的碗筷。
轉移 （displacement）	將無法接受的威脅或衝動以社會可接受的方式表達出來，就是不敢將對某人（物）的情緒直接表達出來，而轉向較安全的人（物）表達真正情緒。像是不敢對老闆發脾氣，就把氣出在自己配偶身上。
解除 （undoing）	對某一個已經發生的、不能接受的衝動或行為，在事後以象徵性方式來因應，似乎安慰自己這樣就「解除」了那個行為可能帶來的後果。像是自己駕車輾過一隻生物，他會說「阿彌陀佛」來為自己解厄。
「反向行為」 （reaction formation）	自我為了規避有威脅的衝動，但是卻表現出與該威脅相反的行為，像是很害怕某人，卻對某人表現出友善與順從。
退化 （regression）	退回到之前發展階段的行為，即使已經成年，卻表現出不適齡（如孩童）的一些行為。退化像是咬指甲、蜷縮成在母親子宮裡的模樣、發脾氣等，我們在受到重創兒童身上，也會看到這樣的情景。
「固著」 （fixation）	當個體的情緒未從一發展階段進行到下一個而產生的情況，一般人都了解要成長也需要冒一點危險，但是有少數人卻步不前，甚至因為害怕失敗而縮回到之前的發展階段，像是「分離焦慮」（separation anxiety）就是其中一種，而在受創孩童身上我們也看見「發展凍結」（frozen，發展停止在當下、不繼續往前進）的情況。
防衛性投射 （defensive projection）	將自己無法接受的衝動或願望歸咎於他人（物）。像是自己很自私，卻告訴他人要慷慨、不可自私。
昇華 （sublimation）	將不被接受、有威脅的衝動轉變為可以接受的、甚至令人稱羨的。像是創作就是一種性衝動的昇華，球賽是攻擊衝動的昇華。
合理化 （rationalization）	當表現出不被接受的行為或具有威脅性的想法時，為自己找「合理」的解釋，像是看到別人成功就說：「哎喲，只是這樣有什麼好高興？還不是靠家世背景？」的「酸葡萄心理」。「合理化」的基本目標就是避免我們受到無法控制情緒的干擾或傷害，因此「隔離」情緒的做法。
防衛認同 （defensive identification）	或稱為「內射」（introjection），與「投射」（projection）相反，是將他人的特性納入，藉以減輕自己的焦慮或負面情緒，因此也會「吸收」一些他人的特質。像是自己成績不如人，但是特別與成績好的做朋友，將原本可能有的敵意轉為「認同」與羨慕。。
投射認同 （projective identification）	拒絕對自我有威脅性的特性，然後將之投射給他人，也就是個體先去除自己「不好」的部分，且將這個不好的部分投射在他人身上，甚至進一步施壓給這個「他人」去表現出「不好」的行為，最後造成這個「他人」表現出「不好」的自我來因應壓力。像是不喜歡自己被說「自私」，就將他人的一些行為解釋為「自私」的表現。

3-4 佛洛伊德的「精神分析學派」（三）

（六）移情（transference）與反移情（counter-transference）

佛洛伊德理論中很著名的是「移情」這個觀念，後來延伸還有「反移情」，談的是治療關係與治療重點。

「移情」在許多關係中都會發生，是指當事人把過去對生命中重要人物的情緒或想法「轉移」或「投射」到治療師身上，將治療師當成那些重要他人（significant others），自由發洩其情緒；「移情」也可視為是當事人將過去的關係拿到當下的脈絡裡呈現，治療現場就成為「現場實驗室」，但「移情」基本上是扭曲的。

當事人的移情表現有：將治療師當成某人、過度依賴、沒有界限、對諮商師發怒、愛上諮商師等。「移情」會出現不同形式，主要還是靠諮商師自己的觀察與覺察，同時要檢視自己對此行為的反應為何，就可以開始了解當事人對於生命中重要他人的反應如何了！

經由這樣的「移情」過程，可以讓當事人將潛意識裡所隱藏的一些深刻情緒與想法發洩、表達出來，也就是將潛意識「意識化」，讓當事人最後有所「頓悟」，也解除了原先潛意識裡的神經質衝突。

相反地，若諮商師本身有「移情」表現，就稱之為「反移情」。「反移情」也不都是有害的，諮商師可以將對它的反應運用在治療的用途上，「反移情」同時提供了諮商師與當事人許多可貴的資訊。諮商師遭遇到當事人的移情反應時，要特別注意到自己的反應如何？若諮商師對當事人有不切實際的反應（像當治療師自己的需求放在治療關係上、或是當事人觸碰了諮商師的舊傷口），可能就妨礙了治療師的客觀性，當然也影響到治療關係。「反移情」也可能會造成諮商師的「同理疲乏」（empathy fatigue），治療師常常暴露在當事人的痛苦遭遇與情緒之中而失控或迷惘，甚至有情緒解離的情況發生，特別是指那些沒有察覺到個人未解決議題的治療師。諮商師不妨將這些受到當事人所引發的情緒，當成了解自己、當事人與治療關係的一個管道，這樣的反移情可能具有正面效果。適當的自我揭露是解決反移情的一種方式，因此諮商師對自己的了解、自我監控，都可以讓反移情的負面影響削減（Corey, 2001）。

在治療情境中，「移情」與「反移情」都有其重要功能，前者可以讓治療師了解當事人的未竟事務或未解情緒，在當事人的潛意識過程中，移情可能源自於童年經驗、而且造成過去衝突的不斷重複出現，也因為這些未竟事務沒有做處理，使得當事人對諮商師有一些扭曲、不正確的觀感，因此「移情」也提供當事人一個了解與解決未竟事務的管道，諮商師的功能就是協助其「修通」，讓當事人可以了解他（她）為何因為過去經驗而誤解目前情況。

不同學派對「移情」的看法

學派	看法
精神分析學派	移情讓當事人有機會去體驗平日不容易碰觸到（壓抑在潛意識裡）的感受，也讓當事人有機會看到自己在不同關係中運作的情況。
自體心理學	治療師允許移情發生，透過了解當事人在治療關係中的移情，進行客體關係的修補與矯正。
人本學派	將移情視為妨礙真實關係的設計。
完形	完形學派沒有否認「移情」與「反移情」的事實，然而因為其重視「你—我」關係與對話，因此也減少了不適當「移情」出現的機會，甚至將「移情」視為「完形固著」、或「未竟事務」的現象。
阿德勒個體心理學派	視移情為合作與改進之障礙。

了解移情的方式 (Grant & Crawley, 2002, pp.8-9)

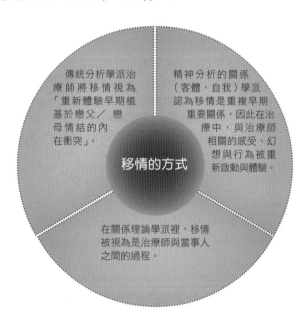

傳統分析學派治療師將移情視為「重新體驗早期植基於戀父／戀母情結的內在衝突」。

精神分析的關係（客體、自我）學派認為移情是重複早期重要關係，因此在治療中，與治療師相關的感受、幻想與行為被重新啟動與體驗。

移情的方式

在關係理論學派裡，移情被視為是治療師與當事人之間的過程。

3-5 佛洛伊德的「精神分析學派」(四)

(七) 抗拒

　　「抗拒」(resistance) 是一種無意識地扭曲事實，藉由自動化與習慣性的反應，來減少情緒上的痛苦與衝突，一般在治療上將「抗拒」視為無助於治療效果的行為，有不同的表現方式 (有的觀察得到、有些不能)，但是抗拒有其目的，是可以用來逃避改變必須付出的痛苦代價。

　　佛洛伊德提到治療師必須要先處理當事人的「抗拒」，因為抗拒是阻止當事人進入潛意識的障礙，也就是個體不願意將以往壓抑或否認、具有威脅性的素材浮凸到意識層面 (Corey, 2009)，因此必須先加以處置、進一步才可以做問題解決的處理。

　　「抗拒」也可以是一種防衛機制，其主要目的是當個人在面對焦慮情境時，用來保留與保護自我的內在核心，「抗拒」是治療過程不可或缺的一環，適當地認識與探索是必要的，倘若治療師因為當事人的抗拒而煩擾，可能就因此失去了與當事人做接觸與聯繫的機會。

　　一般的抗拒通常是出現在令人痛苦或是有威脅性的素材要說出或曝光之前，像是將要談到失戀或失婚經驗，甚至是創傷經驗時，此外，一般人對於「改變」會有自然的抗拒，因為不知道改變後會呈現怎樣的情況。

　　「抗拒」是自然的，也是治療過程中必然會發生的情況，畢竟沒有人願意在他人面前呈現自己較弱或不堪的一面。Corey (2001, 2005, 2011) 建議準諮商師都去試試個人諮商，就可以明白「抗拒」從何而來？為何會產生？唯有當準諮商師自己也是當事人了，真正進入求助的現場，身歷其境就更能感同身受。處理抗拒的最好方式就是做客觀行為描述給當事人知道，而不是帶著有色眼光，一概指稱當事人的不合作就是「抗拒」，帶著感興趣與好奇的態度，鼓勵當事人探討不情願背後的意義，才是真正有效的治療途徑 (Corey & Corey, 2011)。

小博士解說

　　防衛機制有時候也成為治療過程中的「抗拒」現象。一般人會傾向於使用一些固定的防衛機制，而這些防衛機制也都是在兒童期就養成，因此儘管有些防衛機制已經不適用 (像是退化)，卻很難做改變，這也是治療需要著力之處。諮商師在治療現場留意當事人 (或自己的) 這些防衛機制，主要是去了解當事人 (或自己) 是如何使用這些機制的？其意義又為何？藉此來協助當事人與諮商師找到適當途徑去了解真正的感受為何？

「抗拒」包含的共同要素（Clark, 1991, cited in Ridley, 2005, pp.66-67）

無意識的動機

扭曲或否認事實

抗拒

減少情緒上的痛苦

是自動化與慣性的反應

典型的抗拒行為（Corey, 2001, p.49; Corey & Corey, 2011, pp.112-118）

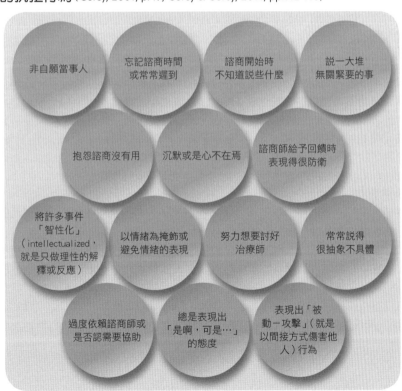

非自願當事人

忘記諮商時間或常常遲到

諮商開始時不知道說些什麼

說一大堆無關緊要的事

抱怨諮商沒有用

沉默或是心不在焉

諮商師給予回饋時表現得很防衛

將許多事件「智性化」（intellectualized，就是只做理性的解釋或反應）

以情緒為掩飾或避免情緒的表現

努力想要討好治療師

常常說得很抽象不具體

過度依賴諮商師或是否認需要協助

總是表現出「是啊，可是…」的態度

表現出「被動－攻擊」（就是以間接方式傷害他人）行為

3-6佛洛伊德的「精神分析學派」（五）

二、治療目標與技術

（一）治療目標

　　佛洛伊德認為人的許多問題都出自於壓抑自己的性與攻擊衝動，這些又是本我、自我與超我間心靈（心靈動力）的衝突，個體將這些衝動壓抑在潛意識裡，自己也不曾察覺，等到察覺的時候，可能就是發病的時候。因此精神分析的治療目標就在於「將潛意識意識化」（或把潛意識裡的所否認或壓抑的素材轉為意識的），因此他創發了「夢的解析」、「自由聯想」或運用催眠等方式，其目的就是讓「潛意識」現出原形，而當當事人明瞭自己行為背後的潛意識慾望或動機，就可以在未來做更妥當的選擇（Lester, 1994）。由於當事人會運用不同的防衛機制來壓抑或掩飾自己的焦慮、或不願意承認的動機，因此治療目標也可以是協助當事人「修通」（work through）過去壓抑的記憶，或是修補、移除不適用的防衛機制。

　　佛洛伊德認為童年期的行為問題與壓抑的精神疾病有關，而成年期的問題則是童年問題的再現，因此治療方法就是將過去潛隱的創痛記憶喚出、將心靈的衝突浮出檯面，提供當事人解釋，讓其可以明白（頓悟），而重新看見病徵與過往經驗之間的關係及意義，以協助當事人達成「心靈的再統整」。

（二）治療技術

1. 場面構成

　　精神分析基本上是屬於體驗式（experiential）的治療，因此耗時甚長，而佛氏又主張必須要讓當事人可以有「安全感」，所以當事人經常是每週固定與治療師碰面（例如一週五次），而且是在固定時間，治療的規律性與次數、準時開始與結束，類似於母親哺育嬰兒的情感滋養方式，這也是後來治療界會採用的「場面構成」的緣由。諮商師的功能之一就是「滋養」、「保護」當事人，而人類也需要「建構」（structure）與「約制」（containment）來感受到安全，因此場面構成就很重要。

2. 治療師是一塊白板

　　治療師在進行治療過程中不是與當事人面對面，而是讓當事人輕鬆地躺在沙發上，可以隨意想到什麼就說什麼，基本上治療師先不做提問或說明的動作，只把自己當成一塊「白板」（blank board），讓當事人盡情投射（project）他／她對治療師的任何想像感受。治療師的責任就是盡可能蒐集相關資料，當然要花上許多時間，而治療師在蒐集足夠的資料之後，就可以做適當的「解釋」（interpretation），接著才有可能讓當事人連結自己所敘述的一切經過，得到「頓悟」（insight）。雖然解釋不能立刻解除當事人的徵狀，但是可以讓當事人對自己經歷的事與其意義做連結、甚至有新的想法與資訊產生。

治療師可以處理當事人抗拒的方式 (Corey, 2001, pp.56-57)

將抗拒視為治療過程裡的一部分，可能表示當事人尚未準備好要進入治療或處理該議題。

要去了解當事人的抗拒其實有許多意義，不要只將當事人的抗拒「個人化」（personalized）為自己無能的表現，也不需要因而努力護衛自己，這可能剝奪了治療師與當事人去進一步了解抗拒真正意義的機會。

避免標籤或批判當事人，而是採用描述行為的方式進行，讓當事人知道他／她的行為影響到你／妳了。像是：「今天妳的坐姿似乎比較僵硬，不知道是因為室內氣溫的關係、還是…？」

允許當事人表達他／她對你／妳這位治療師的不好經驗或感受，也許詢問他／她要以怎樣不同的方式進行較自在？

若是治療師將當事人的某些行為或表現當成是「抗拒」，當事人也許會覺得被批判、認為抗拒是不對的，因此建議治療師最好協助當事人去釐清抗拒的表現。

要鼓勵當事人去探索不同的抗拒行為，而不是要求他們放棄抗拒。若當事人能明白「抗拒」背後的意義，將有助於當事人的自我了解與治療的進行。

要分辨清楚到底抗拒是出自當事人、還是治療師本身對於當事人抗拒的反應？要監控自己的反應，以免讓當事人的抗拒更強烈。

讓當事人知道你／妳會怎麼做以達成真正的「知後同意」，讓當事人可以充分運用諮商這個協助管道。

要讓當事人知道諮商也有其缺點，也許在剛開始時並不順遂，但是彼此都可以從中獲得許多學習，那麼當諮商陷入瓶頸時，也許當事人就不會太容易退縮。

治療師必須要了解在諮商初期，當事人會有一些防衛與抗拒是當然的，因為對於大多數人來說，來見諮商師表示事情已經非常嚴重，必須要求助於他人，而「求助」對許多人來說都是「脆弱」的表現，況且要將自己私人的事對一個陌生人啟齒，也不是非常容易的事！

治療師以「暫時性」（tentative）的方式或用詞說明自己的觀察、直覺與解釋，而不要做專斷的陳述或結論。像是：「我發現只要提到你父親時，你可能就是簡短帶過，我猜是不是提到這個議題就會讓你不安？」

以正向的態度面對抗拒。如果你真心接納當事人，不做防衛的反應，也許就可以消融當事人抗拒的程度。

與當事人儘量達成問題或諮商原因的一致陳述，讓彼此有共識，然後儘量用可以處理的小步驟，慢慢解決問題。

✚ 知識補充站

夢的「凝縮」（condensation）是將許多夢的要素以凝聚方式呈現在一個畫面或人物上；「轉移」（displacement）則是將重點置換為無關緊要的形式。

3-7 佛洛伊德的「精神分析學派」(六)

3. 修通抗拒

修通「抗拒」是技巧，也是佛洛伊德學派的治療目標。廣義的「抗拒」指的是任何妨礙治療進展、不容許當事人接觸先前潛意識的素材（Corey, 2009），因為「抗拒」是不允許潛意識裡那些不見容於社會的東西出現，也包括如何處理與經營在當事人移情或生活裡「重複出現」（重複性）的意義，而治療關係也是修通抗拒的重要因素，如果處理得當，「抗拒」就可以成為了解當事人最有價值的工具之一。

4. 自由聯想（free association）

運用「自由聯想」，可以通往潛意識希望、幻想、衝突與動機之門（Corey, 2009），佛氏認為「自由聯想」是精神分析的「基本規則」。

5. 夢的解析（dream analysis）

佛洛伊德認為夢是通往潛意識的最佳途徑，夢除了有視覺影像與心理經驗之外，對於個人也有其象徵性意義，可以用來了解潛意識的願望、防衛機制的檢視、以及與清醒時的事件做連結，夢可以用來實現自己的願望、允許潛意識的衝動被表達出來、以及使潛意識的威脅在顯夢中成為可以被覺察的意識。

夢有「顯性」（manifest）與「隱性」（latent）內容，前者是指當事人記得自己夢境的內容，後者是由潛意識思想、希望、幻想與衝突所組成，以顯性內容為偽裝，因此經過「凝縮」與「轉移」的過程，所以治療師也必須了解許多夢境裡的「象徵物」意義代表的是什麼。「夢的工作」（dream work）就是將「隱夢」轉換成較不具威脅性的「顯夢」。通常在進行夢的解析時，治療師會要求當事人敘述其顯夢，然後由這個夢開始做聯想，最後治療師則依據夢是如何從隱性轉成顯性的過程、象徵物又表示什麼等來解釋。

6. 解釋與分析移情（interpretation and analysis of transference）

「移情」是將潛意識內容以意識行為表現出來的主要過程，在精神分析治療中是很重要的，而解釋必須是在蒐集足夠的資料之後，治療師才有可能做的動作。解釋可以讓當事人了解到目前自己的行為與過去衝突、或是潛意識之間的關聯（Corey, 2005），治療師必須要運用當事人所接觸的事物與重複性，來發展對其當事人的意義、形成解釋。「詮釋」（或「解釋」、「解析」）是精神分析治療很重要的步驟，主要是將當事人所說的與其隱藏意涵以清楚的言語說出，讓當事人了解其內容、動力，以及與其他經驗的關聯。

在治療過程中不只是要處理當事人的「移情」，也需要處理諮商師的「反移情」，諮商師覺察到自己的「反移情」，不僅可以協助諮商師保護當事人，同時可以讓諮商師了解當事人的感受。也不要毫無分辨地將當事人所有的情緒表現都當作是「移情」，因為有些情緒是很真實的，並非移情現象，而站在諮商師的立場，有些情緒反應也並非反移情（Corey, 2001）。

解釋四個階段 (Arlow, 1979, cited in Gilliland, et al., 1989, p.20-22)

階段	內容
開始階段	治療師蒐集有關意識與潛意識的所有資料。
移情發展階段	了解當事人的過往如何影響目前，而治療師可能的「反移情」也要做有效處置。
修通階段	協助當事人憶起過去重要事件，進而獲得頓悟，在此階段當事人常出現抗拒。
移情解決階段	解決當事人神經質地依賴治療師。

對治療有礙的反移情 (Kahn, 1997, pp.131-135)

+ 知識補充站

　　楊格認為成功的「個體化」就是可以超越、並且認真處理個性中的潛意識部分。「個體化」也是個人邁向「自我了解」的過程，「自我了解」是生命與治療的終極第二目標，第一目標為「個體化」。

3-8 新佛洛伊德（精神分析）學派

　　所謂的「新佛洛伊德」或「後佛洛伊德」學派，與原來佛洛伊德的理論有差異，但是有些論點還是相同，最主要的是不像佛洛伊德那般地決定論，而是將社會文化與環境因素也考量在內。

一、艾力克森的「社會心理發展理論」

　　雖然佛洛伊德的「性心理發展理論」為人格發展奠定了基礎，但是批評也不少，主要是太「生物決定」取向，彷彿缺少了一些什麼，因此才有「新佛洛伊德學派」的出現。艾力克森（Erik Erikson, 1902-1994）的「社會心理發展階段」（psychosocial theory），加入了「文化社會」的因素，也延伸了佛洛伊德的「性心理發展階段」，而且更為縝密。

　　Erikson的論點較之佛洛伊德更寬廣，含括人生全程，著重在生理成熟與環境因素，他將「自我」（ego）視為人類發展的生命動力，同時強調行為背後不同動機的重要性（Rice, 2001）。Erikson認為每一個階段都必須要獲得滿足，然後就會進入到下一個階段，倘若需求未能獲得滿足，就可能遭遇危機。

二、楊格的分析心理學（治療）

　　楊格（Carl Gustav Jung, 1875-1961）的理論也是衍生自佛洛伊德的精神分析理論，稱作「分析心理學」（analytical psychology）或「楊式分析治療」（Jungian analytic therapy），他同意佛洛伊德所說的「驅力」（physical drives），相信人是受「慾力」所影響，但是楊格不同意佛洛伊德的性慾與攻擊說，而是將慾力視為創意的生命力量，所以他相信人基本上是有意識地朝向「個體化」（individuation）發展，也就是希望追求完整（wholeness）與協助自我（the self）的展現。楊格的潛意識觀念與佛洛伊德不同的是：他不認為「潛意識」是巨大怪獸，潛意識不只儲存過去經驗、也可預期未來，個人潛意識有平衡作用、調適人格之功能，而「集體潛意識」是人格的主要部分。

　　楊格的學說有神祕色彩，主要是他將重點放在宗教與靈性層面上。楊格深信人的一生努力要發展自己的全部，也將「自己」（self）視為人格的核心與全部。楊格不將心理疾病視為病態或疾病，而是將相關的「不適應」病徵視為可以提供當事人與治療師了解當事人的人格功能與人格系統出錯的警示。

　　分析理論的治療目標在於「統整心靈」，由於人類擁有有限的心理能量（psyche energy），因此要在心理世界發現平衡、也協助自己的展現是非常重要的。「自己」的展現可以讓個人成為完全功能的個人，因此經由頓悟、人格轉型與教育，就可以達成意識與潛意識系統的統整。雖然個體化與自我展現是終其一生、刻意努力的過程，而楊格也相信人到中年就是自我統整最好的時機。楊格對人性的看法也較為正向，深信人類是註定要讓自己在世間有所作為的（就是所謂的「個體化過程」，individuation process）。

佛洛伊德「性心理發展階段」與艾力克森「社會心理發展階段」的比較

性心理發展階段／社會心理發展階段	時間（歲）
口腔期／信任對不信任	0～1／0～1
肛門期／自主對羞愧	1～3／1～2
性器期／主動對罪惡感	3～5／3～5
潛伏期／勤奮對自卑	5～青春期／6～11
兩性期／認同對角色混淆	青春期～死亡／12～19
親密對孤獨	20～30
傳承對停滯	40～50
統整對絕望	60以上

佛洛伊德學派的貢獻與評價

貢獻	批判
其理論不只改變了心理治療，也改變了人類看自己的方式。	精神分析學派的治療耗時甚久，不符合經濟效益。
提供了完整且有系統的人格結構理論。	現在的精神分析學派治療師已經不將慾力等同於性驅力，而是採用「驅力能量」（drive energy）的說法。
強調「潛意識」在決定行為的重要性。	只是臨床紀錄、少科學依據，而其理論也沒有與時俱進做適當修正，因此容易被視為是一種宗教或教派。
注意早期經驗影響後來的人格與行為發展。	佛氏的治療似乎發掘了更多隱藏的東西，但非治療。
對人類發展提供了一個「性心理」發展階段。	
對於治療中的「抗拒」具有的功能與意義，特別是針對治療關係中的「移情」與「反移情」的了解，讓諮商師可以更清楚治療裡的動力結構。	
精神分析其主要目標在於人格的改變，也提供了許多相當深度的治療技術，像是「夢的解析」、「自由聯想」等。	
佛洛伊德與其女兒Anna Freud針對人對抗焦慮而產生的諸多自我防衛機轉的觀念。	

3-9 楊格心理分析的理念(一)

一、人格結構

楊格對於人格的建構與佛洛伊德有不同看法,他不認為「慾力」只是性驅力,而是心靈力量的展現,一旦將此力量釋出,就會造成情緒反應、引發思考,最後形成所謂的「情結」,而潛意識本身不是由純粹壓抑的素材組成而已,還是創意、引導與意義的來源。

人格本身是一個動力結構、永不止息,人的行為基本上是受到天生的「原型」與後來發展而成的「情結」所促動,而朝向「自我實現」、「個體化」、「超越功能」(transcendent functioning)與「自我感」(selfhood)的未來,也就是人有意識與無意識地受到環境與心靈刺激推動而產生行動。

楊格將人格稱之為「心靈」(psyche),或者是「意識的層次」(靈魂、心靈或精神都在所有的意識層次裡),包括了:

1.「意識」(conscious)的部分——是以「自我」(ego)為中心,指的是目前的想法、感受、反思、知覺與主動記憶(active memories),很容易提取,且受限於目前的經驗,其目標就是「個體化」。「自我」就是將意識組織起來,提供自我認同感與維繫每日的生活。

2.「個人潛意識」(personal unconscious)——個人記憶裡所儲存的,較不容易提取,與佛洛伊德的前意識與潛意識的特性相近,主要是保留著不被「自我」所接受的訊息,包括與目前功能不相關或瑣碎的訊息,個人未解的衝突或是充滿情緒的想法,可能壓抑成為個人潛意識裡的一部分,這些素材通常會在夢境中出現,或是與個人的所思所感或記憶有關聯,倘若引發個人情緒上的反應時就是「情結」(complex)。

3.「集體潛意識」(collective unconscious)——是超個人且非個人的意識(有時稱為「超個人意識」(transpersonal conscious)),不同文化之間的人類所共有的根深柢固、溯自遠古時代的強烈連結,像是「原型」(archetypes)與直覺(instincts)。「集體潛意識」是楊格理論裡最重要也是爭議最多的,位於人格結構的最底層,是一個泛文化的單位,可以經由代間傳遞,也是我們思考、感受與行為的指標。「集體潛意識」裡包含了幾個「原型」,這些是建立個人人格的重要偶像,出現在夢境、宗教、神話與文化象徵裡。

原型

「原型」有「型」(form)無內容(content),代表的是不同型態的知覺(perceptions),原型不是經驗、但有其影響力,原型有情緒內容與力量,常以象徵物出現,最常見的就是「死亡」的原型。隨著個人生命經驗增加,就會在這些原型上建立起屬於自己的性格,這些原型協助個人將經驗做組織與整合,最後形塑成怎樣的一個人,但人也可能將這些力量固著在某個原型上。個人隨著年齡增長與成熟,會慢慢移往「個體化」方向,不僅注意到自己人格的原型,也會接納這些原型。

基本的「原型」

名稱	說明
面具 （persona）	是掩飾自我的厚盾，從小時候就開始發展，是個人允許他人可以看見的部分。一般說來，呈現適度的「面具」是健康的，但是若過度重視，可能就會疏離真正的自己與「影子」，也無法體驗真正的情緒。
影子 （shadow）	代表人格的黑暗面，也是人們不喜歡知道或承認的，包括我們的動物本能、邪惡與不為人接受的面向，來自個人與集體潛意識，它也是「面具」的相反（所謂的「私人我」），通常會藉由「投射」的防衛機制表現出來，也是原型裡最危險、最有力量的部分。
阿尼瑪／阿尼瑪斯 （anima/animus）	分別代表不同性別裡的「異性」特質（如感受、態度與價值觀），像是女性表現出攻擊（感受與情緒部分）、男性表現出溫柔行為（邏輯與理性部分），這樣的特質可以讓不同性別的人了解，也對彼此做出適當反應。阿尼瑪代表女性內在或是男性的「女性面」原型，而阿尼瑪斯就代表男性內在或是女性的「男性面」原型。楊格相信男性應該要表現出他們「阿尼瑪」的部分，女性應該要表現出她們的「阿尼瑪斯」以平衡其性格，倘若太堅持自己性別的刻板印象，就會有不成熟的表現。
自己 （self）	是人格與集體潛意識的核心，是統整與穩定人格的機制，也是人格的協調中心，同時擔任意識、潛意識與集體潛意識的折衝工作，當人格越成熟、愈趨向「個體化」時，「自我」（ego）與「自己」（self）之間關係的發展就越堅固，因此楊格認為人生目標在於「發展與了解自己」，而在「自己」的周遭環繞著三個正在演化的「原型」，它們是影子、「阿尼瑪」／「阿尼瑪斯」，以及一堆支持的「情結」（supporting complexes）。
母親 （mother）	代表真實或象徵的母親形象，如母親、祖母、大地、教堂等。
有智慧的人 （the wise one）	可以指引人問題解決與人生方向，如長者。
療癒者 （healer）	有療癒功能者，如巫師。

3-10 楊格心理分析的理念（二）

二、楊格分析學派的治療目標與過程

　　楊格學派的治療目標在於協助當事人往自我了解的方向前進，稱之「個體化」，也就是協助當事人整合「意識」與「潛意識」的自己，要讓意識與潛意識有個溝通管道、彼此了解，也可以說是「統整心靈」，而「夢境分析」就是治療核心，或是協當事人的「自己」浮現，個體就可以朝向自我實現之途邁進。

　　對楊格來說，生命包含兩極，而人本身有天生的協調系統，這兩極的平衡就可以決定個人的健康與發展（Seligman, 2006），許多來接受治療的人是因為與自己的內心世界失去聯繫，甚至不知其存在，因此治療可以搭橋讓外在與內在世界間的差距縮小。治療師的角色類似引導者，運用個人經驗協助當事人探索自己的潛意識。

　　楊格將人的發展區分為前後兩半，前段是完成基本的發展任務（如價值觀、興趣、生涯與親密關係），後半段就會尋求「個體化」，「自己」漸漸開展，「面具」會削弱，而「影子」也經過整合與了解，「原型」浮現會讓我們更有力量（賦能），也就是人是從物質、性與繁衍進入靈性、社會與文化價值追求的境界。

治療技術

夢的解析

　　分析學派的治療技術著重評估、探索，而「夢的解析」也是很重要的一項。楊格認為夢的解析是分析的核心，是潛意識創意的展現，夢可以提供了解潛意識過程的管道，夢境包括潛意識的無盡素材，也是最豐富的治療資源，夢的重要性在於其對於作夢者的意義為何？而夢也經常發揮在個體人格調整過程的補償功能，也就是說，夢的目的有二：一是瞻望未來，二是協助平衡個體內在的兩極化，用來解決問題與統整（Corey, 2009, p.83）。

　　楊格將夢分為「小夢」（little dreams）與「大夢」（big dreams），前者來自個人潛意識，常常反映日常生活的相關活動，後者是未知的潛意識素材、常讓個體終生難忘。分析學派對夢的解析不同於佛洛伊德，因為佛氏將夢視為潛意識被壓抑的結果，楊格則是以現象學的觀點看夢，認為夢代表著潛意識以象徵的方式傳輸訊息給作夢的當事人，而夢可能提供複雜問題的簡單解答；如果夢是來自潛意識，解析就是企圖去了解夢所代表的意義，以減輕潛意識投射而造成當事人的困境；此外，夢也可能反映了心靈的自我修復。

積極想像

　　「積極想像」是讓當事人可以將情結與情緒從潛意識浮現於意識層面上，還使用其他像是藝術媒材或完形技術等，這些都是將潛意識意識化的技巧。

楊格分析學派的治療步驟

告解與宣洩 （confession and catharsis）	從感受開始，當事人就可以與潛意識的情結（造成「不適應」的原因）做接觸，其功能類似宗教裡的「告解」。
闡述說明（elucidation）	諮商師會針對當事人的過往做動態詮釋、包括移情（與反移情）或投射，楊格的「移情」沒有性的意涵，而是有社會與關係的意涵。
教育（education）或頓悟（insight）	諮商師針對當事人生活中所缺少的做一些教育動作，在此階段諮商師提供當事人鼓勵與支持。
轉換（transformation）或個體化	一般當事人可能進行前三個階段就可以，但是倘若當事人的確過著「非正常」的生活時，就需要進行第四階段的治療。在這個階段處理的是「影子情結」（因其觸動個體化的過程），讓當事人看見影子的侵入與補償作用之間的遊戲，以及它影響當事人真正看到自己的真實面貌與潛能。

楊格人格結構的向度

＋ 知識補充站

楊格的「情結」（complex）不只是來自個人潛意識，也來自集體潛意識。「情結」可以有正、負的力量，負向情結也可以藉由「超越的功能」，讓當事人從另一個建設性的角度來思考。由於個體沒有察覺這些情結（如父親、母親、拯救者或殉道者情結），因此治療師的任務就是將「情結」意識化。

3-11 楊格心理分析的理念（三）

其他

楊格學派也注意到治療關係中的移情與反移情，除了以夢的素材來處理移情現象外，也以解析原型的方式來處理。楊格學派治療師也會運用象徵（symbol）、儀式（ritual）與字句聯想（word association tests）。在諮商過程中，「象徵」可以反映出潛意識與原型，「儀式」是凸顯人不同的發展階段，而「字句聯想」不僅可以用在探索夢的意義上，也可以提供了解潛意識的素材。

楊格與佛洛伊德不同處在於他將平等的治療關係視爲關鍵，他在治療過程中也會運用多種媒介與技巧，包括歌唱、舞蹈、藝術、祈禱，甚至使用占星術，他也做夢的分析與原型分析。

三、楊格分析學派的評析

楊格的分析治療是潛意識與意識間一種象徵性的、辯證式的關係，就是一個「靈魂」的治療，其學說對於當今的宗教思想有莫大影響，也搭起了東西方哲學與治療的橋樑（像是「自我超越」、「意識轉換」），他也是首位注意到靈性層面的治療師；楊格的治療不受限於嚴謹的規則或是公式，而他對於人格結構的思考（以「態度」與「功能」兩個向度組成），也成爲後來人格量表（Myers-Briggs Type Indicator）發展的依據，以及促成「羅夏克墨漬測驗」（Rorschach Test）與「主體統覺測驗」（Thematic Appreception Test）兩種投射測驗的發展。

當然也有人批評楊格的分析學派，「集體潛意識」是被批判的重點，因爲很難證實其存在，同樣地，他所提的「原型」道理亦同！也因此楊格分析治療的效率受到質疑，因爲治療師基本上是將目標放在較爲遠大的地方，對於較爲急迫的問題（如日常生活所遭遇的困境）較不關切，而楊格學派的治療師又極不喜歡爲病患標籤或做診斷，因此在申請醫療保險上會有問題。此外，雖然楊格提出了我們性格中的兩性特質（「阿尼瑪」與「阿尼瑪斯」），受到不少女性主義者的青睞，但其基本上是很貶抑女性的，也受到當代女性主義者的諸多批評。

小博士解說

楊格對新佛洛伊德學派的貢獻（Corsini & Wedding, 2005, p.99）：

1. 以「自己」爲中心與主觀經驗的重要性。
2. 「反移情」是有用的分析素材。
3. 「象徵」（symbol）的角色與象徵形成過程。
4. 原始情緒狀態（primitive affective states）的重要性。
5. 佛洛伊德女性主義聚焦於「渴望」（渴望是「整合」與「療癒」的導線）。

楊格與佛洛伊德不同處

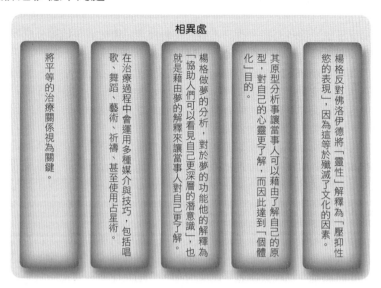

相異處

將平等的治療關係視為關鍵。

在治療過程中會運用多種媒介與技巧，包括唱歌、舞蹈、藝術、祈禱、甚至使用占星術。

楊格做夢的分析，對於夢的功能他的解釋為「協助人們可以看見自己更深層的潛意識」，也就是藉由夢的解釋來讓當事人對自己更了解。

其原型分析事讓當事人可以藉由了解自己的原型，對自己的心靈更了解，而因此達到「個體化」目的。

楊格反對佛洛伊德將「靈性」解釋為「壓抑性慾的表現」，因為這等於殲滅了文化的因素。

楊格與阿德勒相似之處（Corsini & Wedding, 2005, p.99）

相似處

認為夢可透露個人所沒有覺察的慾望（楊格稱之為「影子」），同時也透露了個人聯繫世界的方式。

強調早期記憶的重要性。

人有要完成的生命任務，以及對社會的責任。

直接面對當事人，且較佛洛伊德展現更平權的治療關係。

心理治療應該重視未來與過去。

重視生命目標與未來導向的動力。

✚ 知識補充站

　　這些可以傳承且具泛文化意義的人格潛意識基礎就叫做「原型」（archetypes），是源自於集體潛意識最深的根源，由於歷時久遠，因此也稱之為「原始意（想）像」（primordial images）。

3-12 心理動力治療

　　基於精神分析學派費時過長，也許不適合一般民眾，因此許多精神分析學派的治療師將其進行適度改良，稱為「心理動力治療」（psychodynamic therapy）或「短期心理動力治療」（brief psychodynamic therapy），主要是指「心靈」（心理／情緒／靈性／自我）被視為一個主動、非靜態的實體（Jacobs, 2004, p.7），關切當事人性心理、社會心理與客體關係發展對個人的影響，也重視潛意識的過程，將過往的關係在治療中重建起來，治療次數通常在10到25次之間。

　　心理動力治療目的與精神分析學派相同，將潛意識變為意識，也就是協助當事人可以在更有意識的控制與覺察下行動，讓一個人可以在不同心理需求、意識要求與外在現實的衝突下取得適當平衡。其基本假設為個人中心問題反映或重複了原生家庭的早期議題，治療被視為是「矯正情緒經驗」（corrective emotional experience），提升新的學習機會。

　　與傳統精神分析治療不同的是，治療師與當事人是面對面的互動、也不強調移情關係，因為當事人會將一直重複對重要他人的關係模式（通常是孩童似的模式）投射在諮商師身上，諮商是在以現實為基礎的交會中，透過治療師提供正向的矯正經驗給當事人。心理動力治療與其他取向治療師不同之處在於：心理動力治療的諮商師注意到負面治療關係的治療價值，也協助當事人可以在當下「重新經歷」過去的負面經驗，了解它是如何影響目前的人際關係。

　　諮商師在諮商初期可能會多問一些問題，激勵當事人主動說出自己想要說的，不做假設、也保留對當事人所說的回應，就是尊重當事人的表現，讓當事人引領諮商的進程；但是諮商師傾聽並不是「被動」的角色，因為諮商師腦內進行著當事人所說的所有內容、訊號、線索與暗示，也試圖將它們的次序做安排、了解其意義。諮商師不僅是聽當事人敘說，也會聽到自己對當事人的感受，以及對當事人故事的相關想法。

　　防衛機制有其功能，而「抗拒」就是這些機制的表現，諮商師尊重當事人的防衛機制。由於治療次數少於精神分析治療，而治療關係像是「夥伴」關係，諮商師也同時扮演著母親照顧嬰兒的角色，提供當事人最初的支持與安全環境，讓當事人可以有能力自己因應，當諮商師與當事人間的關係越平等與真實時，大部分移情的反應與感受就會消融，當然若心理動力治療次數較多，也提供更多的空間與機會發展移情，讓治療深度更深，同時也更需要修通。

　　心理動力治療運用的技巧，包括反思、釐清、解釋、面質不適應的人際模式（與衝動、衝突與防衛機轉）、檢視人際脈絡的「頓悟三角」（triangle of insight）。

人際脈絡的「頓悟三角」

心理動力治療與精神分析學派的異同

相同	相異
1. 治療目的與精神分析學派相同，就在於將潛意識變為意識，也就是協助當事人可以在更有意識的控制與覺察下行動，讓一個人可以在不同心理需求、意識要求與外在現實的衝突下取得適當平衡。 2. 基本假設為個人中心問題反映或重複了原生家庭的早期議題，治療被視為是「矯正情緒經驗」、提升新的學習機會。	1. 採面對面的治療模式與當事人互動。 2. 不強調移情關係。 3. 有時間限制。 4. 以現實為基礎的交會中，透過治療師提供正向的矯正經驗給當事人。 5. 在治療初期針對一特定人際問題來處理。 6. 較不採取傳統精神分析中立的立場。 7. 建立較強的同盟關係。 8. 在治療關係中較早使用解析技巧。

3-13 自我心理學

自我心理學派（ego psychology）是修正佛洛伊德學派的代表，代表人物包括Helene Deutsch（1884-1982）、Karen Horney（1885-1952）、Harry Stack Sullivan（1982-1949）、與 Anna Freud（1895-1982）等，他們對於自我心理學理論都相當有貢獻。許多自我心理學派的代表人物是女性，從女性觀點來檢視精神分析學派，不僅加入了女性的觀點，也將佛洛伊德以男性為尊的傳統分析學派注入新血與新的觀點，同時也為女性發聲。

Helene Deutsch 反對佛洛伊德所強調的父權，將「陽具欣羨」引申為一般的欣羨，也就是一般孩童都曾經經歷的、羨慕他人可以得到愛與關切，而女性也藉由性交、懷孕、做母親與哺乳來解決其「生殖器的創傷」（genital trauma），達到情緒健康的滿足。她將母子（女）關係視為人格發展之基礎，認為女性的被動是因為擔心關係的發展、判斷能力也是基於情感因素，而女性的受虐讓女性可以忍受更多的痛苦，因此才可以承擔生育、月經與其他經驗。

Karen Horney 以精神分析起家，是首位在柏林精神分析學院任教的女性，她的著作深深影響著六〇年代的女性主義運動與人本心理學的發展。她認為人們因應衝突的方式有：趨近人群（保護或討好他人）、對抗人群（企圖掌控或怪罪他人）、以及遠離人群（避免與人的接觸），這些方式若太常使用就可能侷限了個人的發展。

Harry Stack Sullivan 是首位在美國本土出生的心理學家，強調「關係」在個人健康發展的重要性，因此創立「人際心理分析」（Interpersonal Psychoanalysis）學派，認為「尋求聯繫」是人類最重要的需求，其將「覺察」人際關係列為人際心理分析的首要目標，其理論影響後來的諸多學派。

Anna Freud 對於「自我防衛機制」（ego defense mechanisms）的詳盡描述是其最大的貢獻，而「自我防衛機制」是為了因應源於本我或超我、個體不能接受或威脅性的驅力所引起的焦慮，其觀點承繼了其父佛洛伊德的學說，而她對於兒童發展與分析、尤其是受到創傷兒童的分析貢獻很大。Anna Freud 認為分析孩童與成人是不同的，成人的精神分析可以藉由了解與重建其童年發展議題而得到提升，而孩童的不適應行為可能是努力因應環境壓力的結果，而分析主要是針對內在或內化的衝突，而不是用來處理外在因素引起的問題，若問題是由外在因素引發，那麼改變環境或提供支持的處置是必要的。她相信觀察與評估孩童、以及社會興趣的重要性，而同時與健康或有困擾的兒童一起工作也是必要的。她也強調支持、教育的治療取向，聚焦在目前的生活事件。

自我心理學派代表人物與其理論

代表人物	理論重點
Helene Deutsch	對於女性發展理論有先驅的貢獻，她在1944所出版的《女性心理學》（The Psychology of Women）不只影響了精神分析學，也對女性發展影響極大。 反對佛洛伊德強調父權，特別是「陽具欣羨」與「戀父情結」；她將「陽具欣羨」引申為一般的欣羨。 聚焦在孩子與母親之間的聯繫，也認為女性必須與母親建立親密的聯繫，作為其個人發展的基礎，情緒上的疾病是因為母親限制其發展的自由，或是無法成為其正向發展的楷模之故。 也將「健康自戀」列為自我健康發展之必要。
Karen Horney	強調文化與環境對於人格形塑的力量，也認為應該將人放在脈絡中來了解。 聚焦在女性對於愛、性與母職的渴望，但是她提到女性的受虐是源於女性在社會卑屈角色的衝突，也就是文化所決定，而非生理的限制。 認為生命的目的在於實現「真實自我」（real self），我們自我實現的潛能在出生時就開始。 人類的基本焦慮在於「安全感」的需求，因此若能提供滋養、和諧的環境給個體，就可以助長個體健康的發展。 提到四種不同的自我形象（selves and self-image），它們是：真正／潛能的自我（real/potential self）、理想化或不可能的自我（idealized/impossible self）、真實自我（actual self），以及鄙視或貶低的自我（despised self），越能自我實現者，他／她前三個自我的一致性越高。
Harry Stack Sullivan	創立了「人際心理分析」學派。 對於人性也如Horney一樣抱持樂觀態度，認為「尋求聯繫」是人類最重要的需求，安全的關係是安全感的主要來源，而病態就是不健康關係的結果。 重視治療關係中當事人與治療師的聯盟，認為治療是一個學習的過程，也注意到文化上的異同，認為短期、有彈性的治療是有益處的，這些也都是非常先驅且具創意的觀點，Sullivan也影響後來的自我學派、自體學派、現象學與家庭系統治療。
Anna Freud	對於兒童發展與分析、以及防衛機轉有諸多貢獻，她對於受創兒童的研究也相當重要。 她認為提供穩定的母親客體、以及互惠的母子關係，對於孩子健康發展的依附能力甚為重要。

✚ 知識補充站

　　自我心理學派在1930至1940年代在美國開始受到注意。自我心理學派主要聚焦在個體不同人生階段的自我功能、防衛機轉、控制感與因應能力等，也注意到人際關係、環境與文化個體功能的影響。自我心理學派治療師會評估當事人的生心理社會情況、讓當事人看見自己的優勢，以及重視治療關係。

3-14 客體關係理論（一）

一、「客體」的含義

客體關係（object relations）理論特別強調治療關係，想要提供個體內在與人際關係理論（與治療）之間的橋樑，源自於精神分析學派。「客體」（object）原本是佛洛伊德所指的「個體將他人內化的方式，以滿足自己的需求」，也因此我們會因為目前所面臨的問題而從過去找理由，會從早期與父母親互動而內化的客體關係中來印證我們目前的關係。

客體關係理論是指人際關係，所謂的「客體」，依據佛洛伊德的說法是指滿足個體需求的他人、目標或是事物，而客體關係理論裡的「客體」範圍更廣，指的是重要他人或物品是某人情感或驅力的客體或目標（主要是指「人」）。客體關係理論強調人內在與他人的關係（intrapsychic relationship with others），其比重較之TA更多，而過去關係的「殘留」（residues）對於個人目前的人際關係有重要影響。

二、客體關係治療的重要理念

客體關係理論的學者會探討個人早期心理建構〔自我、他人（或客體）的內在形象〕的形成與區分，而這些內在架構是如何彰顯在人際關係之中？在人際關係中，個人不只是與實際的他人在互動，同時是與一個內在的他人在做互動。

客體關係治療是延續精神分析的治療模式，藉由探討從早期童年到目前的關係，甚至連結到當下治療關係的發展，也就是說：客體關係治療主要是探索內在潛意識的認同（internal unconscious identifications）與外在客體的內化（internalizations of external objects）（重要他人的面向），強調早期關係與環境對人格的影響。

嬰兒的內在心理架構是經由其與「客體」的「內射」（內在投射）而形成，這個內在架構是植基於個人將情感與精力投注於事實與幻想的經驗，而母親通常就是嬰兒第一個內在的客體，其他客體則是隨著時間而產生。

早期母親（或主要照顧人）與嬰兒的經驗，就成為接下來嬰兒與他人關係發展的樣板。嬰兒「自我」的發展是從最早與主要照顧人的互動發展而來，從「分裂」（splitting，將母親區隔為「好母親」與「壞母親」，為的是保留與母親的滿意關係、以獲得生存）開始，經過「分辨」（differentiation，區辨母親與他人不同）階段，然後才進行到「分離／個體化」（separation/individuation，知道自己與母親是不同個體），「自我」才算形成。

客體關係理論認為人會努力與他人保持聯繫，人有與人互動的需求，也在與人互動中形塑自己，因此強調人際關係與自我概念。客體關係指的是親密關係中的一套認知與情感歷程，而個人的發展與「個別化」主要視其早年關係的情況來決定。

影響客體關係理論的幾個代表人物與其理念

代表人物	理論重點
Melanie Klein	佛洛伊德的理論是從成年病患的童年回憶所建構而成，Klein 想要修正這一點，企圖要釐清童年經驗與成人性格之間的關係，也發現兒童其實投注了較多的精力在人際世界裡，而非控制自己的慾力衝動，因此得到「孩子的內心世界就是人際關係」的結論。 她認為母－子（女）關係就是個人未來人際關係的原始藍圖，因此 Klein 是以孩子處理愛恨關係來描述其心理的成長。
W. R. D. Fairbairn	不認為「慾力」是追求快樂，而是追求客體。 他從關係中「依賴」（dependency）的觀點來看人類關係的發展，人是由「早期嬰孩似的依賴」（early infantile dependency）經過「轉換期」（transitional period），最後是「成熟的依賴」（mature dependency，也就是互相依賴）。 他認為精神病是不能或不願意放棄嬰孩似的依賴連結，而異常行為則是「分裂」（非好即壞）衍生而來。
Margaret Mahler	重視母子關係。 她研究困擾兒童，認為成熟的順序是從與母親的「共生依附」（symbiotic attachment）到「平穩自主的認同」（stable autonomous identity），中間要經歷「自閉」（autistic）、「共生」與「分離／個體化」（separation/individuation）等階段。
Otto Kernberg	認為嚴重心理疾病都源自於有缺陷或扭曲的客體關係，而這些都是當事人內在世界的一部分，我們可以從母子（女）的關係來了解心理成長的方向。 「內化系統」（internalization system）可以用來描述孩童的成長，它們是「內射」（introjection）、「認同」（identification）與「自我認定」（ego identity）。

＋ 知識補充站

Mahler 的理念（Corey, 2005, p.77）
1. 研究專注在孩童出生後的前三年。
2. 孩童的發展是從與母親形象的象徵性關係，朝向分離與個體化。
3. 個體是從與母親的心理融合慢慢進展到分離，早期融合關係中的未竟危機或殘留、分離與個體化過程，對後來的人際關係有重大影響。
4. 生命後期的客體關係是建立在兒童尋求與母親的連繫。

3-15 客體關係理論（二）

三、客體關係治療過程

客體關係治療是以治療關係為踏腳石，治療師以情感聯繫的方式傳達其對當事人的同理了解（「神入」），使其可以邁向更健康的客體關係，同時促進當事人自我的正向改變。

治療聚焦在內在客體關係於目前實際的人際關係中所扮演的角色，特別是當事人與治療師的關係中內在客體的運作。比較特殊的是，在客體關係治療中，治療師將「反移情」視為「當事人投射認同的自然反應」，而非如傳統治療將其當作是治療師未解議題的衝突。

客體關係學派有英國（如Melanie Klein、W. R. D. Fairbairn與D. W. Winnicott）與美國（如Margaret Mahler、John Bowlby與Otto Kernberg）兩派，前者強調「移情」與「反移情」的重要性，後者強調自我功能與適應；兩個學派都認為治療最重要的元素就是「投射認同（projective identification）過程」的探索與分析，「投射認同」與「移情」不同之處，在於前者只是當事人投射一部分的「內在客體」（internal object）或「自我」（self）在治療師身上，而內在客體關係（internal object relationship）可以在治療關係中重建，也將內化的客體做修正。

治療師成為一個「夠好」的母親（a good-enough mother）、提供涵容（holding）的環境給當事人，與當事人的情感交流，可以將內在客體關係帶到當下，容許當事人重新去體驗那些關係，提升當事人的頓悟與改變可能性。建立正向的治療關係、催化「移情」與「投射認同」的產生，與詮釋等都是重要的治療技術。

客體關係的治療基本上是將焦點放在與當事人之間的關係建立，因為當事人的人際關係（尤其是與重要他人關係）也正是其問題之所在。治療師提供一個寬容、滋養的親職角色，也允許當事人將其早年經驗投射在治療師身上，這就類似精神分析的「移情」，只是治療師是面對著當事人的，而不是在當事人看不到的地方。接下來，治療師會讓當事人去看見治療師與其所投射的重要他人不同，讓當事人可以看見治療師的反應與當初投射的客體差異，當事人可以發展不同的反應選擇，也藉此來改變當事人習慣的與人互動方式，當事人也就不需要執著於原先的反應模式。

客體關係重視個體與主要照顧人之間的互動及影響，許多當事人是一直帶著初始的創傷生活，沒有機會去檢視這些創傷其實是個人的期待或比較而來，也將自己視為受害者。治療師有機會扮演一個不同的（正向）客體，讓當事人實際體會與領受，領悟到自己為何做這些錯誤的連結，接著才會有重新思考與修正的機會及行動。

客體關係治療過程

開始 （engagement）	諮商師用治療關係作為當事人關係問題的展現。
投射認同 （projective identification）	「投射認同」是早期客體關係的殘留，表現在目前人際關係的困擾上，而採取「投射認同」的人，基本上是渴望重建關係，讓它有好的結果，治療師容許當事人做「投射認同」，讓當事人之前內化的客體關係可以在當下鮮活地展示出來。
面質 （confrontation）	面質當事人投射認同的「後設溝通」（metacommunications）為何（也就是挑戰當事人投射認同的本質），也以不同於當事人所期待的方式作反應，也就是提供「不同的投射認同」（altering projective identification），藉以改變當事人的內在客體世界。
結束 （termination）	讓當事人可以去欣賞自己的投射認同對他人的影響，也讓當事人頓悟自己不當連結方式的原因，以及早期關係模式是如何成形的？提供當事人有關別人是如何看待他／她的重要資訊。

客體關係與精神分析之異同

相同	◎一樣注重早年經驗與治療關係中的移情及反移情，「客體」都是指滿足個體需要之目標，只是客體關係將「客體」範圍擴大（聚焦在「人」身上）。 ◎著重個體發展自我與他人的內在運作模式，是對自我與他人情感與反應管理的模式，「客體」指的是人，而非一般所謂的「物體」。 ◎認為「自我」是隨著個人與客體關係的逐漸成熟而浮現。
不同	◎對人類行為的基本動機認定不同，客體關係不相信極端的驅力理論，而認為人的基本動機是與他人互動、有接觸。 ◎客體關係關注生命早期的母子（女）關係品質，而佛洛伊德則是強調父親角色，發展關鍵是戀母情結的三到五歲之間。 ◎在客體關係治療裡，治療師與當事人是「面對面」，不像傳統精神分析那樣隱身在當事人後方，不讓當事人看見。

✚ 知識補充站

　　客體關係理論當然也受到批評，包括：1.沒有強調父親角色，2.複雜概念與詞彙，3.將焦點放在嬰兒期的依賴與不適應母職，似乎將人視為失功能親職的受害者。

3-16 自體心理學理論（一）

自體心理學派基本理論

一、自體心理學緣起

　　Heinz Kohut（1913-1981）所創的「自體心理學」（self psychology），最著名的就是將自體心理學介紹到精神分析的工作裡，他認為心理疾病其實就是「自體（我）」（self）的困擾，而更嚴重的可以追溯到早期母親－嬰兒關係的困擾（Cashdan, 1988）。

　　Kohut認為一個人（自我或自體）與其重要他人的「客體」關係，對於其人格的建立及健康有莫大關聯。所謂的「自體（我）」指的是心理的「自我架構」（self structure），是人格的核心，是「接近個人所經驗」（experience-near）的；我們是經由認同、了解與整合我們情緒的方式（也就是「自我客體」關係），來發展我們的「自我架構」。

　　Kohut的理論源自精神分析，也受到客體關係理論的莫大影響，他相信治療關係與移情的重要性，也是將傳統精神分析與人本學派做整合的重要人物。自體心理學探索早期關係是如何形塑自我與自我架構，Kohut認為人是出生在社會環境裡，與他人的關係就是心理生存最根本的要件。

　　Kohut的理論不強調「性」與「攻擊」，如客體關係一樣，強調人格形成與「客體」表徵（即內在心象）及人際關係的重要性，也有學者將其歸類在客體關係理論裡。

　　Kohut的理論主要是說「自我（體）」的發展與統合是個體生活最重要的促動因素，也決定了此人在特殊情境下如何做反應，因此當事人主體（觀）的經驗就是治療焦點。對Kohut來說，要貼近當事人的主體經驗是藉由「神入－內省」（empathic-introspective）的管道，其理論強調「神入」（empathy，與稍後人本學派的「同理」用字相同，但是層次不同）、自我形象、目前經驗與以整體的觀點看人。

　　Kohut的「自戀」研究對諮商貢獻最大，他的理論解釋了那些從現實人際中退縮的自戀型當事人，事實上是因為無法仰賴其內在資源，卻因此與他人形成了緊張的關係。他認為「自戀」是人類的基本需求。正在發展中的孩子基本上是自戀的，孩子會透過早期的「自我客體」（selfobjects，或「他人」）關係來滿足兩種自戀需求，一種是展現出自己的能力，且受到讚賞，另一種是形成對雙親之一（通常是母親）的理想印象。健康的自戀有助於自尊與需求的滿足，不健康或是病態的自戀造成不穩定的自我概念（誇大或不能同理他人需求、出現不適應徵狀或了無生趣）或情緒困擾。Kohut的自戀理論為情緒困擾與人類發展提供了思考的新方向，自戀是人格中一個重要且有價值的部分，成熟的個體是有能力去找尋並滿足個人成熟自戀需求的「自我客體」。個體終其一生都會展現其自戀的需求在他人身上，而這些都是建構其自我的因素。

小博士解說

　　自體心理學是植基於佛洛伊德所謂的「心理現實」（psychic reality），因此自體心理學是屬於「心理內在」的研究，而「外在現實」就是一種內在體驗的組織架構，也就是個人所體驗、知覺的「真實」最重要。

自體心理學的基本概念（整理自林明雄、林秀慧譯，1986/2002）

基本概念	說明
認可的需求 （a cry for recognition）	人需要被認可，倘若遭遇到自尊受損的難堪之境，可能會將此憤怒轉向自我，也從生活中退縮。
自體崩解 （self-fragmentation）	人在生命中的某個時刻可能會經驗到的，個體感受到焦慮、驚嚇、無法動彈的崩解狀態。
原始自戀中沒有所謂的「我－你」 （no I-You in primary narcissism）	原始自戀指的是嬰兒的心理狀態，指的是與母親之間無分別的狀態（「共生」）。
誇大的自體 （the grandiose self）	兒童會想要成為完美個人的期望，若是在「夠好」的父母養育之下，會獲得父母的贊成與肯定，即使在成長後無法獲得父母親的神入同理，也不會發展出病態的誇大自我。
理想父母形象 （the idealized parent imago）	早期親子關係中，嬰兒會將誇大的自我投射到父母親身上，形成「理想化父母」形象，想要與其融合或接近，讓自己覺得安全舒適，也藉此發展出方向、去設定挑戰的目標。
鏡映的需求 （the need for mirroring）	需要有同頻的父母，對子女需求做適當的回應，使子女可以發展出創意、幽默、自我價值與健康的正向自我接納。
神入的需求 （the need for empathy）	「接近經驗」（near-experience）的感同身受，可以同理對方的感受，卻又同時保有自我獨立個體的覺察。
自體客體 （the selfobject）	他人（通常是父母）在自我內在的表象，是自體需求的拓展，是統整自體發展必要的條件。

＋ 知識補充站

　對於「自我客體」指的是真實的人，還是想像的表徵？心理學界有不同的說法，但是其共通點是：端賴此人（物或事件）的「功能」，是否能讓當事人維持、發展自我感？也就是讓情緒因素整合進入「自我經驗」裡。

3-17 自體心理學理論（二）

二、自體與自我感

Kohut將「他人」視爲「自我客體」（selfobjects），因爲自我客體是在自我內在、以象徵化的方式執行其功能，也是自體的一部分，因此孩子需要內化「夠好」的父母親特質，同時能夠將理想化的自我客體納入自己的世界中，唯有照顧者的「同頻反應」（attuned responsiveness）才能讓個體的自我統合順利發展。Kohut認爲照顧者與孩子之間的溝通不限於具體的方式，同時也以「神入」的方式（empathic ways）做溝通，而這些「神入」的互動是孩童發展自我最重要的元素、也是孩子未來與他人建立關係的重要基礎。

Kohut特別提到個體與他人關係對於發展「自我感」（sense of self）的關鍵意義，滿足孩子需求的重要他人就是從自我延伸出去的「自我客體」（將他人當作自我的一部分、或是提供自我功能的人），孩童透過與父母他人的「鏡照」（mirroring）互動以獲得「自我感」，因此父母等重要他人的適當、有效反應，可以讓孩童有安全的感受。自體心理學派強調我們是如何運用人際關係（自我客體）來發展自我感的，我們也從小時候重要他人眼中看自己，甚至用他人的標準來定義自己、評估自己，才慢慢學會看自己或定義自己的方式。

三、自我的發展

Kohut認爲「自我（體）」（self）是從關係中發展而來，也因此，個體終其一生都需要「自我客體」（也就是「與他人接觸」之需求），而自我的發展與成熟也是終生持續不斷的過程。良好的自我客體關係可以協助自我做統整，也較有自我控制感，自我的成長或受苦，端賴滋養的自我客體存廢，因此兒童與父母親建立有意義的目標與早期依附行爲是非常重要的。

Kohut（1984, cited in Kahn, 1997, pp.91-97）認爲自我要能發展完全，需要滿足三種強烈的需求（同時也是「自我客體」的功能，即「鏡照」、「理想化」及「像他人」，見下頁圖），若這些需求沒有被滿足、就不會被整合到人格裡面。

Kohut認爲經由「浮誇展現」（grandiose-exhibitionistic）與「理想化父母形象」（idealized parental imago）可以了解「自體（我）」，而高功能的個性面向（如幽默、神入、創意與智慧）都源自於成功內化了「理想化父母形象」，倘若父母未能滿足孩子足夠的需求，孩子可能發展出所謂的「自我障礙」（self disorder）。嬰兒最初是沒有自我的，但是有投射父母的潛能，父母（或「自我客體」）可以針對孩子的鏡照與理想化需求做反應，只要沒有太大的創傷或失敗，基本上父母親的反應就會讓孩子的「核心自我」（nuclearself）開始出現，「核心自我」經過內化的轉換（transmuting internalizations，「自我客體」與功能由「自我」與其功能取代）過程，就開始展現。

Kohut 的自我的需求

鏡照 （to be mirrored）	浮誇展現的需求。孩子需要在重要他人面前認為自己是重要、很棒、且被喜愛的，有足夠「鏡照」的孩子，就有能力成為自己的「鏡照」（稱之為「內化轉換」，就是將外在的客體關係轉換成不同的內在關係模式），即使遭遇失敗的鏡照經驗時，也可以發揮「鏡照」功能，增強自我的「建構」（structure），自尊也因而穩固紮根。
理想化 （to idealize）	孩子相信自己父母之一是有力量、鎮靜、有自信的非常重要，即便父母有時候會讓他們失望，但是孩子會因為成功內化理想父母形象而成長、成熟，因為他們心中有一個引導生命的理想、也可以有能力控制並善用衝動、甚至在遭遇挫敗或壓力時有自我安慰的能力。
像他人 （to be like others）	發展自我的需求〔Kohut 稱之為「孿生」（twinship）或「改變的自我」（alter ego）〕，孩子知道自己像父母，或與其他人類似，知道自己有所歸屬。

Kohut 認為自我浮現的重要因素

 個體天生俱來的潛能

 親子關係的同理（神入）關係

註：若缺少第二個因素的適當協助，就可能產生自我障礙。

> **＋ 知識補充站**
>
> Kohut 拓展了客體心理學派的「自我客體」。客體心理學派是指將母親形象內化，Kohut 則是指一般我們內在對於他人的經驗，而這些內在表徵就是自我的一部分，會不斷改變與成熟，也是一輩子的需求。

3-18 自體心理學理論（三）

　　Kohut提到成熟的關係就是互相依賴與互惠的關係，是我們一生都在持續發展的。他認為母子之間的情感溝通與回饋是孩子賴以生存的最重要關鍵，「同頻」（in-tune）的回饋也是孩子未來成長的基石。孩子的成長與成熟需要用說出來、溝通與分享的方式來確認，倘若父母親對孩子來說是神祕、不明的，那麼孩子就不能正確解讀他人的內心世界，當然也就缺乏同理與了解，造成後來生活與人際的失能，而「自我神入」（self-empathy）的能力可以協助孩子在困擾或挫敗時用來建立心理上的平衡。

四、自體心理學派治療重點

（一）治療關係

　　自體心理學與客體關係一樣，都認為心理疾病是起因於「發展受阻」（developmental arrest），因而導致未完成或未整合的人格結構，兩者也都強調早期與內在客體的關係，這也是它們的最大貢獻所在，此外，自體與客體關係理論對於邊緣型與自戀型人格違常都有貢獻，協助治療師對於此兩類型人格違常的診斷與處置（St. Clair, 1996）。自體心理學不談對真實世界的評估，而是聚焦於「對當事人的意義為何」，同時也關注於治療關係（Goldberg, 1988, p.35）。可看見並展現出來的「神入」，是治療最重要的關鍵之一（Kahn, 1997, p.15）；「神入」具有社會意涵、要放在脈絡中做評斷，也總是需要回饋的（Goldberg, 1988, p.118）。

（二）了解移情

　　在治療過程裡，「自我客體」移情就是所有移情的一個面向（Hycner & Jacobs, 1995），治療師透過了解當事人在治療關係中的移情，進行客體關係的修補與矯正；治療師允許當事人發展這些移情關係、並提供與當事人早年經驗不同的「客體」（或「鏡照經驗」），改變就可以慢慢進行。Kohut也提到在治療過程中的三種「自戀移情」，這些移情都是正向的經驗。

　　而當當事人與治療師建立了「自我客體連結」之後，「移情」就產生了，治療師進一步就要去了解當事人在治療關係中的移情。移情的解除（resolution of the transference，就是將治療師視為正向、健康的自我客體），提供了正向的「內化轉換」，也就是當事人有機會重新去修正自己以前內化的負面客體關係。

　　當事人早期的需求未獲得滿足（父母親的鏡照失敗），就將其壓抑、隱藏起來，當事人出現的徵狀其實就是其努力想要恢復自我的統合與持續性（cohesion and continuity）。在治療現場就是重新創造適當的情境，讓當事人可以將潛藏的自我浮上檯面，而這些自我都可以被同理地接受，因此即使當事人對諮商師有任何移情的表現，諮商師都可以用不批判、不處罰的態度接納，且進一步讓當事人可以表現出真實的自我感受。

Kohut 的「自戀移情」

鏡照移情 （mirror transference）	植基於反應的自我客體（例如當事人可能表現出希望自己是治療師的最愛）、是當事人與治療師之間一種穩定的情況，也是重現當事人發展階段中的自我客體。
理想化父母移情 （idealized parental transference）	植基於仰慕的自我客體（例如當事人表現出仰慕治療師）。
改變自我移情 （alter-ego transference）	植基於認同的自我客體（例如當事人表示自己與治療師許多共通處）。

Kohut 的「神入」與諮商的「同理心」比較

神入	同理心
1. 從一種認知模式，慢慢深化為對另外一個人心理世界的所有感知、理解與解釋的總合（是一種「替代的內省，vicarious introspection」）。 2. Kohut 把「神入」拓展到包含潛意識的領域，將治療師在分析過程中的長期投入、浸潤（immersion）都納入神入範圍，也就是神入不僅包含了意識上投入的態度，還涉及治療師潛意識的變化。 3. Kohut 將「神入」做為精神分析的方法。	1. Freud 將同理心視為分析初期的重要角色，在開始建立關係與維持關係中佔關鍵地位。 2. 屬於認知層面。治療師感同身受地進入當事人內心的參考架構。 3. 了解當事人的所感所知，然後將這些理解表達出來讓當事人知道。

✚ 知識補充站

　　Kohut 的治療方式是以精神分析為基本，強調早期依附、主觀經驗的重要性，同時重點放在當事人的復原力與賦能上，但是他不認為諮商師應該是一張白板，而在治療現場是需要極度投入、有反應的，Kohut 堅信當事人是自己的專家這一點，十足表現了對當事人的極度尊重。治療開始是要諮商師願意容許當事人進入關係中的嬰孩面向，而當治療持續進行時，當事人就會克服那些自戀的、嬰幼兒的移情面向，往更成熟的關係邁進。

3-19 自體心理學理論（四）

（三）反省與神入

　　治療就是反省與神入的過程，然後讓當事人有能力解釋給自己聽，治療師所做的就是讓當事人可以從不同的角度看自己，也可以說治療與神入的發展是並行的。

　　自體心理學使用「神入」與「詮釋」，探討當事人的早期發展缺陷，反映在移情關係上，協助當事人不愉快的情境浮現，然後找到期待的快樂與賦能；「神入」是提供確認與鏡照，對健康自我的發展是很關鍵的，也就是治療師提供給當事人新的機會去重現與滿足以前失敗的鏡照經驗，讓當事人可以在被了解與涵容的氛圍中重新得力、繼續發展成熟。

　　Kohut認為治療主要包括「了解」與「解釋」兩部分。在治療過程中，治療師像是滋養撫育的父母，擔任「重新親職」（re-parenting）的角色，因此治療師的「同理心」（或「神入」）是最重要的，「了解」就是將意義連結在一起，可以讓當事人更清楚、也更容易掌握情況。了解與解釋不只創造了一個成長的氛圍，也增加了當事人對自己生命的了解，讓當事人的更多行為是可以自我掌控，也讓當事人有能力去建構新的自我。

　　Kohut定義「神入」的意義為「讓當事人知道治療師是盡其所能去了解他們看事情的方式」，因此在治療過程中特別強調對當事人私人經驗的同理敏感度，特別是當事人對治療師的感受與體驗為何？「神入」是工具，也是有理論基礎的觀察方法，是累積資訊並且做傳達的一種方式，同理是「自省」與「站在他人立場」的結合，但是可能因為認知了解的不足，而未能真正發揮效力，因此需要解釋（在認知上抓住正確意義之後），讓當事人知道治療師的理解。

五、動力取向治療的貢獻與評價

　　動力取向治療理論提供了治療師了解當事人內在動力的情況以及治療可以如何協助當事人去修通深植的人格問題，它的人格理論也讓我們了解人格的深層結構與發展過程、潛意識的功能、焦慮與防衛機制的角色、早期經驗與未竟事務的影響、徵狀的功能與起源，還有在日常生活與治療關係中的移情與反移情現象，以及當事人的「抗拒」是怎麼一回事、其意涵為何？

　　後來修正的「短期動力取向治療」在時間與次數上都較為節約，聚焦在一個特殊的人際問題上，也較不強調治療師的中立立場、甚至與當事人建立較佳的同盟關係，同時也較早使用解釋技術，現代的動力取向的分析也是建立在探討治療師與當事人複雜的意識及潛意識動力狀態。

　　傳統精神分析只注意自我（ego）的發展，較少去注意社會與文化的影響因素，若自我較為薄弱者，也不適合此取向的治療方式，另外將治療師中立化（或匿名化）也影響治療效果。

心理動力治療（psychodynamic therapy）特色

心理動力治療特色

改良式的精神分析。

目的與精神分析學派相同，就在於將潛意識變為意識，也就是協助當事人可以在更有意識的控制與覺察下行動，讓一個人可以在不同心理需求、意識要求與外在現實的衝突下取得適當平衡。

將「心靈」被視為一個主動、非靜態的實體。

其基本假設為個人中心問題反映或重複了原生家庭的早期議題，治療被視為是「矯正情緒經驗」，提升新的學習機會。

關切當事人性心理、社會心理、與客體關係發展對個人的影響，也重視潛意識的過程，將過往的關係在治療關係中重建起來。

治療次數通常在10到25次之間。

將夢視為自己（self）不同的面向。

治療師與當事人是面對面的互動，也不強調移情關係。

心理動力治療的諮商師注意到負面治療關係的治療價值，也協助當事人可以在當下「重新經歷」過去的負面經驗，了解它是如何影響目前的人際關係。

治療關係像是「夥伴」關係，諮商師也同時扮演著母親照顧嬰兒的角色，提供當事人最初的力量與安全環境，讓當事人可以有能力自己做因應。

➕ 知識補充站

自體心理學派所使用的「詮釋」，提供問題或思考的其他觀點，也將過去似乎不重要的經驗與目前的反應做一種深層、有意義的連結，但是使用時要注意時機、以暫時性的方式呈現，問題問題或資訊提供也可以讓當事人自己來做詮釋。

第 4 章
關係與體驗取向的諮商理論
——人本中心學派、阿德勒心理學派、完形學派與存在主義諮商

4-1 人本中心學派

人本中心學派的基本理論

一、心理學的「第三勢力」

　　人本取向的理論主要是相信人可以充分發揮功能的傾向，代表人物有 Abraham Maslow 與 Carl Rogers，他們的心理學被稱爲「心理學的第三勢力」。

　　「人本心理學」主要是假設「人是想要活著的」，人有向上、向善發展的潛能，只要供給其正向、信任與溫暖的環境，就可以促使其朝自我實現（self-actualization）的方向前進，而「自我實現」是一個終身持續的過程。

　　人本取向是以「人」（當事人）爲中心，治療師會以同理的態度，進入當事人的主觀世界（現象場），重視其情緒與內心世界，治療師基本上是以自己爲治療工具，關係本身就是治療，提供當事人人性的關懷與理解，讓當事人因此「得力」，對自己有新的了解、有新的問題解決能力，願意去面對新的挑戰。

二、Maslow 的「需求層次論」

　　Maslow 提出的「需求層次論」（the hierarchy of needs）與「高峰經驗」（peak experience）影響人本學派很大，他是第一個清楚陳述人類有心理需求的大師。Maslow 提到「B價值」（Being values，存在價值），這個「B價值」不是「匱乏需求」（Deficiency-needs，因爲缺乏而產生的需求），Maslow 等於是創造了一張人性的新地圖；他很重視人類的靈性需求，認爲每個人都有「更高的人性」，而所謂的「高峰經驗」不是所謂的「神祕體驗」，而是日常生活的一部分，也是每個人都可以體驗到的。Maslow 的需求層次論是將人類需求從最低到最高臚列出來。自我實現的需求是跨文化與跨歷史的，只要能去發掘人性中的自尊、安全、被愛與愛人，就可以看到人性的光明面被加強與肯定。

小博士解說

　　「高峰經驗」指的是短暫、緊張的感受，也是極爲快樂、驚詫的經驗，可能伴隨著任何活動或事件一起發生，Maslow 認爲是自發性、促進成長的，像是寫稿者突然有靈感的那種感受。

羅吉斯對人性的基本假設

相信每個人
都有自尊與價值

人對自己的行為
是有知覺的

人有自我實現
之傾向

相信人是良善、
值得信賴的

Maslow 的需求層次論

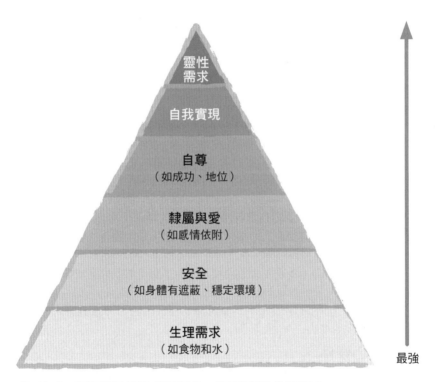

靈性
需求

自我實現

自尊
（如成功、地位）

隸屬與愛
（如感情依附）

安全
（如身體有遮蔽、穩定環境）

生理需求
（如食物和水）

最強

註：Maslow 將前四種需求視為「匱乏需求」，而自我實現為「成長需求」。

4-2 卡爾·羅吉斯的立論（一）

一、從「非指導性治療」到「個人中心治療」

人本學派的代表人物卡爾·羅吉斯（Carl Rogers, 1902-1987），生長在一個嚴謹且具宗教氣息的家庭，大學時代學的是農業，後來對神學、教育等也有涉獵，曾與Otto Rank有過多次接觸，因而將「關係」視為治療核心。羅吉斯的理論除了受其成長與教育背景的因素影響之外，也受到場地理論的影響與啟發，他不重視原因，而著重在「人格改變過程」，也因為受到Maslow思考的影響，他提出「人是努力朝向自我實現的方向前進」。人本中心認為人性是想要真理、與他人有建設性的社會連結，也就是自我實現的傾向，而在治療中也相信當事人是所知最多的。

治療主要是「讓當事人引導過程運作的方向」，也就是以當事人為主，一改過去以治療師為主的治療。Rogers認為，治療關係是讓當事人改變的必要且充分條件，Rogers的治療理念從：（一）提供當事人支持與正確的反映是促成正向成長與改變的必要條件，接著（二）著重在當事人所表達的特殊參照架構，然後發展成（三）有效的治療師必須要讓當事人感受到三個核心條件，才能促成更有效的改變。

二、自我概念與當事人的狀態

Rogers認為，每個人的「自我概念」中都有「理想我」（ideal self）與「現實我」（real self），之所以會產生問題，主要是這兩個「我」之間的差距過大，也就是個體所覺知的自我（perceived self）與真實自我（actual self）的距離所造成的「不一致」（incongruence），由此也可以理解羅吉斯不將個體視為「病人」，而只是「適應不良」的人，也因此他認為當事人進入治療時，是在一種「不一致」的狀態。每個人都有其「評價中心」，也就是指我們對於自我評價會從他人的標準（外來的）移轉到自己的標準，自我價值在最初雖然需要他人的積極關注，但是後來個體就不需要依賴這些外來的關注，成為一個有自信與自尊的人。

個人的經驗是很重要的，不需要去否認或是扭曲，要不然就會造成個人及自我與生俱來的智慧漸行漸遠、甚至脫離的危機。所謂的「功能完全的人」（the full functioning person）就是理想的情緒健康的人，不僅對經驗開放、活得有意義與目的，也相信自己與他人。

三、三個核心條件

人本學派諮商除了注重治療關係的品質以外，同時相當重視治療師本身的特質，因而提出「三個核心條件」（core conditions），也就是「無條件積極關注」（unconditional positive regard）、「同理心」（empathy）與「真誠一致」（genuineness or congruence），他認為唯有治療師提供這些「有療癒」效果的條件，當事人才可能在此氛圍下去發揮與展現。

三個核心條件

無條件積極關注	以不批判、溫暖信任的態度來關切當事人所提的議題及當事人的福祉。
同理心	設想自己站在當事人的立場、進入當事人的主觀世界,去體會當事人的感受、想法與做法,這種「擬似」(as if)的揣摩,還要經由管道表現出來,讓當事人知道與確認。「同理」不是一項技巧,而是一種「態度」,是一個「與當事人同在」的過程。
真誠一致	指的是治療師的「透明度」(transparency),讓當事人感受到治療師是「前後一致」與「裡外一致」的,而且是將心比心,以最真切、無偽的心來對待。

Rogers的「個人中心」(person-centered)學派經過三階段的改變

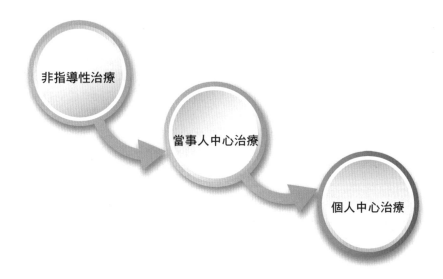

非指導性治療

當事人中心治療

個人中心治療

4-3 卡爾・羅吉斯的立論（二）

四、核心條件與治療師

　　人本諮商師非常重視治療師自身的覺察與功能，治療師本身就是一個工具，運用他／她自己以及治療關係來協助當事人，傾聽自我是每日的功課；諮商師的存在是有效療癒的基本要素，而諮商師與自己的關係，更是決定其工作品質的重點。諮商師在治療過程裡，呈現自己是一種「一致」的狀態，展現的是真誠、統整的人，而「一致」也讓諮商師的工作去神祕化。羅吉斯所謂的「一致」有三個層次：了解自己正在經歷的是什麼、外在的表現也表達了他／她清楚正在發生什麼事、願意向當事人吐露任何重複的重要經驗。

　　Mearns與Thorne（2007, p.121）認為同理心是「過程」，無條件積極關注是「態度」，而同理心是一種「存在的樣態」（state of being），不是機械式的技巧而已，核心條件三者不可分割。Rogers認為，生命的目的在於「成為真正的自己」，而「自我接受」就是治療師可以給予當事人最有價值的禮物，當事人會隨著新體驗的自己而有建設性的改變。

　　Rogers認為生命的目的在於「成為真正的自己」，而「自我接受」就是治療師可以給予當事人最有價值的禮物，當事人會隨著新的體驗而慢慢改變（1962, cited in Kahn, 1996, pp.49-52），諮商師要去了解當事人的個人世界與意義，感受其私密世界就好像諮商師自己一樣，但是沒有失去「彷彿好像」（as if）的特質（Rogers, 1957, cited in O'Leary, 1999, p.61）。

五、人本諮商治療目標與過程

　　人本中心治療目標在於提供一個安全信任的環境，讓當事人可以運用這樣的治療關係去做自我探索、了解阻礙其成長的因素，學會遵循自己內在的標準看自己，也就是不只協助當事人解決問題，同時也協助他／她的個人成長、有能力去因應自己目前與未來所面對的問題，簡言之，就是協助當事人變得更成熟，重新啟動並邁向自我實現之路。

　　諮商聚焦在當事人的感受經驗上，而治療關係若可以達到相互信任、接納與自發性（spontaneity），就會有正向的結果。諮商師的了解、接納、重視當事人，也尊重當事人的主觀經驗（私人世界），全然與積極投入治療過程，就是賦能當事人的最佳條件。

　　治療師是一個「催化者」，其與當事人有「心理上的接觸」（psychological contact），才是有效諮商的關鍵，也因為人本中心治療強調治療關係品質與治療師個人特質，因此就比較不在乎技術層次的問題，其介入主要都是為了增進治療關係與當事人的自我覺察，讓當事人有能力的感受，原則上儘量減少指導性、解釋、診斷或探問的技巧。

Maslow描述自我實現的人格特質（引自邱珍琬譯「人格心理學」，p.541）

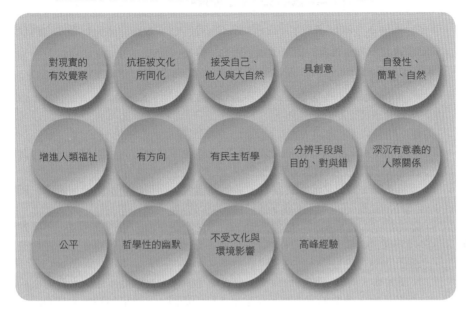

對現實的有效覺察

抗拒被文化所同化

接受自己、他人與大自然

具創意

自發性、簡單、自然

增進人類福祉

有方向

有民主哲學

分辨手段與目的、對與錯

深沉有意義的人際關係

公平

哲學性的幽默

不受文化與環境影響

高峰經驗

自我實現的障礙（引自邱珍琬譯「人格心理學」，pp.528-530）

威脅
Rogers將威脅定義為一種意識或潛意識的覺知，是自我概念的不一致。威脅是一種模糊不安的焦慮，焦慮引出我們企圖減少不一致的防衛過程。

防衛過程
為了要維持個人內在自我概念的一致性，因而有防衛過程，防衛過程有兩種，一是藉著「扭曲」（或合理化），把威脅經驗變成與自我概念相容，另外則是用「否認」，阻止自我對不一致經驗的覺察。

崩潰與解體
當經驗與自我概念間的差距過大時，防衛方式就不能抵擋個人意識到的威脅，行為或人格解體就可能發生。

註：自我實現的障礙需要靠「重新整合」來減少其不一致。

4-4 人本中心學派治療技術（一）

　　人本中心學派最常使用的有「積極傾聽」、「同理心」、情感反映與釐清，這也是一般諮商師訓練課程裡會著重的部分，以下做簡單介紹：

一、積極傾聽

　　「同理心」是溝通的重要因素，通常是從「傾聽」開始。Nelson-Jones（2005, pp.64-66）提到諮商師積極傾聽的功能如下：

　　（一）建立和諧關係：當事人覺得被了解，就容易建立治療關係。

　　（二）建立信任度：諮商師接納的態度與專注傾聽，讓當事人可以做自己，也摒除懷疑，願意讓諮商師進入自己的內心世界。

　　（三）連結不同：即便諮商師與當事人是不同個體，卻可以藉由傾聽來傳達了解與接納，知道不同是當然的，卻不會影響彼此的互動與學習。

　　（四）協助當事人自我揭露：當事人來求助都是遭遇生命的瓶頸或困境，要面對一位陌生的諮商師的確有相當難度、也很難啟齒，當事人發現諮商師專注傾聽是會被感動的，也因此願意打開心防，敘說自己的故事。

　　（五）協助當事人經驗不同的感受：許多人極少有機會被聽見，也因此會約束或限制自己的情緒反應，不敢真實表達。在當事人被傾聽時，諮商師也會做適當的同理反應，讓當事人感受到自己真實的感受，也願意對自己的感受開放。

　　（六）搜尋資訊：諮商師必須要從不同管道蒐集有關當事人的相關資訊，才可以有較全面的了解、做最好的處置，傾聽就是最好的管道，也不需要問太多問題。

　　（七）創造一個影響的基礎：諮商的最終目標是讓當事人可以協助自己，發現自己的資源與力量。當諮商師專注傾聽時，也做了很好示範，當事人也會願意傾聽，了解人是互相影響的、也想要改變。

　　（八）協助當事人承擔責任：諮商師提供積極傾聽，也讓當事人有機會重新敘述自己的故事或立場，有機會重整思緒與感受，或許也找到了問題的解決方法，願意為自己的問題擔負起責任、努力解決。

　　以下是「練習」傾聽的步驟：

　　（一）將手邊事情放下，也將心理上的思慮擱置在一旁，全心全意面對當事人。

　　（二）深吸一口氣，調整一下情緒。如果你／妳覺得緊張，也可以說出來、讓當事人知道，因為當事人跟你／妳一樣會緊張。

　　（三）眼光放在當事人的肩部左右的高度，與當事人偶爾有目光接觸，但是不要直盯著當事人。如果彼此較熟悉了，即便諮商師的眼光一直在當事人臉上，也不會引發對方的焦慮。

　　（四）不要想等一下該如何回應、或是去猜測當事人的想法、心情，只是將舞臺讓給當事人，把自己的心放空、專心注意去聽。

　　（五）專心進入當事人的世界，去體會他／她的立場、感受與可能的想法或做法。

　　（六）遇到不清楚的地方，可以提問，但是切記：不要問太多問題。

「同理心」練習的步驟

步驟	說明	舉例
開放姿勢	坐姿要讓對方覺得沒有防衛、不緊張也專注，要與當事人有眼神接觸。	
簡述語意	把剛剛所聽到的「大意」說給對方聽，不只是讓當事人知道治療師「聽到」了，也讓他／她有機會去釐清。	
情感反映	將對方所說或表現出來的明顯情緒或感受說出來，讓對方知道。	「你剛才說到自己前一陣子跟媽媽吵架的情況，你覺得被誤解，但是解釋了，媽媽卻拒絕聽，感覺很難受。」
同理心	將前兩者（簡述語意、情感反映）融合在一起，還站在對方的立場去感受他／她可能隱藏未說的情緒，並且替他／她說出來。	「母親的誤解讓你難過，而當你企圖說明，但她又不聽時，你覺得更受傷、生氣、又不知如何是好。」

Corey（2005.p.174）提到同理心協助當事人

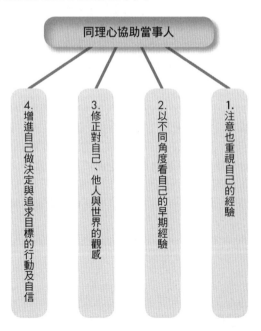

同理心協助當事人

4. 增進自己做決定與追求目標的行動及自信

3. 修正對自己、他人與世界的觀感

2. 以不同角度看自己的早期經驗

1. 注意也重視自己的經驗

註：同理心是能夠進入當事人的內心世界去感受，同時不失治療師的個體性。

4-5 人本中心學派治療技術 (二)

二、同理心

就是可以站在當事人的立場去思考其可能有的感受、想法與行為，通常是在當事人敘述了自己遭遇的困擾之後，諮商師將當事人所敘述的內容以「自己的話」簡述重點讓當事人聽見，而除了對當事人的故事「事實」或「事件」描述之外，也會加上諮商師所觀察到的、當事人說出來的感受，更重要的是，可以將當事人「深層」或是「未道出」的感受細膩描述出來。

但是在臨床實務運用上，「同理心」的運用不會有這些明顯的階段分野，而是整合在一起，也就是在敘述事實的同時，將諮商師所看見的「表面」與「猜測」的情緒也一起說出來，讓當事人知道。

三、治療師的自我揭露

人本主義諮商最重要的就是治療關係，因此治療師將本身當作治療工具，要真實、一致地展現在當事人面前，讓當事人看見角色楷模的同時，接納人都有其限制與弱點，而「自我揭露」就是很直接的表現管道。諮商師的自我揭露基本上有幾項功能：（一）讓當事人了解諮商師是人，也經歷過與他／她相似的人類困境、讓當事人感覺被了解；（二）可以減少治療師的神祕感、減少不切實際的移情現象。而自我揭露必須要注意到：不是用來給諮商師宣洩之用，要注意適時與適當性；若是過多，當事人會覺得到底是誰在做治療？也可能會懷疑諮商師的專業性；若是過少，當事人可能覺得諮商師沒有相關經驗、或是無法體會自己的遭遇。

四、立即性

「立即性」（immediacy）也就是治療師自我揭露在諮商現場所觀察、感受到的，包含對當事人與治療關係的看法及感受，著重在「此時此刻」（here-and-now），可以是「自我揭露」（諮商師表露個人感受、反應或對當事人與關係的經驗）或是「挑戰」（用來面質當事人在治療關係中的議題），也是提供資訊（當事人行為模式）的方式，不帶任何批判在裡面。例如：

（一）「之前你提到父親時有許多的崇拜，但是這幾次好像情況有一點不一樣，是怎麼一回事？」

（二）「前兩次諮商時，妳會兩手交握、感覺很緊張，現在妳沒有這樣的動作，有沒有發現？」

五、重新架構

「重新架構」（reframing）的使用，是讓當事人對某一事件的特定解釋作延展，協助當事人對此事件創造新的意義。使用「重新架構」的技巧可以是「重新命名（或「標籤」）」的方式，或可以衍生出不同的意義與方向。例如：「妳說常常跟兒子起爭執，兩個人會提出不同的意見、爭論很久，可見你們很積極做溝通。」

人本中心學派的貢獻與評價

貢獻	限制
將治療重心轉到當事人身上，認為當事人是有成長與發展的潛能。	強調獨立與個別化，這並不適合跨文化的價值，環境與行為論者批評他不了解文化與社會因素對個人行為及態度的影響力，也就是個人的自我實現其實受制於社會文化機制。
諮商目標不是問題的解決而已，也強調讓當事人充分體驗當下、學習接納自己，也做改變的決定。	雖然人本倡導的三個核心條件可以催化當事人個性的改變，然而因為沒有直接針對首要（如焦慮與孤立）與次要（如缺乏社會責任）的防衛機制做處理，而這些可能比內在的自我實現更重要。
治療過程是「關係過程」而不以技術為主導，提供當事人積極涉入的環境，以反映傾聽去了解當事人的內在架構，協助當事人的自我認同與成長，讓他／她可以將在諮商過程中所學習到的運用在日常生活裡，也有更好的能力處理現在與未來的挑戰。	其諮商目標不清楚，導致諮商過程的模糊、不確定，也較不能處理危機情況。
對現代諮商實務與人本心理學影響極大，突破傳統精神分析的治療取向，也強調當事人在治療中的積極主動角色與責任，讓心理專業人員注意到治療關係的重要性、而不是將焦點放在諮商技術上。	有些治療師將理念過於簡化，因而也限制了同理傾聽與反映的使用。
人本取向是屬於體驗諮商（experiential，著重在內在反思）及過程體驗治療（process-experiential，著重在正確同理）的運用，有不少實證研究也證明，人本學派治療師的態度的確有正面療效。	治療師對於使用技巧與使用「自我」不容易分辨，而當事人也不太了解治療要達到的目標為何？
	對於非自願來做治療的當事人較無效。

✛ 知識補充站

　　諮商師使用「立即性」技巧，通常是以所觀察到的「行為」做描繪或敘述，最重要的是不要帶價值判斷或批判性。

4-6 阿德勒 (個體) 心理學派

阿德勒心理學派的基本理論

　　許多學者在提到其他不同諮商學派之前，要先將阿德勒（Alfred Adler, 1870-1937）的個體心理學派（individual psychology）做優先介紹，因爲阿德勒的許多想法後來被不同的同僚拿去做進一步發展，就創立了其他的諮商學派，因此有必要將阿德勒的觀點做說明。

　　阿德勒的學說常被視爲是「普通常識」（common sense），但是卻歷久不衰，但因爲他的許多觀念都引導或啓發了後起的理論與學派，像是Frankl的意義治療（logotherapy）、Maslow的人本取向、May的存在主義治療，以及Ellis的理情行爲治療，此外Glasser的現實學派、Satir的家族治療、Berne的溝通交流分析與Perls的完形治療也都借用阿德勒的治療技術，甚至有學者視「新精神分析學派」者（neo-Freudians）爲「新阿德勒學派」者（neo-Adlerians），因爲他們脫離了佛洛伊德的生物決定論，轉向阿德勒的社會心理與目的論。

　　阿德勒基本上與佛洛伊德一樣，相信有的行爲受若干需求所驅動，而最重要的一項就是「社會興趣」（Gemeinschaftsgefühl, social interest），這與新佛洛伊德學派的注重「社會文化」因素若合符節，也因此有些人會將其歸在「新佛洛伊德學派」裡。阿德勒不同意佛洛伊德強調生物生理決定論的立場，阿德勒有關社會脈絡、家庭動力與孩子教養的觀念受到極大注意，其取向是現象學的、有賦能意義、著眼在目前與未來。

　　阿德勒的理論以「權力慾」與「完全功能的人」來取代性驅力與慾力，後來又以「社會興趣」取代「權力慾」，因爲人基本是需要認可、肯定自我價值與涉入社會的。因爲人希望是屬於整體社會的一份子、爲自己爭得一個位置、並願意爲他人謀福祉，而個體也只有在社會脈絡、與他人互動的情況下可以被了解。此學派主張人是「社會性」的生物體，受到社會因素的影響與促動，人是「完整」（holistic）的個體，也是積極、主動、有創意、做決定的個體，不是命運的犧牲者，因此個人會主動選擇自己想要的生命型態。

　　阿德勒的學說之所以會在美國發揚光大，主要還是靠Rudolf Dreikurs與Don Dinkmeyer兩位學者的努力，前者在美國發行自我心理學期刊，也在芝加哥成立了阿德勒學派的北美中心，Don Dinkmeyer則是Dreikurs的嫡傳弟子，將阿德勒理論運用在親職教育上成效顯著。

　　阿德勒學派是一種人際心理學，重視意識與潛意識，了解個人需要了解其認知組織與生命型態，人類行爲會依據當下的情境要求與生命型態的目標做持續改變，人有選擇的自由、也會面對不同的選擇；生命的挑戰是以生命任務方式呈現，也因爲這些生命的挑戰、因此需要勇氣。

阿德勒的人格理論與佛洛伊德學派相異點（Gilliland, James, & Bowman, 1989, p.37）

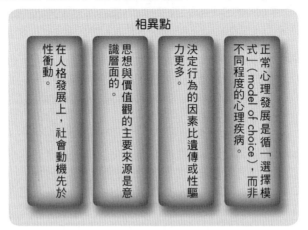

相異點

在人格發展上，社會動機先於性衝動。

思想與價值觀的主要來源是意識層面的。

決定行為的因素比遺傳或性驅力更多。

正常心理發展是循「選擇模式」（model of choice），而非不同程度的心理疾病。

阿德勒學派的主要理念

理念	說明
人本取向 （humanistic）	重視人與社會的福祉
完整的 （holistic）	視人為一整全個體
現象學的 （phenomenological）	從個體觀點來看世界
目的導向的 （teleological）	個體受主觀未來所引導
場地理論的 （field-theoretical）	在個人與社會及物理環境互動過程中，考慮到個人的感受、想法與行動
社會取向的 （socially oriented）	視個人是主動對社會做反應、也貢獻社會
方法論上是操作取向的 （operational in its methodology）	強調實際運用性

4-7 阿德勒心理學派的觀點（一）

阿德勒（個體心理）學派的主要幾個觀點如下，而這些觀點是互相有關聯的：

一、社會興趣

個體心理學派學者認為一個人的心理健康可以「社會興趣」（social interest）來評估。社會興趣是與生俱來的潛能，需要在日常生活中練習才能獲得發展，而「社區感」與社會興趣也是道德行動的基礎。

人類行為主要是受到社會興趣所驅動，而「社會興趣」也是評估一個人適應情況的指標，適應良好的人認為自己是社會的一份子、也欣賞彼此的不同，適應不良的人則是以自己的需求為主、沒有看到他人的需求或社會脈絡的重要性。

「社會興趣」是指個體對他人的正向態度，與自我認同、同理他人有關。「社會興趣」讓我們想要有所歸屬、成為人類社會的一員（而且是有貢獻的一員），讓我們所處的社會更好，而社會興趣是可以教導與發展的。人基本上有幾項生命任務（life tasks），它們是：（一）工作－可以對社會有貢獻；（二）友誼－與他人建立起有意義的關係；（三）愛－與人的聯繫，與自我的關係，以及與宇宙的關係。我們因為工作而可以貢獻給社會，因為有愛與友誼，覺得有所歸屬、感覺自己是有價值的，這些生命任務是不可分割的，而這些都與「社會」或周遭的人有關聯，若是發現自己未能實現其中的一項生命任務，就會有精神官能症的產生。

二、行為目的論

與佛洛伊德相同的是，阿德勒也認為人格是在早年形成的，但是他不是一個「決定論者」，因為一個人的行為與人格是受到自己的「目的」（teological）所影響，人有自由意志、也有選擇之自由，因此個人的行為是「有意識」下的決定，而不是受天生性驅力所左右。

（一）虛構目標

每個人都有自己的「虛構最終目標」（fictional finalism）（或是「自我理想引導」或「完美目標」），也因此其行為是有目標導向的，這些虛構目標就是引導個體朝向未來的動力，儘管這個最後的「虛構最終目標」不一定可以達成，卻是引領人往前的最大力量！換句話說，每個人都有他（她）想要成就的人生目標與意義，而阿德勒相信每個人都是在互動的社會脈絡中有目的地發揮功能。自我心理學者提出了一些「虛構目標」，而每個人的「優先次序」或有不同。

生命目標形塑一個人的生命型態與個性，一旦生命目標成形，個體就會將其視為最終要達成的標的（也就是「虛構最終目標」）。在達到「虛構最終目標」之前，必然有一些小目標可以慢慢趨近總目標，然而並不是每一個目標都可以有效達成，而每個人可能也會有「錯誤的目標」（mistaken goals）、讓個人誤以為是對的目標，卻導致個人做了錯誤的決定、造成錯誤的結果。

自我心理學派的「虛構目標」 (Gilliland et al., 1989, pp.39-40)

虛構目標	說明
主導（ruling）	在與人關係中喜歡掌控與主導
獲取（getting）	總是期待自他人處獲得些什麼、依賴他人
逃避（avoiding）	逃避問題、不想負責或承擔
想要成就（driving）	成功是唯一的選項
控制（controlling）	喜歡有秩序、不能忍受無序或髒亂
受害或是殉難者 （being victimized or martyred）	兩者都受苦，但是前者較被動，後者則是較主動
表現好（being good）	總是表現出有能力、有用、總是對的
表現對社會有益（being socially useful）	與他人合作，也貢獻自己

Freud 的生之本能 (Life instinct) 與阿德勒學派的生命任務比較

Freud 的生之本能		阿德勒學派的生命任務	
生存	物種最基本需求	愛	建立親密關係
性	繁衍後代，物種需求	友誼	與人發展有意義的人際關係
愛與親密	與人的連結、關係	工作	對社會貢獻
工作	貢獻及生命意義之所在	自我接納	接受自己的全部
		靈性	價值觀、生命目標、與宇宙關係

4-8 阿德勒心理學派的觀點（二）

（二）錯誤目標

「錯誤目標」也可稱爲「私人邏輯」（private logic），是個人所擁有，也只有當事人了解的，主要是個體對其經驗的偏誤看法，通常是小時候就成形，其特色是過度類化或簡化，像一個孩子認爲自己應該完美、才可以贏得父母親的喜愛，因此不容許自己犯錯，然而這樣的目標卻造成自己不快樂的結果。

不切實際的目標或是難以達成的目的，都會造成個人「自卑的感受」（inferiority feelings），也是「沒有受到鼓勵」（discouraged）的原因，沒有受到鼓勵就會發展成「不適應」行爲。「自卑」感受是與生俱來的、也是激勵每個人往成功奮進的最初動機，而「覺得有用」就是個人價值所在。治療師的任務就是讓當事人可以走向社會接納、有益於社會的生活。

（三）被認可與不適應行爲

每個人都希望讓別人看見自己的「好」與「優勢」，這是每個人尋求他人「認可」（recognition）、肯定自己的重要途徑，通常一般人都會努力想要表現好的行爲，符合一般的社會期待，這就是對「社會有益」（social useful）的方向，然而如果這些「好」的行爲沒有達到他人的標準、或是沒有被注意（或「認可」）到，此人就會轉向「社會無益」（social useless）的方向，至少「被看到」總是比沒有被注意要好。從這個觀點延伸，自我心理學派的學者提出了「不適應行爲」（maladaptive behavior）這個觀點，而所有的問題都是「社會性」問題（social problems），主張人類行爲主要是受到社會關係所驅動，他們不將人的行爲「病態化」，而只是稱之爲暫時的「不適應」而已！

面對這些「不適應行爲」的方式爲：協助孩子了解不適應行爲背後的目標，不讓那個不適應行爲得逞，找尋其他方式來鼓勵孩子，運用班級或是同儕團體，讓孩子可以感受到友善的氛圍並參與合作（Walton & Powers, 1974, p.7）。阿德勒要我們去了解行爲背後的「動機」，就可以了解其行爲的「目的」，接下來才可以思索處理之道。

三、生命型態

「生命型態」（life-style）指的是終生引導個人生活、組織其現實世界及給予生命事件意義的核心信念與假設，通常與我們所覺知的自我、他人與世界有關。生命型態是自己創造的，每個人都想克服他／她的自卑，達成目標，而運用獨特的方式展現，這些目標通常與能力、卓越有關聯，生命型態包含的內容有個人的世界觀、目標、行爲策略以及結果。雖然生命型態是因應經驗的工具，但是絕大部分是無意識的，而其內容是由認知組成。

「生命型態」主要是個人對於自己、他人與世界的信念與假設而來，根據這些信念與假設，也決定了我們的行爲目標，倘若這些假設錯誤，也可能導致錯誤的行爲與生命目標。也就是說生命型態主要是以「私人邏輯」爲基礎，發展出個人不同的生命計畫。

錯誤的私人邏輯

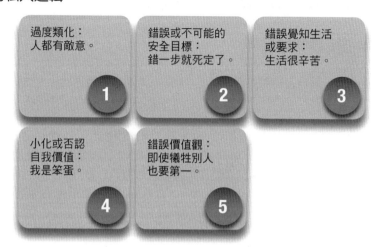

過度類化：
人都有敵意。
1

錯誤或不可能的
安全目標：
錯一步就死定了。
2

錯誤覺知生活
或要求：
生活很辛苦。
3

小化或否認
自我價值：
我是笨蛋。
4

錯誤價值觀：
即使犧牲別人
也要第一。
5

「不適應行為」種類（Dreikurs, 1964; Sweeney, 1989; Walton & Powers, 1974）

不適應行為	說明
引起注意 （attention-getting）	某人的行為讓你覺得很「煩」，可能其目的就是引起你的注意。
權力抗爭 （power-struggling）	某人的行為讓你覺得「生氣」，可能是因為他／她想要證明給你看「誰是老大」。
報復（revenge）	某人的行為讓你覺得「很痛」，很有可能是以前他／她也曾經受過傷，因此採用同樣的方式來「報復」你，讓你可以感受到他／她的痛。
我不行（inadequacy）	某人的行為讓你覺得「無望、無力」，也許因為某人有過太多失敗的經驗，對自己也失去信心了，他／她的意思可能是告訴你「不要再試了，試了也沒用」。
刺激興奮（excitement）	某人的行為讓你覺得「無厘頭、莫名其妙」，可能就是因為生活太無聊了，所以就做一些動作來排遣。青少年最常有這些行為出現。

註：這些「不適應行為」的背後都有動機（要請讀者注意判讀這些行為動機背後所引發的「情緒反應」才做決定）。

4-9 阿德勒心理學派的觀點（三）

四、自卑情結與超越自卑

　　阿德勒認為每一個人生來就認為自己不如人（「自卑」），但也是這個「自卑」，驅使他／她要更努力，讓自己掙脫這樣的命運，朝向「超越」之路邁進。人在童年早期就有不如人的感覺，對其後續發展影響重大，因此他人的對待與自己如何處理這些自卑感受，對其人格的形塑就很關鍵。

　　自卑情結可能是真實的或想像的，它會激發人奮鬥的動力，希望可以克服或補償這些自卑或劣勢，因此我們可以看到朱仲祥與乙武洋匡的成功案例（克服自己天生的殘疾，成就不一樣的人生）。讀者也可以將個人超越「自卑情結」對照佛洛伊德的「昇華」防衛機制，只是前者是潛能成長傾向，後者是因應焦慮所產生的防衛。

五、出生序與家庭星座

（一）出生序（birth order）

　　阿德勒學派特別重視「家庭星座」（family constellation）與「家庭氛圍」（family atmosphere）對於孩童發展的影響。每個家庭成員的特性、孩子出生序、手足的性別與家庭大小，都會影響孩子在家中的地位，而家庭氛圍是屬於拒絕還是支持，也會影響孩子對自己的看法，沒有受到鼓勵的孩子會變成「適應不佳」的孩子，他／她可能有所謂的「錯誤目標」，導致他／她運用引起注意、權力鬥爭或是「我不行」的方式，企圖取得在家中的地位與認可（Gilliland et al., 1989, p.42）。

　　阿德勒也是第一個進行家庭治療的治療師，他不僅將「民主」精神帶入治療裡，也納入家庭中，而且是第一位依據個人在家庭裡的生、心理出生序探討人格特質的心理學家（Yang, Milliren & Blagen，2010, p.130），也就是說實際的排行不重要，重要的是當事人如何解讀他／她自己在家庭裡的地位（Corey, 2009）。家庭是我們最早、也有最重要影響力的社會系統，他所使用的「家庭星座」、「家庭氣氛」與「出生序」的探問，甚至是將家人聚在一起進行治療，都是業界的第一人。

　　阿德勒以「社會心理地位」（psychosocial position）的角度來研究出生序，有別於實際上的出生次序（chronological position），其中最重要的決定因素就是當事人本身、父母親是如何「看」自己在家庭中的地位？他研究了五個出生序，包括獨子、老大、兩位手足中的老二、老么與中間的小孩，各有不同的特性（如右表）。

　　當然，除了出生序之外，還必需考慮到家庭大小、孩子能力表現、健康情況、手足間年齡差距與競爭情況、家庭中發生重要事件（如意外、生病、流產）、家長態度等，若是老二發現自己可以超越老大，可能就取而代之，這與家人的對待方式有關。出生序的影響只是一種「傾向」，並不是絕對的，主要還是看父母對待孩子以及孩子如何解讀自己在家中的位置而定，另外，也有必要將「性別」因素與社會文化列入考量。

出生序與性格

排行	性格描述
老大	較為保守傳統也威權、可靠、過度負責、內化雙親的價值觀與期待、完美主義者、成就傑出、占主導優勢、常勤奮努力、口語能力較佳、較有組織、行為良好也較符合社會期待；常常是領袖的角色，會以衛護家庭為先，與長輩的關係較好；老二出生之後，老大會感受到失寵，喪失原有地位與重要性。
兩位手足中的老二	若與老大差距三歲以內，可能就會將老大當做假想敵、競爭的對手，他／她會先從老大擅長的地方下手，若是發現無法超越，就會朝不同的方向發展，像是老大若是課業很行，老二就會朝向音樂或運動發展，為自己爭得一片天！老二較照顧人、表達能力亦佳，也常感受到競爭的壓力。
獨子	較獨特、自我中心、孤單，擁有老大與么子的性格，習慣成為注意焦點，與成人關係較佳，較早熟、也很早就學會與成人合作，當自認為表現不佳時，也容易有偏差行為出現。
么子	有類似老大與獨子的特性，除了知道後面沒有追趕他的人之外，基本上是被寵愛的，也予取予求、我行我素，喜冒險、自由自在，具同理心、社交能力強、也有創意，顯示其獨立性甚高，縱使家人對其無太多期待，但卻常是為了要與其他手足並駕齊驅、而成為成就最高者。雖然么子最早發展成人使用的語彙，也可能採用父母親的價值觀，可能是一個保守黨、或是一個背叛雙親價值觀的人。
中間的小孩	通常是「被忽視」的孩子，覺得家中沒有他／她的擅長之處，所以會朝家庭外發展；也是因為較少被注意到，所以擁有較多的自由與創意，在外的人際關係與脈絡較佳，認為自己要認真努力才可能獲得認可，懷疑自己能力、反抗性強、有同理心。若家庭中有衝突，中間的孩子常擔任「和事佬」的角色，然而也對於他人的批判相當敏感。

一般的生命型態 (Adler, 1956, Mosak, 1971, cited in Seligman, 2006, p.80)

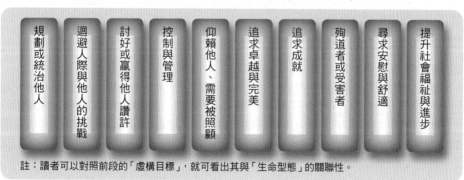

規劃或統治他人　迴避人際與他人的挑戰　討好或贏得他人讚許　控制與管理　仰賴他人、需要被照顧　追求卓越與完美　追求成就　殉道者或受害者　尋求安慰與舒適　提升社會福祉與進步

註：讀者可以對照前段的「虛構目標」，就可看出其與「生命型態」的關聯性。

4-10 阿德勒心理學派的觀點（四）

（二）家庭星座

　　阿德勒認為原生家庭對一個人的人格發展具有關鍵影響力，從家庭星座中可以看到一個人怎麼形成他／她對自己、他人與生活的獨特看法，因此文化與家庭價值觀、性別角色期待與家人關係，都影響孩子觀察家庭互動的模式。家庭星座也包含了家庭組成與大小、排行與互動關係；每個人在家中的地位與角色，是其在家庭中與人互動的結果，與我們最不同的手足是影響我們最深的。阿德勒認為孩子不是一個被動的個體，在家庭中也是一個主動的成員，這個觀點如同之後會談到的「家庭系統論」，孩子也會想要盡家庭一份子的責任。

六、自然結果與邏輯結果

　　「自然結果」（natural consequence）與「邏輯結果」（logical consequence）常常被運用在家庭教育或是親職功能、以及教育現場上。所謂的「自然結果」就是不需要人為操作、自然生成的結果，像是走路走太快容易跌倒，「跌倒」就是「走路太快」的自然結果；而「邏輯結果」就是經由人為操弄而產生的後果，像是媽媽說沒把功課寫完就不准看電視，「不准看電視」就是「功課沒寫完」的邏輯結果，媽媽則是安排這個「邏輯結果」的人。

　　阿德勒很清楚光是靠「自然結果」所學習的範圍有限，但是他也特別強調「邏輯結果」安排的「合理性」，像是作業沒寫完「罰跑操場一圈」，就是沒有邏輯、也不合理的安排，自然會引起被處罰人的不滿。此外，讓孩子有「選擇權」是很重要的，因為若是自己選擇、就較容易負起責任。

七、夢

　　阿德勒對於夢境的解釋與佛洛伊德不同，他認為夢是「情緒的工廠」（factory of the emotions），日有所思因此夜有所夢，而在夢境中常常將白天所遭遇的問題作演練與解決。夢的分析也可以是生命型態分析之一環，在治療中也可以作為諮商師了解當事人問題、未來生活型態的方向，了解當事人在諮商關係中的動向、協助當事人清楚其性格動力。阿德勒將夢視為提升個人覺察的管道，不強調其象徵性，也可以提供生命型態與目前關切議題的重要資訊。

阿德勒學派的治療目標與技術

治療目標

　　個體心理學派的治療目標在於讓當事人可以修正自己的錯誤動機或假設，重新燃起社會興趣、並朝有益社會的方向前進，其「心理教育」的意味濃厚。個體心理學派的治療師認為，當事人不是生病而是「缺乏鼓勵」，因此會當事人一起努力、克服其自卑情結，感受到自己與他人一樣平等。因此有學者認為阿德勒學派的治療是一個「學習過程」，或者是一個「合作教育企業」的過程（Mosak, 1995, p.67）。

阿德勒學派的治療重點（Corey, 2001）

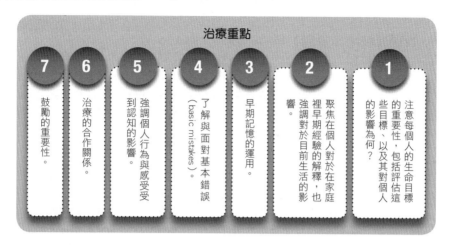

治療重點

7 鼓勵的重要性。

6 治療的合作關係。

5 強調個人行為與感受受到認知的影響。

4 了解與面對基本錯誤（basic mistakes）。

3 早期記憶的運用。

2 聚焦在個人對於在家庭裡早期經驗的解釋，也強調對於目前生活的影響。

1 注意每個人的生命目標的重要性，包括評估這些目標、以及其對個人的影響為何？

阿德勒學派的治療目標（Mosak, 2005, cited in Nystul, 2006, p.189）

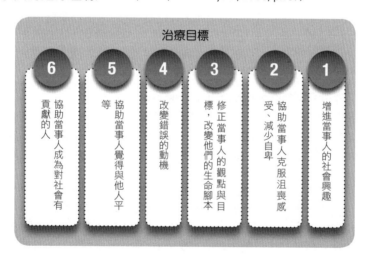

治療目標

6 協助當事人成為對社會有貢獻的人

5 協助當事人覺得與他人平等

4 改變錯誤的動機

3 修正當事人的觀點與目標，改變他們的生命腳本

2 協助當事人克服沮喪感受、減少自卑

1 增進當事人的社會興趣

✚ 知識補充站

阿德勒提倡在家中進行「民主會議」，家中成員都可參與討論與做決定，而且每個人的價值及重要性都一樣。

4-11 阿德勒學派的治療技術（一）

（一）悖論（或矛盾意向）技巧（paradox intention）

悖論技巧是阿德勒學派很特殊的一種諮商技巧，後來也爲一些家族治療者所運用，刻意增加當事人的不良思考與行爲，讓當事人在誇大的練習中，體會到自己行爲的可笑與荒謬，因而改變或停止這些不良行爲。像是失眠的人會努力要讓自己睡著，但是治療師可以請當事人在睡不著時起來打掃，而不要執著於讓自己睡著，可能就因爲勞動之後、比較會有睡意，正好就達到治療目標。

（二）逮到自己（catching oneself）

主要目的是讓當事人對於自己一直重複的錯誤目標與思考有所警覺、並監控自己的行爲，也就是協助當事人認出在錯誤目標或思考出現之前的一些徵兆或警告，讓當事人可以先做準備、避免重蹈覆轍，當然當事人首先要能夠認清楚自己的哪些想法或行爲是一種「警示」或「前兆」；像是在當事人手腕上綁個橡皮筋，只要是自己有想要做出衝動動作（如生氣）的意念時，就拉橡皮筋、彈自己一下，這就是「逮到自己」！

（三）彷彿好像（acting as if）

許多當事人會告訴諮商師說：「如果我可以的話……」，治療師就可以在此時要求當事人表現出「彷彿好像」（假裝）自己就是那個「可以」的人，而當當事人以角色扮演的方式來模擬進行那些動作後，彷彿成爲那個「可以」、「有能力」的人，不僅增加其眞正去執行的動機、也「練習」了那些能力。

（四）在湯裡吐口水或是潑冷水（spitting in the soup）

當治療師解開了當事人自毀行爲背後的隱藏動機之後，就可以設定這樣的「趨近──逃避」情境，讓當事人不能夠再度「享受」那種自毀行爲的好感受，像是當事人會告訴諮商師：「反正我這個人就是這樣一無是處。」諮商師回道：「也對，這也是你選擇生活的方式與自由。」當事人就會覺得諮商師不應該有這樣的回應啊！接著諮商師就可以解釋道：「也許你就是喜歡這樣的角色，讓你可以依賴他人、怪罪他人，如果是這樣，汝安、則爲之。」或者是對於一些喜歡玩掌控遊戲的當事人，諮商師可以藉由「在湯裡吐口水」（或「潑冷水」）的技巧，讓當事人體會到這個遊戲所要付出的代價爲何，像是對於丈夫有酗酒習慣的妻子道：「我眞不懂自己爲什麼可以忍受他這麼多年？」治療師可以回道：「也因爲妳要忍受這麼久，妳得到的同情應該不少！」

阿德勒學派的治療步驟

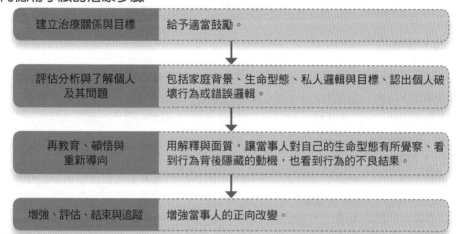

建立治療關係與目標	給予適當鼓勵。
評估分析與了解個人及其問題	包括家庭背景、生命型態、私人邏輯與目標、認出個人破壞行為或錯誤邏輯。
再教育、頓悟與重新導向	用解釋與面質，讓當事人對自己的生命型態有所覺察、看到行為背後隱藏的動機，也看到行為的不良結果。
增強、評估、結束與追蹤	增強當事人的正向改變。

阿德勒學派的諮商師

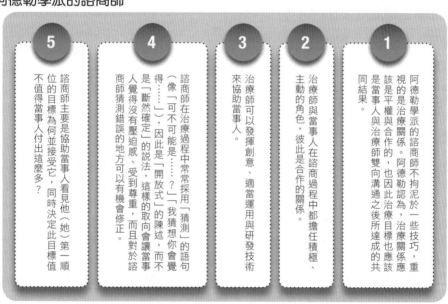

5 諮商師主要是協助當事人看見他（她）第一順位的目標為何並接受它，同時決定此目標值不值得當事人付出這麼多？

4 諮商師在治療過程中常常採用「猜測」的語句（像「可不可能是……？」「我猜想你會覺得……」），因此是「開放式」的陳述，而不是「斷然確定」的說法，這樣的取向會讓當事人覺得沒有壓迫感、受到尊重，而且對於諮商師猜測錯誤的地方可以有機會修正。

3 治療師可以發揮創意、適當運用與研發技術來協助當事人。

2 治療師與當事人在諮商過程中都擔任積極、主動的角色，彼此是合作的關係。

1 阿德勒學派的諮商師不拘泥於一些技巧，重視的是治療關係。阿德勒認為，治療關係也應該是平權與合作的，也因此治療目標也應該是當事人與治療師雙向溝通之後所達成的共同結果。

✚ 知識補充站

個體心理學派的治療師也常用「猜測」的語氣，協助當事人釐清一些動機及行為目的，如：「我猜你是擔心媽媽太難過，所以才要幫她忘掉煩惱的？」「猜測」的語氣也讓當事人不會覺得治療師的「專斷」，而且傳達了尊重及平權的理念。

4-12 阿德勒學派的治療技術（二）

（五）按鈕技巧（pushing the button）

這是讓當事人可以更有效管理自己情緒的方法。有些當事人認爲自己無法管理情緒，自己是情緒的受害者，卻無能爲力，諮商師就可以教導這樣的方式，讓當事人在諮商現場「練習」控制自己的情緒，像是假裝按了一個「生氣」的鈕，然後想像一幅令人生氣的場景，之後再按另一個鈕，想像一幅令人喜悅的場景，藉由這樣的練習，當事人也學會了管理自己的情緒。

（六）鼓勵

阿德勒學派的治療師是非常善於鼓勵的，因爲他們基本上認爲當事人不是生病、只是「適應不良」，因此鼓勵當事人，讓他們看見自己「能」的部分很重要，而且不以「應該」來期許當事人，而是以「你可以」的方式，這個鼓勵技巧用在孩童身上特別有效、可以增進其自信。鼓勵必須聚焦在當事人所「做」的、付出的努力，當下（非過去）、行爲、內在動機、所學到的與做得正確的。

（七）逃避陷阱（avoiding the tar baby）

協助當事人不要重蹈常踏入的陷阱或是讓自己困住的地方。諮商師使用非預期的方式回應當事人，像是當事人抱怨自己都亂花錢、因此存不了錢，感覺很不踏實，治療師沒有要他節省，而是要他用一天時間去好好花五千塊錢。

（八）早期記憶（early recollections）

阿德勒學派也認爲人格的成形在童年期間就定型，但是並非如佛洛伊德所言那般被動，而是視當事人如何「主觀」詮釋自己的經驗而定（因此「感受」很重要），所以研發了一個「早期記憶」的技巧，也可以作爲人格評估之用。解釋「早期記憶」時需要注意到：當事人將哪部分放入記憶裡？他／她是參與者還是旁觀者？有其他哪些人出現在記憶裡？他們與當事人關係爲何？記憶的主題爲何？有無特殊模式出現？當事人的感受爲何？當事人爲何憶起這些？他／她要傳達的是什麼？請當事人就八歲之前的記憶來做描述，將事件發生的人事物與感受都翔實記錄下來，然後由諮商師做一些臆測與解釋，通常就可以大概了解當事人的生命目標與人格特質。

阿德勒學派也常採用「立即性」、面質、分派家庭作業、幽默、使用故事或寓言、沉默、建議與情感反映等技巧，主要都是爲了要促使當事人修正動機（motivation modification），朝有利社會的方向。

阿德勒學派的貢獻與評價

阿德勒以「意識」爲人格的核心，他認爲人所做的任何決定都是自己決定的，有其目的性，也考慮到「社會興趣」的重要性，這與多元文化倡導的能力與尊重是相符的；對於身心障礙者不採用病態看法、將其歸爲「不適應」或「缺乏鼓勵」，也重視到女性的地位，的確十分正向而令人鼓舞，其理論之統整與技巧的彈性，也是令人稱道且耗時甚短的治療取向。

阿德勒學派對其他理論的貢獻

貢獻

- 早期經驗與家庭星座對目前個人功能的影響
- 統整觀（身心靈）
- 要將個人置於其家庭、社會與文化脈絡內的考量
- 認為思考影響感受與行為
- 強調優勢、樂觀、鼓勵、賦能與支持
- 生命型態與目標的關聯
- 需要認出重複自毀行為背後的目的、予以修正
- 合作治療關係的重要性
- 治療師與當事人都同意的實際治療目標
- 問題與差異是正常生活的一部分，也被視為成長的契機
- 治療乃教育與提升成長的過程，也有補救的功能
- 強調「健康」而非「病態」
- 重視預防與發展
- 在社會脈絡限制下仍能展現自由的能力
- 注意到多樣與多元的文化（包括性別）議題

阿德勒學派的限制

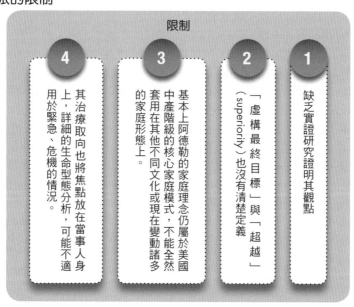

限制

4 其治療取向也將焦點放在當事人身上，詳細的生命型態分析，可能不適用於緊急、危機的情況。

3 基本上阿德勒的家庭理念仍屬於美國中產階級的核心家庭模式，不能全然套用在其他不同文化或現在變動諸多的家庭形態上。

2 「虛構最終目標」與「超越」（superiority）也沒有清楚定義

1 缺乏實證研究證明其觀點

4-13 完形學派

　　Corey（2001）將完形學派（Gestalt therapy）視爲「情緒聚焦的諮商」（emotion focus counseling），就可以想見這個學派的治療過程。完形重視「覺察」（awareness），唯有覺察，改變才成爲可能，因此在治療過程中會特別注意當事人的身體與感受的狀態，而當事人也從所經驗與體驗中獲得對自我狀態的覺察（Corey, 2001）。

　　Frederick（Fritz）S. Perls（1893-1970）與其妻 Laura Perls（1905-1992）在完形學派諮商的發展上都有不同貢獻，Laura 讓 Perls 學會將許多存在主義的觀念融入其學說之中（Clarkson & Mackewn, 1993）。完形學派的學者相信人是一直在發展中、因此也一直在變化，而人總是在「關係」之中，人的存在就是持續「創意適應」，而人具有解決問題與面對困難的必備潛能，所以此學派治療是人本／存在取向的治療（Joyce & Sills, 2001）。

　　完形學派是現象學取向，其目標爲「覺察」，將治療重點放在「對話的存在」（dialogic existentialism）基礎上，也就是「我－你」接觸／退縮過程，而其世界觀是統整的、以場地理論爲基礎。因爲完形學派聚焦在當事人對於現實與存在的覺察，認爲人是在「成爲」（becoming）的過程中，重新創造與發現自我（現象學），特別注意個人的存在經驗，也肯定人經由人際接觸與頓悟而獲得成長與療癒能力（存在取向），而且注重當下、「什麼」與「爲何」，以及「我－你」的關係，是以過程爲基礎（process-based）的取向，較不重視內容。

　　Perls 將完形視爲與 Victor Frakl 的「意義治療」（logotherapy）並列的存在治療（重視人選擇自由與責任），奠基於現象學的心理治療，認爲人只有在與世界的關係（場地）、身體經驗（身體）與時間架構的情況下才能被了解。其原則主要是植基於知覺的實驗，強調人類功能與成長的完整、有機體與生物理論，人類的核心活動是給自己的知覺、經驗與存在賦予意義（Clarkson, 1999）。

　　完形早期受到禪宗的影響，也就是經由直接、直覺的知覺，可以達成頓悟；Perls 也受到 Sullivan 的影響，認爲存在就是一種過程，而治療關係是最重要的決定因素，因此強調當下的關係；Perls 也曾經接受 Wilhelm Reich 與 Karen Horney 的治療，因此其治療理念也受這兩位治療師影響。Reich 發現，人將情緒記憶與防衛都儲存在肌肉與內臟裡，而 Horney「應該的暴君」（tyranny of shoulds）的覺察提供了 Perls「優勢／落水狗」（topdog/underdog）的理念。Perls 把焦慮視爲「現在」（now）與「稍後」（later）之間的緊張狀態，經由對於整體場域（total field）、自我與他人的覺察與負責，就可以讓個人的生活賦予意義，而人的「反應能力」（response-ability，有更多的自由去改變、也能夠選擇自己的反應），也就更有可能（Clarkson, 1999; Clarkson & Mackewn, 1993）。

完形的主要概念（Nystul, 2006, p.211-212）

完形的主要概念

- 存在－現象學觀點
- 協助當事人從依賴到獨立
- 整合、聚焦在當下
- 實驗性強
- 健康是自我調節、與環境場域的接觸
- 聚焦在關係上

完形學派的治療原則

1 是現象學取向，其目標為「覺察」：認為人只有在與世界的關係（場地）、身體經驗（身體）、時間架構的情況下，才能被了解。植基於知覺的實驗，強調人類功能與成長的完整、有機體與生物理論，人類的核心活動是給自己的知覺、經驗與存在賦予意義。

2 治療是放在「對話的存在」（dialogic existentialism）基礎上，也就是「我－你」接觸／退縮過程。

3 其世界觀是統整的、以場地理論為基礎：以過程為基礎（process-based）的取向，較不重視內容，聚焦在立即且完整的個人（the immediate and whole person）、以及人類共有的經驗。

✚ 知識補充站

「形象」（figure）：是指個人在任何時刻經驗中最明顯的部分。

「背景」（ground）：是指當事人呈現的是個人經常沒有覺察的部分。

當我們對某一事件（或需求）有興趣時，這個「興趣」就成為「形象」，而其他沒有興趣或不去注意的事物就變成了「背景」；當這項需求獲得滿足之後（或對於某個事物的興趣消退了）場地就會重組，而之前的「形象」就會退去成為「背景」，另一需求（或新生的興趣）會出現（凸顯為「形象」），人類就是藉由這樣不斷組織知覺的經驗，變成有意義的「形」或「完形」（gestalten）（Clarkson & Mackewn, 1993; Parlett & Denham, 2007）。

4-14 完形學派的基本理念（一）

一、統整（holism）的概念

「Gestalt」的德文原文就是「整個」或「完成」的意思，Perls認為一切事物必須要就「統整」的角度來看才具有意義，每個人與生俱來的天性就是會將所觀察的事物做一種「完整」（whole）的組織與詮釋，而我們也較容易記得未完成的事項。完形學派對於「健康」的定義就不止是個人或個人內在而已，同時也是與脈絡及人際有關的，所以完形所謂的「統整」不只是指人身心靈的統整，還包含了人與他人、所生存環境的關係（Clarkson & Mackewn, 1993）。

完形學派因為注重「整體」，除了將當事人思考、感受、行為、身體、記憶與夢境都納入，也沒有忽略周遭環境的重要性，而要了解一個事件或人，也都只能以整體方式或將其置於脈絡中，才能夠真正了解（Mackewn, 1997），人會主動組織其對自我與環境的知覺，然後才去做探索（Clarkson & Mackewn, 1993）。

二、場地論

完形的觀點是從Kurt Lewin的「場地論」（field theory）而來，Perls從Lewin那裡學習到個人與環境的關係非常重要，而每一件事物彼此之間都是有關聯的、且互相影響，也一直在進行中。場地論者認為，現實是「脈絡依賴」（context dependent）的，也就是要了解一個現象不可能排除其他相關因素（Pos, Greenberg, & Elliott, 2008），著重在當事人內心世界、所生存的世界或環境、以及人與環境之間的關係，個體不是永遠獨立或依賴的，總是與其他事物有接觸，而個體也依據自己需求或早期經驗，持續不斷地主動組織其場地形狀（field configuration）（Joyce & Sills, 2014）。

完形學派的「場地」區分為「前景」（foreground，就是「形象」）與「背景」（background）兩者，而每個當下最凸顯的需求會影響這個過程（Corey, 2009, pp.201-202）。諮商所處理的就是人們生活中的「未竟事務」（unfinished business），將日常生活中一些負擔、曲解與阻礙移除，而促成重要、有意義且滿足的「形象－背景」經驗，而好的經驗就是可以依據一再出現的清楚形象來做預測的（Clarkson, 1999）。「形象形成過程」（figure-formation process）指的是，個人將每一刻的經驗加以組織的過程。

三、覺察

「覺察」（awareness）就是當下的經驗，也是Perls認為人類自身與自己全部的知覺場接觸的能力（Clarkson & Mackewn, 1993），Yontef（1993）將覺察定義為「與自我的存在接觸」（cited in Joyce & Sills, 2014, p.31）。限制或是隔絕了覺察，常常會產生缺乏活力或是表現僵硬，而要恢復健康的自我過程，就需要將行為與態度帶到覺察層面，而且直接「再體驗」（Joyce & Sills, 2014）。

「覺察」包括了解環境、自我，接受自我，也能夠去接觸；覺察就是改變之鑰，也是持續在進行的。諮商師協助當事人注意到自己的覺察過程，當事人就可以負起責任，也可以做出明智的選擇與決定。覺察可藉由「經驗的循環」來了解。

經驗的循環（The cycle of experience）（Joyce & Sills, 2014, p.37）

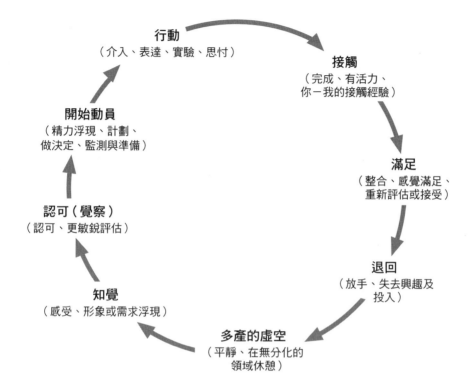

行動
（介入、表達、實驗、思忖）

接觸
（完成、有活力、
你－我的接觸經驗）

開始動員
（精力浮現、計劃、
做決定、監測與準備）

滿足
（整合、感覺滿足、
重新評估或接受）

認可（覺察）
（認可、更敏銳評估）

退回
（放手、失去興趣及
投入）

知覺
（感受、形象或需求浮現）

多產的虛空
（平靜、在無分化的
領域休憩）

✚ 知識補充站

　　每個人與生俱來的天性就是會將所觀察的事物做一種「完整」（whole）的組織與詮釋，像是「完結原則」（the principle of closure，會將所見的資料完成，讓資料具有意義）與「相近原則」（the principle of proximity，依照相近似的特徵來將資料做組織，使其成一整體）（Corey, 2009, p.201）。

4-15 完形學派的基本理念（二）

四、自我調節

Perls受到Harry Stack Sullivan的影響有兩點，一是Sullivan將人格視為暫時的現象、或一段時間經驗與互動的模式，Perls將「自我」（self）視為一個有組織且不斷變化的歷程，儘管在人類生存有限的條件下，依然可以自我實現、選擇如何定義自己；此外，Sullivan認為語言是一種自我的表現，Perls也重視語言的力量，將日常用語放入臨床的運用與實驗上。自我的功能就是「完形」的形成與破壞（也就是形成「形象」與「背景」），如果沒有「他者」（other）就沒有自我，自我的產生是因為與環境或他人互動而來，因此自我也是有機體的「界限」（Clarkson & Mackewn, 1993）。

完形取向是實際且統整的，顧及人類的陰暗面，以及我們內在努力於健康、快樂與自我實現的傾向，人之所以生病是因為有機體的自我調整過程產生問題（Clarkson, 1999, pp.20-21）。心理健康的人是「自我調節」（self-regulation）的人，能夠在與他人互相依賴的情況下有自我支持（Clarkson & Mackewn, 1993）；人有生理與情緒的需求，也因此自然會調整自己來滿足這些需求，這就是「自我調節」。完形學派強調個體的「自我調節」功能，有機體的需求與渴望會因為其與環境的互動而按照階層組織起來（Pos, et al., 2008），也就是當一種需求、感受或興趣出現時，個體的平衡受到干擾，就會產生自我調節這樣的一種過程，而需求則是以與環境「接觸」或「退縮」的方式來滿足。個體會將環境中現存的資源做最好的運用，也就是在自我能力與環境資源間取得平衡點，而治療的目的就是讓當事人重新獲得平衡感（Clarkson & Mackewn, 1993; Corey, 2009）。

近來的完形治療師已經將「自我調節」延伸為「自我－他人調節」（self-other regulation），主要是因為人類的需求與慾望通常與他人或環境都有關聯，因此也必須要考慮到這些因素（Mackewn, 1997），而心理困擾就是因為「自我－他人調節」長期受到干擾的結果（Perls, Hefferline, & Miller, 1951/1994）。

不健康的主要因素就是「疏離」（alienation），分裂了屬於自我的一部分，且很難將其統整到自我裡（Joyce & Sills, 2014），所以在增進當事人的覺察之後，他／她才可能進一步將否認與疏離的部分做同化與統整，成為一個完形自我，只有在當事人出現「個人一致性」（personal congruence）時，「完形」（或「結束」）才形成。

小博士解說

「界限」的功能是「聯繫」與「分離」（讀者也可以比照之後「家族治療」裡的「界限」來看），也就是，「界限」可以保有自我的自主性與安全，同時可以發揮聯繫與分離的功用，而「界限接觸」（contact boundary）就是指自我與環境之間的關係。完形著重的是個體在「自我」與「環境」的接觸界限，以及個人與情境的關係。

「個人一致性」的達成需要經過以下四個步驟（Korb, Gorrell, & Van De Riet, 1989, pp.95-99）

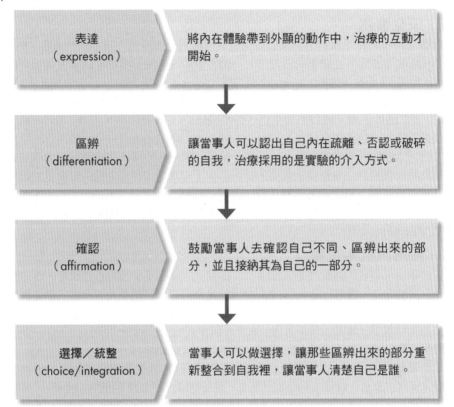

表達
（expression）

將內在體驗帶到外顯的動作中，治療的互動才開始。

區辨
（differentiation）

讓當事人可以認出自己內在疏離、否認或破碎的自我，治療採用的是實驗的介入方式。

確認
（affirmation）

鼓勵當事人去確認自己不同、區辨出來的部分，並且接納其為自己的一部分。

選擇／統整
（choice/integration）

當事人可以做選擇，讓那些區辨出來的部分重新整合到自我裡，讓當事人清楚自己是誰。

✚ **知識補充站**

　　Perls 強調性格的完整，也將「自我」看作是個人的當下經驗，這也是完形與精神分析不同之處，後者將「過去」當成受人注意的「前景」，前者則是將「當下」作為「前景」（Clarkson, 1999, pp.9-11）。

4-16 完形學派的基本理念（三）

五、未竟事務

　　每個人內在都有一種與生俱來要去完成某情境、企圖尋找內在平衡的衝動（Parlett & Denham, 2007）。在健康的情況下，一個需求或「形象」出現，能量就開始啟動，造成「接觸」，而後「完形」（gestalt）就完成（Joyce & Sills, 2001, p.130），倘若「完形」未完成（成為「未竟事務」），就會繼續且間歇性地引起我們的注意（Parlett & Denham, 2007），當然也可能干擾我們的生活。從「接觸」（contact）到「退回」（withdrawl）這個循環的完成是天生自然且迫切的（Clarkson & Mackewn, 1993），最理想的情況就是人們可以在目前需求的促動下，採取行動並完成充分接觸，需求滿足之後就退回，但是有時候我們會在覺察或未覺察的情況下，不去理會（否認）這些未滿足的需求、甚至扭曲或替換，原始的需求被否認、甚至被推到意識之外（或遺忘），這些就成了「未竟事務」。未竟事務累積過多就會阻礙發展、或產生精神官能症，而且耗費太多能量（Mackewn, 1997）。

六、接觸與抗拒接觸

　　完形學派最重要的理念就是「接觸」。「接觸」是改變與成長的必要條件，除了五官感受的接觸之外，還有行動。「有效的接觸」是指可以與自然及他人互動，但是也不失其個體與獨立性。「接觸」之後有「退回」的動作，就是為了整合已經學習到的資訊；健康的功能需要「接觸」與「退回」兩者，而中間的區隔就是「界限」（boundary）。人類生活是一連串的「接觸」與「退回」所組成的（Mackewn, 1997），舉例來說，如果我要準備演講，我有一點緊張與焦慮（知覺與覺察），我開始看演講大綱，也做一些演練（覺察、動員、行動），我全神貫注、感受到自己的心跳與躁熱（接觸），然後當我踏上講台，感到興奮與自在，知道自己有嶄新的經驗可以面對群眾（整合與同化），演說完畢我走下臺，心情回復之前的平靜（退回）。

　　完形學派學者基本上很少提到「抗拒」一詞，他們認為人基本的驅力在於創造意義、好奇與發展能力，而「接觸」受到干擾或阻斷稱為「抗拒接觸」（resistances to contact），是可以「克服」的阻礙。

　　「抗拒」（resistances, Mackewn稱之為「接觸型態」，styles of contact）有正負面的性質，是因為個體要因應生活上的情況而產生。Polster與Polster（1973, cited in Corey, 2009, pp.204-205）描述五種不同的界限困擾（妨礙經驗的循環），Perls等人（1951/1994）又另外加上兩種（「減敏」與「自我中心」），探討這些困擾或抗拒對當事人的意義為何？保護了當事人什麼？是什麼阻礙了當事人的經驗？這些都是重要的治療工作。我們每個人都會偏好某一種，但是基本上都會使用這幾種，而每一種接觸類型都有好壞，也因此接觸需要依據不同場地持續不斷地修正，才能夠達到健康、良好的接觸（Joyce & Sills, 2001）。

抗拒（或「接觸型態」）的種類與意義 (Clarkson & Mackewn, 1993; Joyce & Sills, 2001; Mackewn, 1997)

抗拒的種類	說明	其極端反應
內射 （introjection）	毫無批判地吸收或接受他人的信念與標準，沒有經過同化的過程，就讓這些訊息納入，就像「囫圇吞棗」一樣，也是治療師最常見的接觸型態。「內射」最常發生在小時候毫無疑問地接收父母親給我們的訊息，而沒有考慮到這些訊息適不適合我們？因為沒有經過分析與重建，我們會被動地迎合環境，沒有去考慮自己真正的需求為何，因此會壓抑自己不被允許的衝動、刻意自制，然而長此以往這些都會妨礙個人功能，因為讓個體無法發展自己的性格與價值觀。 Perls 認為「部分的內射」（partial interjection）是健康的，有助於自我（ego）基礎的建立，但是這些內射都需要經過同化與重建，才是適當而健康的。	「內射」的另一極端就是坦白說出或拒絕。
投射 （projection）	否認或壓抑自己的一種特質或感受，同時將其歸因在他人或機構制度上。「投射」是「內射」的相反，是我們將自己否認、與自我不一致的部分反映到環境或他人身上（「都是別人的錯」），將自己視為「受害者」，也就是拒絕負起責任，這樣就不需要承擔改變的責任。 「投射」是一般人類共有的經驗，以觀察為基礎，然後假設他人與我們可能有相類似的反應或感受，藉此了解他人，然而若是投射自己否認或危險的部分卻沒覺察，不僅妨礙真實接觸，也阻礙了與他人的互動。	「投射」的另一極端是宣稱主權或精確的表明。
反射 （retroflection）	將我們想對自己所做的、希望對他人做、或是希望他人對自己做的「迴向」給自己。常常使用「反射」的人有諸多焦慮，也因為擔心害怕下不了臺、罪惡感與悔恨而不敢行動，甚至將矛頭指向自己、攻擊自己，像是憂鬱、自傷或有身心症者。	「反射」的另一極端為攻擊暴力。
折射 （deflection）	故意岔開或是逃避、忽略內在或外在的刺激，其目的就是避免充分的覺察，因此也未能維持實質的接觸。在「折射」情況的人會一直改變話題，善用幽默、抽象類化或是問問題來逃避或是淡化情況，造成情緒的空虛與剝削。	「折射」的另一極端為粗率、遲鈍。
合流 （confluence）	分不清自己與他人或環境之間的界限，內在經驗與外在現實之間沒有區分，與人相處無衝突、不太會生氣，希望別人可以接納與喜愛，使得真實的接觸相當困難，處於這種狀況的人在「依附」與「分離」上都有障礙。	「合流」的另一極端是孤單、退縮。
減敏 （desensitization）	故意讓自己對身體感覺麻木、或對外面環境刺激無感覺，因此痛苦與不舒服就被隔離在意識之外，其過程與「折射」類似，也是避免接觸的一種表現。 在一般情況下「減敏」可能是創意的調適方法，像是牙疼時先讓自己分散注意力，一直等到去看牙醫為止，極端的情況像是創傷受害者，為了避免自己再度承受傷痛，就讓自己與痛苦區分開來（類似「解離」），有些人會藉用藥物來達成這個結果。	「減敏」的另一極端是過度敏感。
自我中心 （egotism）	用刻意反省與自我警覺的方式確定沒有威脅或危險、讓自發性減緩下來，以確定自己沒有犯錯或做出愚蠢的行為。 健康的「自我中心」是懂得自我反思，也就是有自我意識，不是過度沉浸在自己的思維、感受與行為對他人的影響上。	「自我中心」的另一極端是衝動。

4-17 完形學派的基本理念（四）

七、當下

　　完形學派學者認為聚焦在過去與未來，可能會阻礙當事人不願意面對當下的情境，現象學的探詢也是關切當下所發生的，尤其是詢問當事人「現在正在做什麼」。治療師會問「什麼」與「如何」的問題，少用「為何」，也鼓勵當事人以「現在式」（present tense）的方式對話（聚焦過去只會讓當事人逃避現在的責任），不鼓勵當事人「談論」（talk about）感受，而是直接感受（Corey, 2009）。

　　因為重視直接感受，所以「立即性」（immediacy）與「實驗」（experiment）是治療師最常使用的技巧，也專注於當事人的姿勢、呼吸、態度、手勢、聲音與表情上，要求當事人以第一人稱方式敘述，這也表示當事人願意為其陳述負起責任，由此可以了解完形學派治療重視體驗的精隨。完形治療師並不是否認過去，而是讓當事人經由想像來將過去「帶到」當下來。

八、改變發生

　　完形學派有一套改變的理論，也就是所謂的「改變矛盾原則」（the paradoxical principle of change）。他們認為真正改變的發生不在於「變成什麼」（tries to become what he is not），而是「變成真正的自己」（becomes what he is, Parlett & Denham, 2007），也就是協助當事人去接受他們的經驗（不是企圖改變或去除），改變就會發生（Pos, et al., 2008）。

　　Passons（1975, cited in George & Cristiani, 1995, pp.68-69）指出一般人的問題有：缺乏覺察、缺乏自我責任（只試圖要控制環境、而非自己）、不與環境接觸、無法完成「未竟事務」、忽略自己的需求、以及將自我兩極化（非善即惡）等六個層面，這些都與自我有衝突，衝突主要起因於個體無法將個人需求與環境要求做適當處理。倘若可以覺察到這些、並加以突破，改變自然產生。

完形學派諮商過程與目標

　　完形治療師不將心理困擾視為心理或是有機體的問題，而認為是「成長的阻礙」（growth disorder），也因此其治療目的就是讓個體有機會做更好的完整發展與成長（Clarkson & Mackewn, 1993），因而提升當事人的覺察與健康功能，藉由有意識且負責任的選擇，鼓勵並發展當事人自我與環境的支持系統就是關鍵。

　　完形學派的治療目標是統整、提升覺察與接觸，處理未竟事務，就自然會造成改變與成長。治療師的工作就是去創造一個人與人交會及情緒治療的許多可能性情境，也增加自我過程的覺察，在支持的環境下實驗新的行為（Parlett & Denham, 2007）。

　　當事人在治療中是一位積極的參與者，自己做詮釋與意義的連結，治療師運用行動方式、個人的積極參與，讓當事人增強覺察。當事人在治療中經驗到自我發現（對自己與情境有新的理解與領悟）、適應（當事人了解自己是有選擇的，也在支持的環境中開始嘗試新行為）與同化（學習如何去影響環境）三個過程而有所成長。

Perls 的精神官能症的五個層面（Clarkson & Mackewn, 1993, p.78）
（也是自我的建構，可以比擬為治療突破的過程，由最外層到內層）

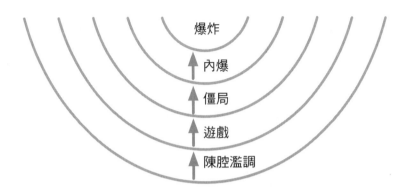

1.「陳腔濫調」層面（cliché layer）	指最膚淺的互動與意義，像是問候或握手，與個人真正感受無關，此階段的個體常受「內射」或他人期待所驅使，表現出社會文化所接受的行為。
2.「遊戲」（或「角色」）層面（game or role layer）	假裝（as if）比自己真正感受的還要和善、聰明或脆弱，表現出符合自己角色的行為（如受害者、有威權的老闆），也就是習慣性且不真誠地生活著。
3.「僵局」（impasse layer）層面	感受到被卡住、失落、空虛或焦慮；通常是丟棄了自己慣有的角色開始，會發現自己卡在「想完成未竟事務」與「想逃避受苦」的衝突之中，此層有極大的改變潛力。
4.「內爆（或「死亡」，impolsive or death layer）」層面	死亡或是害怕死亡，這一層是相反力量的麻痺狀態，我們會擔心自己一旦爆發就會死亡或不被喜愛，因此身體與精神持續緊繃，未能真正面對焦慮情境。Perls 認為「焦慮」不需要處置或壓抑，而是可以鼓勵當事人去面對、探索與發現其個人意義的契機，也讓當事人有機會真正去解決固著的完形。
5.「爆炸」層面（explosion layer）	可以體驗與表達自己的真實感受，也因此個體開始修通過往的未竟事務與真實的自我接觸，活得真誠而自在。

✚ 知識補充站

這些「未竟事務」可能出現在許多未表達的情緒之中（如氣憤、懊悔、焦慮、痛苦或遺棄），由於個體沒有完全地體會與經驗這些情緒，因此就藏身在「背景」裡徘徊，會被帶入個體目前的生活當中、影響到當事人與自己或他人的接觸。

當事人在行為上會出現強迫或自傷行為，由於精力受到阻礙、也會呈現在身體的狀況上，而當外在資源不到位、或是個體常用的方式受阻也會出現「僵局」（impasse），治療師的工作就是協助當事人體驗這種被卡住、挫敗的感受，也接納這樣的現實，讓當事人可以接納（與接觸）生命中所有可能發生的情況（Corey, 2009）。

4-18 完形學派諮商技術（一）

完形學派的Perls有其獨特的治療風格，因此有不少人誤以為完形治療就是練習、實驗與技巧而已，但是現今大部分的完形治療師採用較為支持、接納、同理、對話與挑戰的型態，著重在治療關係與同理的調和，也注意當事人的智慧與資源，不像Perls那樣擅長刻意讓當事人挫敗的方式來增強覺察、強調面質與忽略人格的認知因素（Corey, 2009）。

完形學派的特色就是使用暗喻、幻想與想像、身體姿勢與動作、以及感受完整的表達，而現代的完形學派目標在於整合身體、感受與智性（認知），將個體最基本的需求放在社會環境的脈絡裡來看，治療過程則是運用關係、覺察與實驗為主（Clarkson, 1999），因此其介入方式也是以存在覺察、體驗與實驗為主要。

一、空椅法與其他覺察技巧

完形學派最重要的治療目標就是增加當事人的覺察，因此其所採用的技術也多半與此有關。其目的是讓當事人去發覺與發現自己、了解自我與接受自我，還包括了解周遭環境。

二、夢的技巧

完形學派治療師基本上不做夢的詮釋或解析，只是會將夢境搬到治療現場，讓夢境重現，也讓當事人扮演夢境中的特別角色、甚至讓當事人完成夢境中未完成的對話，而夢中的每一個角色都被視為是自我的投射。對Perls來說，夢是人類生存最自然的表現，呈現了未竟事務的情境，也包含了自我存在的訊息與掙扎，因此Perls認為夢是「通往整合的最佳路徑」。

對完形學派治療師而言，夢境或想像都是未竟事務浮現在意識狀態的管道。治療師會讓當事人假想自己是夢裡的不同元素或角色，然後做實際扮演，也就是要當事人以「行動」方式來詮釋夢，這樣當事人就可以這種「抽離」自己（out-of-touch）的方式來重新定義。夢的技巧主要是用來探索接觸的可能性（如覺察、擁有感、自我同化），引發當事人與他人互動的潛能，以及清楚當事人生命中的一些存在意義。

小博士解說

完形學派學者認為，所謂的「焦慮」產生於「當下」與「未來」（later）之間的落差，因為要離開目前的安全熟悉情境，卻又對未知（unknown）的未來擔心。

空椅法與其他覺察技巧

技巧	說明
空椅法 （empty chair）	覺察使用的技巧之一，也是最為人所熟知的。治療師將當事人的「內在對話」以實際形式呈現，讓當事人在「當下」將那些對話作演練、表達出來，就可以更清楚地檢視這些想法與感受。 我們在日常生活中也常常有這樣的自我對話，特別是要做決定或是有衝突的時候。完形的處理方式就是在現場「重現」、「外在化」那些內射的情緒，可以讓思考更具體而清晰。因此運用「優勢狗（或優勝者）」（top dog）與「落水狗（或劣敗者）」（under dog）之間的對話，可以讓兩個相反（或衝突）的角色或意見（自我）以具體方式展現，用「空椅法」或「雙椅法」的方式讓這些角色對話。 使用「空椅法」來解決衝突是為了：1.做一些統整工作；2.紓解先前未表達的情緒（或是「爆炸」）；3.改變觀點、讓衝突不再對立。
繞圈子 （making the rounds）	是空椅法的延伸。在團體中，治療師也可以在安全支持的環境下，用「繞圈子」技術，讓某個當事人直接與團體內不同的人一一對話，直接說出自己的想法與感受，不管是自我揭露或是做實驗，都可以讓當事人做適度的冒險，看見事情的不同觀點，增加頓悟與成長的機會。
預演 （rehearsal）	若治療師不希望當事人以「內在演練」（internal rehearsal）的方式過度消耗精力，同時也妨礙了當事人的彈性與去嘗試新行為的意願，因此會協助當事人將想要做的動作先在諮商現場練習（預演），這樣不僅可以做較好的準備，也可以預防未料到的挫敗。
誇大練習 （the exaggeration exercise）	是為了讓當事人可以覺察到較細微的線索所研發的。讓當事人誇大自己的肢體動作、姿勢或是移動情況，「看見」自己的這些行為背後所蘊含的意義。 「誇大練習」也可以運用在當事人「不敢」表現的相反角色（如老闆或權威人物）上，或是當事人特質（如固執、完美主義）的另一極端（隨和、常出錯），讓當事人嘗試不同的角色，也許會有不同的體會與想法。
停留在那個感覺上 （staying with the feeling）	我們一般人對於不喜歡或是害怕的感受都會想要逃避，像是獨自走過墓地會吹口哨壯膽之類，不敢直接去面對自己的「害怕」。但是完形治療師要當事人可以達到「完全覺察」（full awareness），這個「完全覺察」包含所有經驗與感受，少了一部分就無法達成目的，因此諮商師會鼓勵當事人「停留」在那個感覺上，深入去體會與了解自己害怕（或「不喜歡」）情緒的感受，這樣做是需要勇氣的，然而同時也可以讓當事人的忍受力增加，願意做更進一步的成長。

4-19 完形學派諮商技術（二）

三、實驗

完形學派的許多技巧是非常具有創意的，可能與創始者 Perls 有關，而因為是要讓當事人做覺察，所以聚焦在「自我探索」的技巧，其實驗性質就很強。實驗（experiment）是在治療情境中，治療師鼓勵當事人去嘗試新的行為並觀察其後果，因此完形治療過程也可視為實驗的過程。實驗是協助當事人獲得完整覺察的有用工具，其目的是要讓當事人在當下產生經驗或探索經驗（Pos, et al., 2008, p.86），讓當事人去體驗內在衝突、解決二分化與不一致性、修通阻礙未竟事務完成的「僵局」。實驗的主題是從晤談中發展出來的，也是一個共同合作的歷程，可以引出當事人新的情緒經驗與頓悟，但是也要夠安全，讓當事人願意去嘗試。

實驗可以有不同形式，想像一個具威脅性的情境，安排與重要他人的對話，將記憶中一件痛苦事件誇張戲劇化，重現幼時經驗等等，而且也不拘於特定的方式或媒介，舉凡戲劇、舞蹈或其他肢體活動、或是對話都可使用。

實驗的目的在於：（一）探索新的自我與行為；（二）增強覺察；（三）激勵自我支持；（四）表達出未表達的或是在覺察邊緣的感受與想法；（五）重新擁有自己否認的部分；（六）完成「未竟事務」；以及（七）預演或練習新的行為（Joyce & Sills, 2001, p.98）。

四、語言的使用

「語言」包含了表達與帶入覺察（做反省與探索）的力量。完形也注意到當事人所使用的語言（因為語言的使用與人格有關）、使用習慣為何？要當事人改變其陳述，像是不用「他／她」或「你／妳」為主詞，而用「我」開頭的陳述，不以「問問題」方式呈現，而用肯定的「陳述句」（statement），因為「問問題」是將焦點從自我身上轉移到別處、企圖隱藏自己真正的想法。治療師鼓勵當事人不用「我不能」（I cannot），而是「我不想」（I won't），也注意到當事人使用的隱喻，以及可能隱藏的故事。使用「第一人稱」（我）是最有力量的，因為保持了與正在處理事件的第一手接觸經驗；治療過程中，諮商師會強調當事人使用「我」這個主詞的陳述，以顯示當事人自己承擔的責任，或是邀請當事人去反思自己在某些事件或議題上應否負責，這樣的實驗可以讓當事人清楚自己的語言是如何影響、或是造成他／她對自己與世界的態度。

完形強調「當下」，因此有意義的對話也是在當下、隨著覺察的改變衍生出來。完形治療師不問「為什麼」（why）的問題，因為這樣的問法只會促使當事人去找藉口、逃避責任，諮商師會以「是怎樣」、「如何」（how）與「是什麼」（what）來詢問，基本上是以「現在式」的句法，也會注意到當事人所使用的人稱（鼓勵用「我」來作陳述、而非「你／妳」或「他／她」）。

完形治療的目標

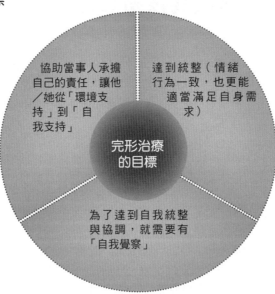

協助當事人承擔自己的責任，讓他／她從「環境支持」到「自我支持」

達到統整（情緒行為一致，也更能適當滿足自身需求）

完形治療的目標

為了達到自我統整與協調，就需要有「自我覺察」

完形學派的治療特色 (Joyce & Sills, 2001, p.1)

聚焦在當下經驗（採用覺察、現象學與改變的矛盾意向原則）

提供對話的關係

完形學派的治療特色

對生命與治療過程採取創意與體驗態度

採用整體與場地論觀點

✚ 知識補充站

完形學派的理念很適合用來做諮商師的自我覺察工作，包括對自己的認識及接受，未竟事務及其影響，以及與周遭人、物及環境的互動狀態。

4-20 完形學派諮商技術（三）

五、心理劇與完形

Perls 在1950年間熟悉心理劇，後來也運用了心理劇的一些觀念在治療上，他將心理劇做一些修改，以吻合他的治療型態，唯一不同的是，他要當事人去扮演所有的角色。完形學派不是不重視過往歷史，而是將過往在條件已經改變的當下呈現出來，「演出」就可以達成這項功能。

「心理劇」是由Jacob Levy Moreno（1889-1974）所創，其原理與Perls的理論極為相近，是運用「完整」的概念，也以行動為中心，是不分學派喜歡運用的技巧。心理劇運用了許多的技巧來強化感受、釐清隱含的信念、增加自我覺察，也可以練習新的行為。心理劇最重要的是，讓當事人有機會去「直接」接觸或經歷（direct encounter）那個經驗，而不是用間接的「想像」或是「談論」而已，因此許多人在參加心理劇時，都會感受到那種前所未有的震撼（Wilkins, 1999）。

心理劇其實就是一種團體治療，以人彼此間的「互惠交會」（reciprocity of encounter）為重點，也就是以人際關係為基礎的治療，Moreno相信團體中的每個人都有潛能成為他人的療癒媒介，人的創意與自發是天生的，心理劇的目的就是讓個人可以有更建設性的自發表現，且有足夠的能力去安排自己想要的生活。在當事人解除了覺知的障礙、有能力去處理改變之中，「頓悟」與「情緒宣洩」擔任重要功能（Jan Costa, 1995, cited in Wilkins, 1999, p.4）。

心理劇基本上有舞臺（stage）、導演（director）、主角（protagonist）、配角（auxiliary egos）與觀眾（audience），其進行程序基本上是暖場（warm-up）、演出（enactment）與分享（sharing）。暖場主要是提供一個安全信任的氛圍、同時讓觀眾與演出者都準備好，可以激發團員的自發性與創意、催化彼此的互動、以及協助成員聚焦在個人想要解決的議題上（Holmes, 1991, cited in Wilkins, 1999, p.30）；而「演出」就是讓主角以行動方式來說出他／她的故事，將主角所關注的議題以「此時此刻」的方式呈現，而這個場景也會引發其他場景的出現；最後的「分享」之前，要先讓所有參與的角色「退場」，讓主角重新與團體連結，然後分享大家因為主角的故事而觸動的生命故事（Wilkins, 1999, pp.29-32）。

儘管心理劇嚴重缺乏實徵研究的支持，卻無損於其運用的價值，因為不管任何學派，多多少少都會使用心理劇的技巧、或是將技巧作一些改變（Wilkins, 1999, p.127）。與完形、心理劇一樣較屬於「體驗式治療」的，還有音樂、藝術、舞蹈治療等（Nystul, 2006），有興趣的讀者可以找專書來看。

心理劇所使用的技巧

技巧	說明
「角色反串」 （role reversal）	要當事人去扮演另一個重要他人的角色，主要目的是讓當事人可以從他人角度來看世界，更了解自身與劇中其他元素的過程。
「替身」 （doubling）	讓另一團員站在主角旁邊，模仿主角的行為與態度，可以同理主角的立場，也表達主角壓抑、可以在劇中檢驗的想法與感受。
鏡映 （mirroring）	讓主角可以從外面看到裡面的場景，鼓勵主角可以從更客觀的角度覺察到自己與他人的互動情況。

心理劇及角色扮演的異同

同	異
以演戲或交換角色方式為之，目的是讓當事人可以同理及了解他人不同之立場。	角色扮演可以是當事人及治療師一起演出，通常以「對話」形式呈現，但心理劇是涉及更多人，而當事人可以選角，不必親自上陣，演出的也是一個情況（境）。心理劇演完有「去角色」的動作，角色扮演則無。

✚ 知識補充站

　　心理學與醫學上有所謂的「身心症」，其實也說明了我們身心靈是一體的，只要有一個面向不安適，也會反映到其他層面上，像是壓抑情緒最容易出現一些身心症狀，譬如頭痛、胃痛、關節炎、氣喘與肌肉痠痛，而長期慢性疼痛與重大失落及阻止自己哀傷有關（Corey, 2001, p.74）。

4-21 完形學派的貢獻與評價

　　Perls將人類「整體」（holistic）的概念帶入治療中，把覺察、實驗、視像（visualization）、幻想、演出、語言與非語言等整合出前所未有的獨特融合體，治療是分析與整合當事人整個有機體。

　　完形學派顛覆了之前「對話治療」的傳統，而將「體驗」與實驗帶入治療現場，也讓當事人覺察到自己的創意潛能、並且藉以促成自我的改變。完形學派的夢工作，不是傳統的釋夢、而是將夢境視為自我的一部分，不僅可以讓責任歸屬清楚（屬於當事人）、當事人自己也可以去發現意義；另外，完形重視治療過程、以及創意的表現，是其他治療取向的先驅。加上完形治療可以避免當事人在諮商過程中常跟治療師玩的遊戲，也不讓當事人以「無助」為藉口來逃避責任，當事人可以修通那些阻擋未竟事務完成的阻礙，也可以讓治療師與當事人從對話中去完全經驗與覺察人際互動。

　　完形學派的限制主要是針對以前Perls運用的方式，但是目前的完形學派已經有許多改善，在技巧的運用上Perls是被誤解的，因為他曾經說過「沒有理解而運用的技巧只是一種噱頭（gimmick）而已」（Barry Stevens in Gaines, 1979, cited in Clarkson & Mackewn, 1993, p.96），治療師若只是憑依技巧為工具，就失去了完形學派的連貫性（其實每一種學派的諮商工作也都不是「匠師」，而是需要用心與態度），因此「彈性」與創意是很重要的。完形學派所使用的方式雖然頗具創意，但是較容易引起當事人緊張激烈的情緒，尤其是針對情緒的部分，對於某些限制情緒表達文化背景的當事人或許並不適合，可能引起更多的焦慮，當然對於敏銳的完形諮商師而言，保持適當的彈性、並注意到當事人所處的文化背景是很重要的。

　　治療師的訓練、技巧與人格，關乎治療的成效。倘若在治療過程中，只是強烈引發當事人的情緒、卻沒有進一步做整合動作，也會讓當事人留下許多未竟事務，甚至治療師為了戲劇效果、導致治療速度太快，造成療效適得其反；再者，完形治療師將責任放在當事人身上，當事人在現實世界可能會覺得很挫敗或是不能忍受；如果將完形運用在團體裡，可能還需要顧慮到團員因為領導的主動而呈現被動狀況，反而減低了團體的療效；此外，忽略更廣大的社會脈絡與所處時代的考量，也是完形的限制。完形學派未能發展為一個堅實的理論，而呈現出「冷酷」（這應該是針對Perls的治療型態）的諮商師模樣也是其限制，但是後繼的Polster針對這些批判做了改善。

Cain與Corey對完形學派貢獻的看法

Cain（2002, cited in Corey, 2009, pp.224-225）	Corey（2009, p.225）
1. 強調個人、他人與環境的「接觸」	1. 將人類的衝突與掙扎帶入諮商現場，並採用創意的方式，讓當事人從「談話」到行動與體驗。
2. 真誠治療關係與對話的重要性	2. 認為夢是增進自我覺察的特殊管道，而以「增進覺察」的方式，讓當事人重新認可自己否認或疏離的部分。
3. 強調場地論、現象學與覺察	3. 一個統整的取向，對於當事人生命中的各個面向都等同視之，也重視個人與環境間的關係。
4. 治療重點放在當下、此時此刻的經驗	4. 企圖發展一個整合理論、實務與研究的取向。
5. 創意與自發性地使用實驗、以為體驗式的學習管道。	

我們天生的完形組織：

圖一：我們會說這是一個「半圓形」，因為我們是從「圓形」的觀點來判定；

圖二：我們會將圖中所示圖形分成左右兩部分，因為是依據它們彼此的相似性而歸類。

➕ 知識補充站

　　Perls的治療方式有其強烈的風格，很直接，也會要求當事人配合，因此被認為是「冷酷的」，但是其重要目的是要當事人可覺察自己的情況，並做改善動作，其獨特的治療方式也有不少當事人很喜愛。

4-22 存在主義諮商

存在主義根源於歐洲，主要是聚焦在人類的限制與生命的悲劇面向，而當 Rollo May 將存在主義引進治療中、並且介紹到美國境內，就已經過了一番轉化，呈現的是不同的氣象。存在主義治療也是一般人理解最少的一個學派，主要是因為此學派（Cooper, 2008, p.237）：

（一）以哲學做基礎，而非奠基於心理學。

（二）存在主義治療師較擅長理論信條的解釋而少實務。

（三）不同存在主義又有許多的分流或派別。

（四）存在主義治療充其量只是一個批判或反制的思考，沒有前瞻性。

（五）強調每個當事人、治療師與治療關係的獨特性，缺乏系統化的組織或指導原則。

總而言之，存在主義諮商不像其他取向那樣廣為人知，主要是因為：沒有單一的創始者，立基於哲學、通常屬於學術領域而非實務，治療焦點放在事實與現實層面（而非個性、生病或痊癒、功能或失功能），以及思考人類面對生命中不可避免的挑戰時的能力，也就是將生命當成我們的老師，人類要如何在這些生命的限制下活出創意、有生產力的人生，就是最重要的（van Deurzen & Adams, 2011, pp.7-9）。Rollo May 是美國存在主義諮商的主要奠基人，他將歐陸的存在主義介紹到美國大陸，而 Irvin Yalom 則是將存在主義諮商發揚光大的代表人物。

存在主義源起與幾個重要派別

存在主義發源於歐陸，存在主義諮商是立基於「哲學」而非心理學理論，這是它與其他諮商學派的最重要分野，而存在主義諮商也是以現象學為基礎，探討人類生存的議題，焦點放在事實與真實性，思考人類因應生命課題的能力（van Deurzen & Adams, 2011, p.1），也由於存在主義治療因焦點不同而有不同派別，有代表英國的 R. D. Laing 與 Emmy van Deurzen，也有 Viktor Frankl（1905-1997）的「意義治療法」（logotherapy），以及在美國的 Rollo May（1909-1994）與 Irvin Yalom（1931-present）的「存在－人本主義」取向（existential-humanistic approach）。

英國的 Laing 與 van Deurzen 都認為，當事人的困擾不是功能失常，而是「活著的問題」（problems in living），Laing 認為，人類的生存基本上是「關係導向」的，也建議治療師應該進入當事人的現象世界裡，就可以更了解當事人為何會生病？而 van Deurzen 是一位出生於荷蘭的臨床心理學家，她的治療目標是協助當事人「如何讓自己活得更好？」她認為生命是無止息的掙扎，因此她要喚醒當事人不要再自欺、勇敢面對生活的挑戰，也去發現自己的才能與諸多可能性，目前英國的「存在分析」（existential analysis）取向是最活躍、熱門的（Cooper, 2008, pp.241-242）。

人類生存的世界包含四個層次（由內往外為）（van Deurzen & Adams, 2011, pp.16-20）

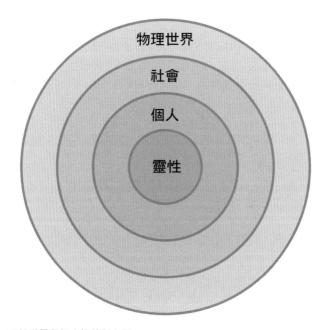

靈性：與未知、理想世界與個人價值觀有關。

個人：與個人內在世界有關，包含對自己的認識、過往經驗與潛能等。

社會：與他人的關係，是我們意識到自己會死亡的限制才發現的，如何在獨立與互賴之間取得平衡。

物理世界：包括人為的與自然的環境，像是我們的身體、天候、擁有的物質、與死亡等。

註：生命與創造意義有關，因此存在主義治療主要是「靈性」的範疇。

✚ 知識補充站

Viktor Frankl 所創的「意義治療法」，是結合了他二次大戰時在納粹集中營的經驗而研發的。logos 的希臘文意思就是「意義」，人類生存的中心動機就是「意義的意志」（the will to meaning），而人類的存在是有目的性的，因此意義治療法的目的就是協助當事人去發現生命目標，克服無意義與絕望感，此派治療者認為，人類最基本的需求就是找尋生命的意義。

4-23 存在主義治療的理論（一）

一、存在先於本質

存在主義的理念來自於 Martin Heidegger（海德格）與 Jean-Paul Sartre（沙特）的「存在先於本質」（existence comes before essence），「我們是」比「我們是什麼」還要重要。人類有自我覺察與反思的能力，有別於其他生物，但也因此必須負起個人責任（van Deurzen & Adams, 2011, pp.9-11）。人生存的現實是有死亡、自由、孤單與無意義（Nystul, 2006, p.214），因此了解自己是誰、在生命中的實況、該如何創造自己的生命意義是最重要的，而所謂的「我」（self）是一個過程，隨時在變動與形成。

二、人類生存的現實

存在主義治療學者認為，人類的生存現實是「像動詞的過程」（verb-like processes），是開展的、不固定的，因此每個人都是獨特的、有選擇的能力與自由（人可以選擇自己的存在樣態）；人是未來導向的，不受過去經驗所決定，儘管人的存在也受到許多限制，但是人與世界、與他人的關係，卻是最重要的，我們也努力從生活中衍生與創造意義。

存在主義學者強調焦慮與痛苦是人類存在的事實，這點不同於人本取向的立論，而人的焦慮與痛苦來自於選擇錯誤（這是「自由」所伴隨的「焦慮」），對他人的罪惡感（這是「自由」伴隨的「責任」），活在限制中的焦慮、閾限、不公與失落，以及人類存在「互為主體性」（intersubjective）的現實（也就是人是社會建構而成，因此所有的意義、目標或價值觀都不是絕對有效）；而人若否認存在的現實，就可能會刻意去逃避感受，反而造成更嚴重的心理疾病。

三、Frankl 的「意義治療法」

Frankl 是誕生在維也納的一位醫師，大戰期間，納粹將其全家人都關在集中營裡，其雙親、第一任妻子與手足也都死在集中營，這個經驗讓他更能體會生命的許多實相，也看到了人類創造意義與目的，他認為「意志」是最重要的生存動機。

Frankl 所研發的「意義治療法」就是「透過意義做治療」（therapy through meaning），協助當事人去發現與留意自己所擁有的自由與意義的潛能，然後將這些潛能加以實現，轉換成生存的意義（Seligman, 2006），他也將「自由」與「責任」連結在一起（Corey, 2009），「自由」或「選擇」的另一面就是「責任」，也就是人有選擇的自由，但同時也要承擔選擇後的責任。

四、Rollo May 與焦慮

Rollo May 原本是一位傳教士，後來受到其恩師存在神學家 Paul Tillich 的影響，與同事在 1958 年合編了《存在－精神醫學與心理學的新面向》一書，直接將歐陸的存在與現象精神醫學帶入美國。May 最先提到「焦慮」，將存在主義視為一種生活態度，也是人類的處境（Seligman, 2006）。根據 May 的說法，「活著」需要勇氣，而我們的決定，也決定了自己是誰（Corey, 2009）？

人類的特色（May, 1961 & Frankl, 1959, cited in George & Cristiani, 1995, pp74-75）

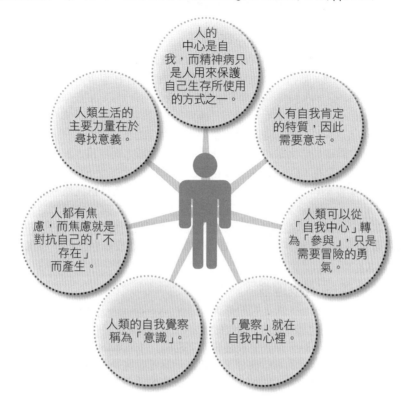

人的中心是自我，而精神病只是人用來保護自己生存所使用的方式之一。

人有自我肯定的特質，因此需要意志。

人類生活的主要力量在於尋找意義。

人類可以從「自我中心」轉為「參與」，只是需要冒險的勇氣。

人都有焦慮，而焦慮就是對抗自己的「不存在」而產生。

「覺察」就在自我中心裡。

人類的自我覺察稱為「意識」。

＋ 知識補充站

存在主義所關切的是人生存的議題，也是治療師面對當事人所遭遇的困境。即便存在主義治療較不為諮商師所用，但其也對諮商及助人界有相當重要的提醒。

4-24 存在主義治療的理論（二）

五、Irvin Yalom 的存在精神分析

在「存在－人本主義」取向裡有濃厚的精神分析意味，最具代表人物就是 Yalom，他將精神分析的主題（驅力→焦慮→防衛機制）取代為存在現實→存在焦慮→防衛機制（Cooper, 2008, pp.240-241），改變了焦慮的來源。

Yalom（1980）列出人類生存的條件為「邁向死亡」、「自由」與「責任」、「孤獨」與「無意義」，而人必得在這些限制下，創造出自己生存的意義與目的。人類的存在是持續變動的，而我們總是努力於可能性、讓生命更有價值，而身為人意味著我們要去發現與合理化我們的存在（Corey, 2009; Seligman, 2006）。

人類的焦慮本質來自於「死亡」的虛無，而「孤獨」的最終點就是每個人都必須要獨自面對死亡，也因此會讓人去思考生命的意義到底在哪裡？我們若是無端被拋擲在這個世界裡，同時有這麼多的限制（包括死亡、環境與選擇），人的自由就來自於自己創造獨特的生命意義、做自己想要的選擇，且以此成就自己的生命樣態，所以 Yalom（1980, p.30）說：「肉體的死亡毀滅我們，但死亡的觀念拯救了我們」。

六、存在主義的治療理念

存在主義治療師認為，人與人間的真誠「交會」（encounter）就有療癒效能，而這樣的交會當然也有（不能預期的）危險性，但是也只有這樣的人際交會，才可能帶來幡然轉變（Cooper, 2008）。存在主義強調的「透明」（transparency），指的就是存在的靈性面向，也可以將生命的每個部分連結起來、其重要性是一樣的，不僅對內在經驗開放、也對生命所遭遇的一切開放，可以沉著地接受我們不能改變的，也有勇氣去改變我們可以改變的（van Deurzen & Adams, 2011）。

我們不願意去真誠面對自己生存的事實是因為：（一）我們所居住世界所引發的諸多焦慮，讓我們意識到生存的現實（如生活在犯罪率很高的地區，嗑藥、酗酒率也高）；（二）或是擔心自己真正體驗的會受到批判或處罰（如一位男性受到同性吸引），因此想要逃避；（三）個體沒有學到適當的技巧與策略來面對或處理；（四）有些人天生就容易焦慮（Cooper, 2008, pp.249-250）。

治療師就是協助當事人去探索面對生命不可避免的恐懼與焦慮的挑戰（Seligman, 2006），有勇氣去做正確的選擇與行動，創發出自己獨特的生命型態！

小博士解說

歐陸的存在主義，講的是人與自己、他人及世界的關係與困境，但是由此而來的存在主義諮商卻在探討困境的同時，也注重「解決」之道，所以有其正向意義及功能。

存在主義治療理念（May & Yalom, 2005, cited in Nystul, 2006, pp.214-215）

治療理念

7　自我超越（self-transcedence，超越「主／客」觀的二分法，形容治療中諮商師與當事人發展出親密、且有深度的了解與同理關係）。

6　三種生存樣態（即人與自然、人與社會及人與自己的關係）

5　存有（being）與不存有（nonbeing）是人類焦慮的根源

4　自由與責任是一體兩面

3　焦慮在生命中的角色

2　人會尋求意義

1　每個人都是獨特的

存在主義諮商的關鍵主張（Corey & Corey, 2011, p.165）

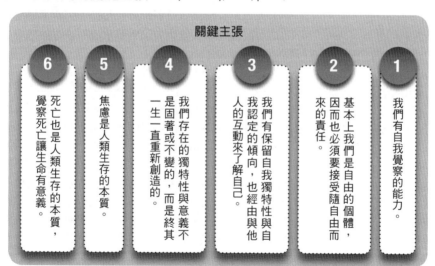

關鍵主張

6　死亡也是人類生存的本質，覺察死亡讓生命有意義。

5　焦慮是人類生存的本質。

4　我們存在的獨特性與意義不是固著或不變的，而是終其一生一直重新創造的。

3　我們有保留自我獨特性與自我認定的傾向，也經由與他人的互動來了解自己。

2　基本上我們是自由的個體，因而也必須要接受隨自由而來的責任。

1　我們有自我覺察的能力。

✚ 知識補充站

存在主義學者強調「自我仰賴」（self-reliance）的重要性，指的是人有能力自處，同時與他人發展深度而有意義的關係。人類社會是互相依賴的，但是又不失個體之自主性，有人較不習慣自處、擔心被拋棄或孤單，然而「自處」也是我們需要培養的能力之一。

4-25 存在主義治療目標與過程

存在主義關切的是人類的終極關懷（人生意義），但是其入手卻是每個人必須每天面對的議題（我們每天逐步向死亡前進），因此諮商目的就是協助當事人去發現與創造生命的意義（Halbur & Halbur, 2006, p.59），可以發揮自己的能力、過真誠而滿意的生活（Cooper, 2008, p.250）。

存在主義治療者認為，我們是以自己的選擇來定義自己，每個人也是自己生命的作者，儘管人生無常，但是接受我們都是孤單的事實，也開創出有意義的存在（Corey & Corey, 2011）。存在主義治療目標在於鼓勵當事人去反思自己的生活，了解生活中的其他選項，然後做決定，也因此挑戰當事人逃避責任或自我欺騙，認為肯擔負責任才是改變的基礎，因此倘若當事人不願意負起責任、將問題怪罪於他人，就不適合存在治療（Corey, 2009）。

存在主義治療同時強調當事人與諮商師，重視治療關係品質，治療師是同伴、也是一同探索的夥伴，諮商師以自己為工具（是治療師、也是一個人），與當事人真誠接觸，深入當事人的內心世界，與當事人共享生命中的一段旅程，因此治療關係平等且重要（van Deurzen & Adams, 2011）。治療關係中的「真實接觸」更是關鍵，治療師也要呈現自己真實的一面，因此自我揭露也常常發生，而人際的真誠交會就愈有療效。治療過程是：（一）協助當事人認出與釐清自己對世界的假設、定義，以及質疑他們觀察與定義生活的方式；（二）鼓勵當事人檢視自己價值系統的來源與權威性；（三）將在治療中所學化為行動（Corey, 2009, p.151-152）。

因為植基於「哲學」，所以存在主義學派對於「技術」取向的實務是有存疑的，因此其治療重點在於合理地處理當事人生活的方式，而不是去除徵狀或問題，讓當事人可以更有勇氣去面對生活中的困境、而不是逃避，很適合在人類面臨危機時使用（van Deurzen & Adams, 2011, pp.1-3），而當事人在諮商過程中常常會發現自己更有力量、也對生命有更透徹的了解（van Deurzen & Adams, 2011, p.4）。存在主義諮商沒有特定的諮商技巧，而治療師與當事人在治療場域也是以對話方式進行，而這樣「蘇格拉底式」的對話，可以克服對立的觀點、更接近事實真相，也可以從對立衝突或兩極的呈現中，去學習忍受曖昧與不可預料的情況，最後達成統整，畢竟人類生存的動力現實總是暫時性、變動不居的（van Deurzen & Adams, 2011, p.23）。生活不可能是永遠安全無虞的，焦慮是常態、也是我們的老師，去接受與忍受這些曖昧不清的狀態，才可以做更明確的決定。

小博士 解說

存在主義者定義「焦慮」的範圍，比其他治療取向更為廣泛，認為是人類想要存活、保存自我與確保生存的需求，其與精神分析所定義的焦慮（因為驅力引發焦慮）有分別。

焦慮有「正常」或是「神經質」的兩種，前者是適合所生活的情境、不需要壓抑、可以做創意的運用，後者正好相反。

存在主義治療目標

Nystul（2006, pp.214-215）	Bugental（1990, cited in Corey, 2009, p.148）
治療師協助當事人： 1. 發現自己的獨特性。 2. 找到個人生命意義。 3. 以正向方式運用焦慮。 4. 覺察自己的選擇、並負起責任。 5. 將死亡視為最終的現實，給予生命個殊意義。	治療師的工作是： 1. 協助當事人看見自己並未真誠過生活。 2. 協助當事人去面對自己一直逃避的焦慮。 3. 協助當事人重新定義自己與生活世界、可以更真誠地與生命接觸。

註：所謂的「真誠」就是對自己誠實、也明白自己內心最深處的可能性與限制（van Deurzen, 2007）。

人面對生、老、病、死及生活中的瑣碎事務，偶爾也會停下來思考：自己為何忙碌？人生的目的為何？

4-26 存在主義的治療技術

　　存在主義治療重視治療關係品質，諮商師在探索他人之前，需要自己願意做自我檢視與反省，有目的地利用自己作爲治療工具，也明瞭人生活在世間的挑戰與困境，進一步願意將這些矛盾與歧異做整合，而可以持續地覺察與過反思的生活，會處理自己遭遇的危機與困境，生命經驗也會讓諮商師的生命更爲豐富，才堪稱是良好的存在主義治療師（van Deurzen & Adams, 2011, pp.27-29），因此，此取向對治療師資質的要求包括生命經驗、態度與性格、理論知識以及專業訓練，治療師要有彈性的態度、關切當下當事人最重要的事務、不要企圖去改變當事人，也在對話中去探討議題（van Deurzen, 2007）。

　　前來尋求諮商協助的人是因爲生存受限、或是自我覺察功能受制，治療師的工作就是面質當事人所選擇的這些「限制」，讓他們可以覺察到自己在製造這些「限制」中的角色（Corey & Corey, 2011）。諮商師的角色就是「存在當下」、面對當事人所關切的議題，而不是一個情緒宣洩垃圾桶或是問題解決者（Corey, 2004, cited in Halbur & Halbur, 2006, p.61）。

　　雖然「問問題」是存在治療裡最常出現的情況，但是其動機是「好奇」、立基點是「合作式」的而非「訊問式」的。治療師以現象學的方式探索、了解當事人的世界，先將個人的假設或批判擱置一旁，然後確認觀察是正確的，時時覺察假設是否扭曲或偏誤，並隨時做修正。治療師會站在「不知」（un-knowing）的立場去了解當事人，使用描述性（現象學）的方式協助當事人體驗，甚至使用解釋、教育、身體的覺察等任何可用技巧（Cooper, 2008; van Deurzen & Adams, 2011）。治療師也會去了解當事人的夢，而夢被視爲是夢者給自己的訊息（van Deurzen, 2007）。此外，「意義治療法」還運用「去咎責」（de-reflection，協助當事人聚焦在優勢上）與「矛盾意向法」（paradoxical techniques）。

體驗與關係取向的貢獻與評價

　　關係與體驗取向的治療重視治療關係，這也是促成當事人改變的最重要因素（Corey & Corey, 2011），因此治療師也常常使用「體驗」的方式或作業，讓當事人可以體驗當下或一些重要經驗。相信人性是向善、向上的，也將治療責任從治療師移轉到當事人身上，這樣的觀點是目前諮商專業所承襲的治療責任的分攤（隨著諮商過程的進展，治療責任慢慢由治療師身上移轉到當事人的持續性動態），當事人不是被動、無能的。治療師所提供的同理與眞誠關切，容許當事人在安全、信任的環境下，重新發揮自己的能力去面對與解決問題。當事人的主觀感受、以及其建構現實的現象場，也都是治療師關切的議題，而如何面對生命的許多議題與挑戰時，可以創造意義、圓成自己想要成就的生命樣貌，就是人類共通的所在。

小博士 解說

　　「去反省法」或「去咎責」（dereflection）是屬於矛盾意向法的一種，主要是用來處理無意義的感受，要當事人不要聚焦在自己身上，而是從自身以外去發現意義（例如讓憂鬱症患者去協助他人，這樣就少了焦慮，也發現了助人的意義）。

存在主義諮商的貢獻與評價

貢獻	限制
1. 存在主義諮商影響許多諮商與心理治療的實務，包括治療關係、人本諮商的立論，注意全人的健康（包括靈性），也注重生活不同面向的平衡。 2. 此取向的哲學意味勝過其他治療模式，對於自由與責任的覺察會讓人產生存在的焦慮，但卻可以激勵人去自我實現，治療師也試圖拓展當事人的心理世界，協助當事人儘量去體驗存在的意義。 3. 存在主義治療雖沒有發展出屬於自己的治療技術，但是也表示其對於自發、創意與不可預期的開放程度。 4. 存在主義治療在跨文化的運用相當重要，因為不受制於某特定學派的價值觀，也注意到人的靈性需求。 5. 因為注重的是人類生存的現實與焦慮，很適合多文化的族群。 6. 協助當事人去檢視社會文化因素對其行為的影響，也關切人類存在的基本議題，將治療重點重新放在人的身上，也鼓勵當事人對自己生命做反省，過更真誠的生活。	1. 缺乏系統性的原則與實務運作。 2. 許多觀念是相當崇高卻不明確的，極少開發專屬於此取向的技術，也缺少實驗研究證明。 3. 將重點放在自我反省與了解可能會有限制。 4. 此取向常被誤認為是「智性」（intellectual）治療，但是真正好的治療師會顧及所有不同的生命經驗。 5. 不強調「疾病－健康」面向，無法提供需要解除痛苦的當事人之需求。 6. 最大限制在於治療師需要有「夠成熟」的生命經驗與訓練。

✚ 知識補充站

　　「矛盾意向法」包括「開立徵狀處方」（symptom prescription）與「抑制」（restraining）；前者是讓當事人體驗或維持徵狀（如每天晚上8點哭泣5分鐘），後者是要求當事人慢慢改變或不做改變（如「不要急著要睡著，給自己時間躺在床上思考」）。

NOTE

第 5 章
行為取向的諮商理論
──行為主義治療與BASICID

5-1 行為主義的立論

　　「行為治療」是許多諮商學派會運用的技巧，因為治療的最終目的通常是要讓當事人有所改變，而這個改變最好的檢視方式就是「行為」的改善。行為主義治療主要是對佛洛伊德精神分析學派的一種反制，認為其理論與效果缺乏實證支持，也懷疑所謂的「潛意識過程」（Westbrook, Kennerley, & Kirk, 2008）。

　　行為取向諮商顧名思義就是較忽視心理層次的「黑箱作業」，而將注意焦點放在眼睛可以觀察、工具可以評量的「可見」行為上。此取向視人類行為受文化社會環境所制約而形塑、決定（Halbur & Halbur, 2006），也受到自身天生的基因影響，個人過去的歷史也非常重要（Richards, 2007）。

　　行為主義主要是受到六○年代自我控制與自我調整過程的影響，而將焦點從「環境決定論」（environmental determinism）轉移到人與環境的「互惠決定論」（reciprocal determinism）（Forey & Goodrick, 2001）；因此健康的人是可以與他人、環境互動，且獲得正向增強者，「精熟度」（mastery）與「控制」是其特色（Richards, 2007），而自1970年代之後，又加入了「認知」因素在其過程中（George & Cristiani, 1995）。

　　行為主義主要是從不同的學習理論發展而來，「行為」也是我們一般看到改變的開始。「行為」指的就是可以「觀察」與「評估」的動作，行為主義之所以風行，主要是因為：（一）其技巧可以用在不同當事人身上，比較沒有文化或價值觀的偏見；（二）許多當事人會希望「有所改變」，而行為上的改變是有目共睹的；（三）治療最後階段都需要採取行動才能奏效（Corey, 2001, pp.79-80）。

　　由於行為主義是從「學習理論」而來，認為人類的學習是受到「刺激－反應」模式規範，而某個特殊問題就是對於一套刺激的反應，適應與不適應的行為都可以經由「學習」獲得（George & Cristiani, 1995）。因此，行為主義治療師是協助當事人（一）改變不適應行為；（二）學習做更有效率決定的過程；（三）藉由加強可欲行為（desirable behaviors）來預防（未來）問題；以及（四）將改變的行為遷移到日常生活中（George & Cristiani, 1995, pp.90-91）。

　　行為治療的共通點為（Wilson, 1995, p.199）：

　　（一）不採「病態」觀點來定義問題，而是認為個人遭遇「生活的問題」。

　　（二）行為不管適應與否都是學習而來，因此也可以用同樣方式來學習新的適應行為。

　　（三）聚焦在目前影響行為的因素、不去討論過去的影響；治療前先將行為做分析，因而可以有系統地處置特殊問題或情境。

　　（四）會依照個人不同需求調整治療方式。

　　（五）了解問題的根源無助於問題行為的改變，而成功地改變行為也不意味著了解病源。

　　（六）是一個以科學為依據的治療。

行為主義對人的看法（George & Cristiani, 1995, p.87）

人沒有好壞、但是有表現不同行為的潛能 **1**	人能夠概念化與控制自己的行為 **2**	人能夠學習新行為 **3**	人能夠影響他人行為、也被他人影響 **4**

行為主義治療的主要觀念（Nystul, 2006, p.237）

行為治療是聚焦在外顯、可觀察到的行為過程與認知 **1**	行為治療著重在當下、此時此刻 **2**	不適應行為主要是學習的結果 **3**	運用具體定義與目標 **4**	行為治療是依據科學方法進行 **5**

行為改變技術步驟

7 每週都做檢討，看看計畫成功與失敗之因素為何，並作解決。

6 目標以前一週的基準線為準，只要有進步即可（如第二週運動多8分鐘，就是達到目標）。

5 加入可以增進計畫成功的因素（如要請人提醒、做公開宣告、與其他人一起進行運動計畫）。

4 訂立酬賞與處罰方式（可以物質性的，或是社會性酬賞（如與家人一起活動））。

3 訂立執行方式（選擇可以運動的種類，如跑步，以及可能因為無法順利進行的變通方式，像是若下雨無法跑步，則以體操、打太極或做有氧運動代替）。

2 設立基準線（在尚未執行計畫前，以一週為單位，觀察記錄目標行為的平均為何，如運動時間平均值為8分鐘）。

1 設定具體行為目標（減少或增加某行為之次數、多寡，如增加一週運動時間）。

✚ 知識補充站

行為主義治療師不去找問題行為的原因或歷史，而是努力去改變行為。後來的許多治療師也同意：改變行為的確可以促成感受及想法的改變。

5-2 行為主義的理論（一）

　　行為取向的諮商理論可以說是由以下幾個理論所衍生發展而來：

一、古典制約理論

　　俄國心理學家 Ivan Palov 的「古典制約」（classical conditioning）理論幾乎許多人耳熟能詳，他所做的實驗是讓狗兒在聽到鈴聲之後就會「自動」分泌唾液。實驗內容是先讓實驗對象的狗兒捱餓，讓牠對食物（非制約刺激）產生強烈的需求動機，狗兒在聞到食物的味道之後，自然會分泌唾液（非制約反應），後來將鈴聲（制約刺激）與食物同時出現多次，就發現狗兒只要聽到鈴聲（制約刺激），不需要等到食物的出現，就會分泌唾液（制約反應），這就說明了原本沒有任何意義的鈴聲（非制約刺激），在刻意操弄之後，也可以引發唾液（制約刺激）的分泌，而鈴聲也就成為「制約刺激」。拿到一般生活上的案例，我們一聽到垃圾車播放「少女的祈禱」（制約刺激），就會知道要出來倒垃圾（制約反應），也是古典制約的展現。

二、操作制約理論

　　Skinner 的「操作制約」（operant conditioning）理論是「古典制約」理論的進一步修正，因為人類的學習不能只靠古典制約就可以解釋一切，人類的學習應該是跳脫出「古典制約」的「刺激－反應」（Stimulus－Response）機械性行為，產生更為廣泛與多元的學習。人類的行為不只是被動地反應而已（例如「打人－被打」），還有積極、主動的一面，因此其關係就變成「刺激──個體思考可能結果──採取反應」（Stimulus－Organism－Response）。人類基本上會「趨樂避苦」，一個不喜歡的刺激過來，第一個反應是會逃避（flight），但是在思考過後，可能會採取逃離或直接面對（flight or fight）的行動；倘若刺激是個人所喜愛的（喜愛的食物），可能第一反應就會直接接受，但是經過仔細思量（例如會擔心發胖），可能會拒絕。同樣的道理，行為主義者認為「酬賞」（reward）是一般人喜歡的，而「懲罰」（punishment）是一般人不喜歡的，而藉由操弄（operate）「酬賞」與「懲罰」，就可以形塑人類行為。

小博士解說

　　增強原理：「增強」就是給予當事人喜歡的酬賞，讓他／她更願意表現出所酬賞的行為，像是一般人都喜歡被看見表現出好的行為，倘若加上他人的讚許、甚至獎勵，就會表現得更好！在形塑新行為時，增強要即時、且頻率高；若是要「削弱」某行為時，就慢慢減少增強次數、最後移去增強物。

　　增強的最終目的是希望當事人可以「自我增強」，也就是不需要仰賴外人或外物，自己在從事這些行為時，自然獲得酬賞（如閱讀）。

刺激與行為反應的過程

古典制約

刺激（S）
（突然的大聲響）

↓

反應（R）
（跳開、被驚嚇）

操作制約

刺激（S）
（突然的大聲響）

↓

個體經驗（O）
（聽過這個聲音，應該是放煙火）

↓

反應（R）
（安靜離開）

註：Skinner的「操作制約」，不將個體視為「被動者」，而是會依據過去經驗的結果重新做反應。

行為學派的增強作用

增強物	對於年紀越小的孩子，具體的「原級增強物」（primary reinforcer，如食物）的吸引力越大，然而也隨著年紀與時代的不同，「次級增強物」（secondary reinforcer，如獎狀或特權）與「社會性增強」（social reinforcer，如讚許、擁抱）的效果會更佳。
正增強 （positive reinforcement）	給予當事人喜愛的物品或獎賞，讓「可欲」（或目標）行為（desirable or target behavior）出現更多，就是「正增強」。「代幣制度」（token economies）就是正增強的一種應用。
負增強 （negative reinforcement）	將「不舒服」、引起「負向」情緒或後果的「刺激」移除，或是逃離不舒服的情境，讓當事人或是個體增加可欲行為的機率。 「負增強」的主要目的是增加可欲行為，與懲罰目的是希望「遏止」不良或傷害性的行為有差異。像是開門進入汽車內，若是未綁安全帶，汽車就會發出刺耳的警告聲（負增強），除非駕駛人趕快綁上安全帶（可欲行為），警告聲就停止。
懲罰	基本上是要將目前已經發生或正在發生的傷害或不良行為制止，以防更多的傷害發生。但其不能改變行為，只是暫時遏止行為之發生，而且有時候會讓行為更惡化。 像是因為孩子做錯事而施以體罰，可能只是讓孩子因為懼怕被體罰而不敢作為，但是若事後沒有正確的指導或示範，下一次孩子還是會做錯。
行為改變技術 （behavioral modification）	採用一系列小步驟的評估與操作方式，讓當事人可以達成行為改變的目的，包括設立基準線（baseline）、訂立目標（操作性定義）行為、執行方式、酬賞與處罰。

5-3 行為主義的理論（二）

三、社會學習論

（一）社會學習論

　　班度拉（Albert Bandura, 1925-）的「社會學習理論」（social learning theory）（或是「社會認知與學習理論」，social cognitive and learning theory）。其理論結合了操作與古典制約，同時強調「認知」中介過程對於行為的影響力，也就是人類行為不是只受到外在環境的左右，而是根據過去經驗、運用行為結果的資訊，來滿足自己所期待的需求與結果（Forey & Goodrick, 2001）。

　　班度拉刻意拋棄機械性的環境決定論，將社會因素引入觀察學習，其「自我效能」（self efficacy）理論還加入了認知的因素（張厚粲，1997）。行為學派的諸多技巧都是從社會學習論而來，尤其是社交技巧與「自我效能」，此外還有增強、示範、形塑、認知重建（cognitive restructuring）、系統減敏法（desensitization）、放鬆練習、教導（coaching）、行為預演（behavioral rehearsal）等（Corey, 2001）。

（二）自我效能理論

　　班度拉所創發的「自我效能」理論，與一個人相信自己有能力成功完成某項工作有關（Nystul, 2006, p.237），最簡單的評估方式就是詢問某人對於完成某項工作的信心有多少（Wilson, 1995），倘若個體對於要完成的工作沒有信心，當然也會影響其接下來採取的行動、以及投入心力的多寡。當事人經過認知行為的治療之後，其自我效能感增加，也更有自信去處理或解決面對的困擾（Forey & Goodrick, 2001）。

　　自我效能包括幾個向度：強度（對工作困難度的預期，個人通常對越簡單的工作信心較強）、類推性（對於某種情況的精熟程度是否可以類化到其他情境的程度）與韌性（即遭遇到困難挫敗的忍受度如何）。也因此要有較佳的自我效能的條件為：有適當的成功經驗、社會模仿（觀察他人行為的結果如何）、社會說服（口頭上的鼓勵、勸導或是建議）、以及生理情緒的狀態如何（Bandura, 1977 & 2004, 引自王文秀，2011, p.122）。

四、行為主義治療目標與過程

　　行為主義治療目標是運用行為活動進入與修正當事人的三個情緒反應（自動化、行為與認知）系統，協助當事人直接改變行為，就可以造成其他系統的改變（Richards, 2007）。要讓當事人學得更多反應與因應的技巧，治療師的功能就是透過功能性的評估（或「行為分析」），以系統化的資料蒐集方式，指出維持問題的情況、前因與後果。要改變發生必須將新的學習技巧運用在日常生活中，鼓勵當事人去做實驗、拓展自己適應行為的能力。行為主義治療師認為，溫暖的治療關係是必須的條件，但是不足夠，諮商師必須要讓當事人有足夠的能力去應對自身所遭遇的困境。

適合行為治療的當事人條件（Richards, 2007, pp.336-337）

當事人
條件

當事人行為是以
可觀察的

當事人的行
為困擾非其他生
理層面的
因素所造成

當事人的困擾
是正在進行、
可預測的

當事人與
治療師雙方可
以對特殊治療目
標共同定義與
協議

行為主義的增強程序

增強方式	說明
持續性增強程序（continuous reinforcement schedule）	在建立新行為之初，給予持續性增強（酬賞），協助新行為的形成。像是訓練孩子起床時間好，只要孩子說「早安」，立刻給予擁抱與口頭稱讚，一直持續到孩子養成習慣。
間歇性增強程序（interval reinforcement schedule）	隔一段（固定）時間給予增強（酬賞），可以維持行為的持續性。如每次月的薪水發放。又分為「定時距增強」（fixed-interval reinforcement，如每隔五分鐘增強一次）與「不定時距增強」（variable-interval reinforcement，增強時間不固定）。
比率增強程序（ratio reinforcement schedule）	以次數為標準給予增強。又分為「固定比率增強」（如達成某業績就獲得加薪），與「不固定比率增強」（如賭博）。
削弱（extinction）	決定讓某個已建立行為消失所使用的方式，也就是當個體完成或達成行為時，不予以增強（酬賞），久而久之，其所建立的行為就會消失、不再出現。

✚ 知識補充站

　　新行為在開始建立之初，一定會遭遇極大的頑抗。像是每次孩子寫完功課就看卡通半小時，但現在不讓孩子看卡通了，孩子可能就以不寫功課或其他喧鬧行為來抗議，許多師長會因為「很煩」而投降，也就無法達成既定目標（不給看卡通）。

5-4 行為取向的諮商技術（一）

　　行為取向運用在諮商治療的現場，主要是直接針對「不適應」行為做「修正」與「改變」，也由於行為取向諮商是依據科學原理與證據進行，因此特別注意「評估」與「技術」層面。行為治療從社會學習論而來的技巧包括觀察學習、替代學習、示範、角色扮演等。

　　一、教育（education）：教導當事人一些行為或技巧，以及必要了解的步驟。其實行為治療的許多技巧與面向也都蘊含教育成份，像是示範、教導放鬆運動或系統減敏法等，都不脫離教育。

　　二、模仿或示範（modeling）、或「社會示範」（social modeling）：尤其是新技巧或是當事人不熟悉的情況下，讓當事人可以觀察、效仿某個特定人物的行為，治療師也可以做適當的示範，也請人當場示範，或運用多媒體素材（如影片）來協助進行。

　　三、系統減敏法（systematic desensitization）：系統減敏法是一種「反制約」（counterconditioning）的過程（George & Cristiani, 1995），是由Joseph Wolpe（1915-present）所發明，運用了古典制約的原理、刺激－反應的學習理論，以及針對減低害怕所做的臨床實驗等為基礎，所研發的特殊治療方式（Wilson, 1995）。

　　四、放鬆練習或訓練（relaxation exercise or training）：首先要注意環境的安靜與安適，讓當事人身心都處於舒適、沒有壓力或外在干擾的狀態下進行。放鬆練習通常是以口語述說方式引導當事人進行，也可以輔以輕鬆音樂，加入想像或冥想的元素，慢慢讓當事人在口語引導之下進行放鬆動作。放鬆需要練習，因此除了在諮商場域練習之外，也需要額外的練習，成為一種當事人隨時可以運用的能力。放鬆練習的原則就是：對個體來說不可能在身體完全放鬆的同時、情緒會激動亢奮，反之亦然（Gilliland & James, 1998）。

　　五、肯定訓練與社交技巧（assertiveness/assertion training and social skills）：「肯定訓練」主要是協助在特定的人際場合裡，未能肯定自己的當事人（George & Cristiani, 1995），其目的是要讓當事人在不傷害他人的情況下，有能力去執行自己預定的計畫，也讓當事人可以擺脫被動、無助的立場，去處理自己面對的生活情境（Gilliland & James, 1998）。

　　肯定訓練是以冷靜、自信的語調來作反應，同時保持適當的眼神接觸，表達自己需求的同時、也尊重對方的需求與權利（Hunter & Borg, 2006），其基本假設是人們有權利表達自我。最好是在團體的情況下進行訓練，彼此可以互相打氣、支持、觀摩學習、以及練習，對於不敢表達憤怒或情感、不敢說「不」、過度有禮貌卻讓他人占便宜、有社交恐懼症、或是認為自己不應該表達想法或感受的人，都是肯定訓練的最佳候選人（Corey, 2009）。

　　六、圖表紀錄（charting）：使用圖表紀錄（不管是折線圖、柱狀圖或是一般日誌方式），都可以讓進度一目了然，當事人也可以清楚知道自己的情況。在使用行為改變時，圖表紀錄的使用率相當高、也有效。

系統減敏法步驟 (Nystul, 2006, p.241)

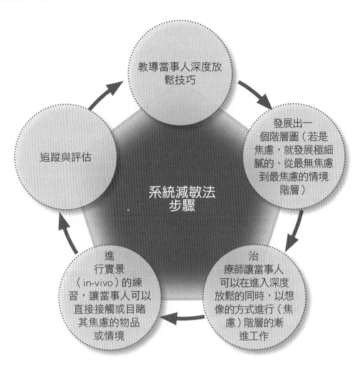

系統減敏法步驟

教導當事人深度放鬆技巧

發展出一個階層圖（若是焦慮，就發展極細膩的、從最無焦慮到最焦慮的情境階層）

治療師讓當事人可以在進入深度放鬆的同時，以想像的方式進行（焦慮）階層的漸進工作

進行實景（in-vivo）的練習，讓當事人可以直接接觸或目睹其焦慮的物品或情境

追蹤與評估

註：常治療師與當事人在前二階段工作時間會較久，而必須要讓當事人學會放鬆技術、甚至在日常生活中可以運用之後，才可以進行接續的步驟，以免當事人未準備好而受到傷害。

➕ 知識補充站

「替代學習」是指在觀察他人的行為時，觀察者就「學習」到這個行為。像是殺雞儆猴，就是一種「替代學習」。「角色扮演」是指：站在不同立場或角色來演練其可能的感受、想法及行為，如讓女兒扮演母女爭執時母親的角色，就可更了解母親的論點及擔心。

5-5 行為取向的諮商技術（二）

　　七、契約（contract）：治療開始就與當事人訂立「行為契約」，希望藉由當事人「自我管理」的方式達成諮商目標（Gilliland & James, 1998），這樣的方式不僅說明了當事人必須積極參與改變，也釐清當事人的責任。

　　八、嫌惡治療（aversion therapy）：嫌惡治療的爭議性頗大，因為可能也會造成傷害。主要是依據古典制約的原則，將某個需要改變的行為（如吸吮拇指）搭配一個不受喜愛的刺激（如拇指上塗上辣椒），讓個人在做「喜歡做的事」（此例為「吸吮拇指」）的同時，對其後果（此例為「辣椒刺激」）產生厭惡，而減少了吸吮拇指的習慣，這是「減少」某個「不可欲行為」（undesirable behavior）的方式。有些嫌惡行為不需要實際進行，而是讓當事人以想像的方式來做，也稱為「內隱減敏法」（implicit desensitization），然而其運用也受到許多專業倫理上的質疑（張厚粲，1997）。

　　九、饜足法（或「洪水法」）（satiation）：饜足法是較為緩和的「嫌惡治療」，採用「過多」的正增強讓原來的增強物失去效力，或是讓當事人對於原增強物減低喜愛程度。這就類似大腦的飽足機制一樣，像我們吃了許多燒烤物，飽足之後再聞到燒烤的味道會不喜歡、或是想要嘔吐。但是這樣的「過量」，有時會妨礙到當事人的健康（如抽菸），也有違反專業倫理的考量，應當謹慎使用。「洪水法」就是讓當事人在短時間內同時接觸到（不管是直接接觸或是想像）引發其焦慮的實景，而且是重複進行相當長的一段時間，可以有效減低當事人的焦慮（Corey, 2009）。

　　十、實景曝露（vivo exposure）將當事人帶入引起其焦慮或是害怕的實際場景中，或是讓其與害怕的事物直接面對面接觸，這些都需要先經過仔細設計，當事人的準備度是最重要的，必須在其可以控制的情況下做實景曝露的實驗，「系統減敏法」也是實景曝露的技巧之一（Corey, 2009）。曝露法主要是運用在恐懼或焦慮的當事人身上，是重複且長時間的暴露在令當事人害怕或焦慮的場景下，慢慢地當事人的恐懼或焦慮就不會那麼強烈，而其恐懼與焦慮程度的呈現（或曝露）也需要漸進式（graded）地進行（Richards, 2007）。

　　十一、「代幣制度」（token economy）：做法是先規劃一個有系統的酬賞與處罰方式，讓某種行為可以建立起來，這也是一般學校或特殊教育教學上最廣泛使用的行為策略。「代幣制度」是正增強的一種應用，採用的是「次級增強物」，先要確定目標行為（如主動寫功課），然後確定「基準線」（baseline，如觀察一週主動寫作業次數的平均），最後選擇適當增強物（如收看「海棉寶寶」，是當事人喜歡的，必要時可適時做調整或更換）、「代幣」類型與增強方式（張厚粲，1997）。

行為改變技術使用說明

先定義要改變的行為，越具體越好（使用「操作定義」）。像是「減輕體重」或「增加喝水量」，而不是「讓自己更有自信」或是「讓排便更順暢」。

建立基準線（baseline）：在真正進行「行為改變計畫」前，以一週時間記錄自己平日的「目標行為」（如喝水量），然後將其平均值算出來（像是350cc），這個平均值就是「基準線」。

擬定有效的「增強」與「處罰」方式（通常是以「增強」方式為主）。所謂「有效的」是指「足夠吸引自己的酬賞方式」（如看電影、喝飲料）。

增強方式先從小到大〔也就是從每天增強（如做到就存十塊錢）→到三天增強一次（買自己喜歡的飲料一杯）→到一週增強一次（可看電影）〕，有時候增強物可以做改變，讓自己持續下去的動力更強。

增強方式也可以將重要他人納入來（像是可以舉家出遊或是一起活動）。

開始進行行為改變計畫。目標是以前一週設定的「基準線」（或平均值）為目標（像是比基準線增加喝水量或減少體重），只要有改善就算成功。

要記錄可能會影響行為成功的變數（像是忘記喝水或帶水、參加朋友喜宴會吃較多等），先思考應變之方法（如請他人提醒自己喝水、去喜宴前先喝水填肚子）。

新行為的建立需要一段時間，因此要給自己足夠改變的時間，而不是「三天打漁、兩天曬網」，若可以進行一個月以上，通常可以看見效果。

諮商師若要當事人進行「行為改變計畫」，最好自己先試過，會比較清楚可能遭遇的困難與解決之方法，這樣在協助當事人做改變時，才容易取得當事人的信任。

註：行為改變的目的通常是「增加」或「減少」某個特定行為的發生。最好在做改變行動前，週告親友、讓他們也成為你／妳的支持與監督團隊，倘若可以一起進行（如減重），效果更佳！

基準線示例

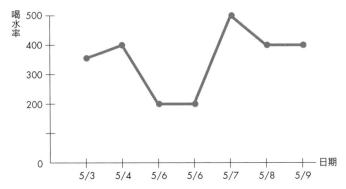

（350＋400＋200＋200＋500＋400＋400）÷7＝M（平均值）＝350cc

第1週目標是：喝水量＞350cc

5-6 行為取向的諮商技術（三）

十二、自我監控（self-monitoring）：或稱「自我管理」（self-management）、「自我增強」（self-reinforcement）。自我監控的目的是希望讓當事人積極參與諮商過程，並為自己的行為與改變負責任，學習觀察、監控、記錄與自我增強行為，也可以增進諮商效果（Gilliland & James, 1998）。自我監控需要訂立（可評估的操作）目標、自我監控過程、改變計畫與執行、以及評估行動計畫等，基本上是使用之前所提到的「行為改變」技巧。

十三、眼動減敏及歷程更新療法（EMDR, Eye movement desensitization and reprocessing）：此治療方式對於有創傷的當事人之療效已經獲得肯定、可以快速減緩創傷的主要症狀，也是一種曝露治療，運用了想像洪水法、認知重建、快速有節奏的眼部動作、以及雙邊刺激（像是拍打當事人兩邊大腿的外側），是相當短期的治療（Corey, 2009; Inobe, 2001）。

EMDR整合了認知行為、體驗、精神分析與其他取向的觀點，藉著一個結構性歷程（包括身體雙邊的律動刺激）來進行。治療師需要具有認知行為以及精神分析理論的背景，才能參與治療過程中的觀察工作（Inobe, 2001）。EMDR的立論是認為記憶被不當儲存與處理，所以才會有一些殘留物一直影響著當事人。進行首先要建立安全的情境，讓當事人描述受創的經驗，然後拍打當事人雙側（刺激左右腦的對話），暫停、讓當事人談自己的想法（或重新架構），如此重複多次（鄔佩麗，6/23/11）。

其施行步驟首先是蒐集當事人歷史、教育當事人有關EMDR的準備階段、評估當事人目標記憶與徵狀、減敏、置入當事人想要的正向認知、身體掃描看是否仍有殘留的身體徵狀、結束時會教導當事人預防復發的處理（Inobe, 2001）。

十四、家庭作業（homework assignment）：行為取向的諮商師基本上都會以作業來延續治療效果，同時鼓勵當事人將在諮商中所學習到的運用在日常生活中，也以行動來改變錯誤的認知。對於憂鬱的當事人，「活動」治療是最有效的，讓當事人每日規劃可以做的活動、同時增加愉悅的活動（Richards, 2007）。

小博士解說

倘若要增加某個「可欲行為」（像是「做作業」），最簡單的就是採用所謂的「皮馬克原理」（Premark principle）。就是將「可欲行為」（如「做作業」）擺在「喜愛行為」（如「看電視」）的後面，增加「可欲行為」的發生次數，一般家長不需要了解心理學的「皮馬克原理」，卻已早早在使用。

行為主義治療的貢獻與限制

貢獻	限制
行為主義治療廣泛地運用在許多的心理困擾與問題上，不管是在教育、復健與醫療上都常常被使用。	沒有去探討情緒困擾背後的原因。
用在一些特殊情況，像是恐慌症、強迫症、性功能障礙與其他孩童的疾病，都特別有效。	治療師基本上是主動、積極、指導性極高的，通常也運用許多問題解決技巧，治療過程也較短（通常是25至50次）。
治療目標很具體、可評估、實際且可達成。	沒有提供機會讓當事人可以有創意地參與整個自我實現的過程，當事人可能因此被「去人格化」（depersonalized）。
具體定義的目標，讓治療師可以清楚諮商結果的標準，而當事人可以知道關於自己進度的具體資訊，若是接到正向回饋或增強，更能加速其進步。	對於有困擾、卻沒有積極表現在行為上的當事人，很難運用此治療方式。
治療師對於當事人在治療進行中或是結束治療之後可能會發生的「復發」（relapse）情況都有預防，也會事先與當事人做好準備。	

✛ 知識補充站

儘管行為治療受到諸多批評，然而其療效具體可見，也是其他治療理論將其納入療程或評估的主要原因。「心理學」是研究行為的科學，其目的是用來了解、解釋、控制及預測行為，也可以說行為治療由來久遠，也讓人深信不疑。

5-7 BASIC I.D.

Lazarus（1932-present）所倡導的「多元模式治療」（multimodal therapy），也可以簡稱為BASIC I.D.，是屬於一個統整取向（Lazarus, 2008）。多元模式理論假設大部分的心理問題是多面向、多元決定與多重的，因此完整治療需要謹慎的評估，這些評估的面向（BASIC I.D.）彼此會互相影響、同時也是人格的面向，包括了行為、感情、知覺、想像、認知、人際關係、藥物及生物因素。而Lazarus也關注政治、社會文化與其他廣大環境的事件。

BASIC I.D. 的治療目標與過程

多元模式治療的主要目標就是去修復當事人所有的明顯問題（BASIC I.D.），而良好的治療關係是充分且必要的（Lazarus, 2008），治療師與當事人的BASIC I.D.若能有較多契合度就更佳（Lazarus, 1995）。多元模式治療師基本上是主動積極的，對於當事人的情況會先做統整、清楚的了解（蒐集BASIC I.D.的資料），會直接反映或提供當事人相關資訊與指導，挑戰當事人自我挫敗的信念、也提供建設性回饋或是增強，同時也有適度的自我揭露（Corey, 2009），務期以最適當的方式進行治療（Lazarus, 1985a）。

治療師不忽略頓悟與認知重建的重要性，也會給當事人適度的家庭作業，鼓勵他們去做不一樣的事或是同一件事做法不同，要先讓當事人理解為何做此作業的理由、難度要適當，也要讓當事人看到作業的執行與問題改進有關。評估與治療是雙向且持續性的，當治療遇到瓶頸，就需要做第二層次的BASIC I.D.，詢問與評估得更詳盡；此外，治療師也會給予當事人一份「建構側面圖」（Structural Profiles）的問卷，讓當事人可以自行評估進步的情況（Lazarus, 1985b）。

多元模式治療所運用的理論與方式來自於家庭系統、溝通訓練、完形治療、心理劇以及其他的取向，主要是依照當時情境所需而設（Lazarus, 1985b），因此其技術之使用也不拘泥於某一學派或取向，它是按照當事人的情況量身打造，因此只要有效，皆在治療師的選項之內。

Lazarus（2008, pp.428-430）將情緒困擾與心理疾病的原因列為十項，它們是：
（一）衝突或模糊的感受或反應。
（二）錯誤的資訊（尤其是失功能的信念）。
（三）缺乏資訊（如技巧缺陷、忽略、太天真）。
（四）人際的壓力。
（五）與自我接受有關的議題。
（六）錯誤連結（制約）導致的不適應習慣。
（七）覺察到生存的現實（與生命意義有關的）。
（八）嚴重的創傷經驗。
（九）外在壓力（如生活困境、不安全的環境）。
（十）生理失能。

BASIC I.D. 所包含的評估與治療面向

評估面向	說明
B－「行為」（Behavior）	外顯的行為表現，包含習慣與反應。
A－「感情」（Affect）	情緒感受與表現。
S－「知覺」（Sensation）	五官感受。
I－「想像」（Imagery）	包括自我意象、記憶、夢境與幻想。
C－「認知」（Cognition）	構成個人價值觀、態度與信念的，包括領悟、哲學、思考、意見、判斷、自我對話等。
I－「人際關係」（Interpersonal relationships）	與人互動的情況，包括家人關係。
D－「藥物與生物因素」（Drug, medication or biological factors）	使用藥物或是毒品情況，也包括營養與運動。

BASIC I.D. 治療步驟

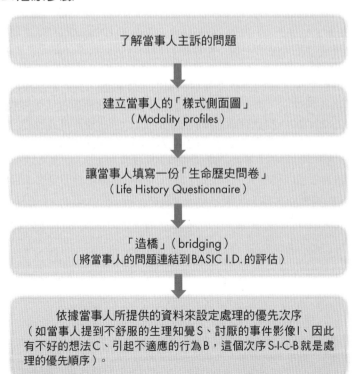

了解當事人主訴的問題

建立當事人的「樣式側面圖」
（Modality profiles）

讓當事人填寫一份「生命歷史問卷」
（Life History Questionnaire）

「造橋」（bridging）
（將當事人的問題連結到BASIC I.D.的評估）

依據當事人所提供的資料來設定處理的優先次序
（如當事人提到不舒服的生理知覺S、討厭的事件影像I、因此有不好的想法C、引起不適應的行為B，這個次序S-I-C-B就是處理的優先順序）。

註：若處理遭遇瓶頸，就需要再一次重新評估，若是緊急事件就應該優先處理。

5-8 行為取向諮商理論的貢獻與評價

一、BASIC I.D. 的貢獻與評價

　　BASIC I.D. 提供了相當完整的評估與行動策略，讓當事人可以明顯看到改變，此取向可以運用在許多不同的問題上。多元模式治療是一種強調實證基礎而發展成的短期、有系統而統整的治療策略（Lazarus, 1985a），因此其效果是被認同的。Lazarus（1995, p.135）認為，多元文化模式與認知治療、理情行為治療的共通處在於：（一）大部分的問題都起源於社會學習的缺失或錯誤；（二）治療師與當事人的關係比較像是訓練員與受訓者，而非醫師與病人；（三）將治療所學的遷移到日常生活上，是需要刻意地練習，特別是藉由家庭作業；（四）診斷的分類或標籤是奠基於外在行為的操作定義。

二、行為取向諮商理論的貢獻與評價

　　行為取向的諮商理論基礎是可以預測且可靠、有科學依據的，而且直擊問題行為，這樣的目標與做法很容易說服當事人（Gilliland & James, 1998）。行為主義諮商較少顧及情緒與深層感受，不注重認知層面，只聚焦在出現的徵狀上，也忽略不適應行為的發展歷史，而且諮商師需要接受相當嚴謹的行為分析訓練，萬一諮商是受到錯誤的治療師所「控制」，傷害豈不更大（Gilliland & James, 1998, p.224）？行為治療可以與其他取向治療結合是其優勢，也不斷地進行科學研究與改進，但是有些技巧的使用（如嫌惡法、饜足法等）容易引起倫理上的爭議；再者，其過於強調環境決定論，忽略個人自由意志、生物因素以及社會因素的可能影響，只針對出現的「徵狀」做治療，問題還持續存在、徵狀也容易再起或是轉換成其他症狀（張厚粲，1997）。Corey（2009, p.264-265）提到行為治療的限制在於：（一）也許可以改變行為，但是卻沒有改變感受；（二）忽略了治療關係的重要性；（三）沒有提供頓悟；（四）治療徵狀，卻不是治療原因；（五）涉及治療師的控制與操作。

　　然而，行為治療也因為加入了「認知」成份，使得其運用層面更廣，目前已經極少有「純」的行為治療，況且不少聲稱為「行為治療師」者，也多多少少加入了情感、認知、平權關係的元素，才令其治療成效更佳。

小博士解說

　　「樣式側面圖」：就是列出當事人問題與最佳治療BASIC I.D. 的七個向度的圖表。

　　「生命歷史問卷」：了解當事人早期發展、家庭互動、教育背景，有關性、職業與婚姻經驗，評估BASIC I.D. 最明顯的向度。

多元模式治療的特色（也可以視為其技巧或處理方式）
(Lazarus, 1995, pp.323-325)

多元模式治療特色

1. 聚焦在具體而完整的 BASIC I.D. 上。

2. 運用第二層次的 BASIC I.D. 評估。

3. 運用「樣式側面圖」。

4. 運用「建構側面圖」。

5. 刻意的「造橋」過程：指的是治療師刻意地針對當事人最明顯的情況做反應，而先不涉及其他較有建設性的面向（Lazarus, 1985），也只有先進入當事人關切的面向之後，才有可能慢慢地引導當事人進入其他更有意義的軌道上。

6. 「追蹤」（tracking）樣式（modality）的先後次序（fire order）：小心檢視不同模式的先後次序，這個技術可以讓治療師選擇最適當的處置技巧。

＋知識補充站

　　行為主義最初為人詬病最多的就是「在實驗室裡進行」的結果，許多卻不能在現實生活中證實或運用，況且以往還以動物為實驗對象，若將其結果套用在多變的人類身上（加上環境、歷史等），就更難說服人。

第 6 章
認知取向的諮商理論
——理情治療學派、認知治療、溝通交流分析與現實治療

6-1 Ellis的理情行為治療（一）

Ellis 的理情行為治療

　　Albert Ellis（1913-2007）於1955年所創發的「理情行為治療」（Rational Emotive Behavior therapy, or REBT），是將多位學者的理論所揉合而成，主要是從希臘哲學家Epictetus所寫的「人們不是受到所發生事件所困擾，而是他們對於事件的看法所影響」（men are disturbed not by things but by their views of things）衍生而來（Dryden, 1999, p.1）。還受到古希臘禁慾主義者（Sotics）所稱的「詮釋與情緒痛苦之間的關係」，以及 Alfred Korzybski 的《一般語意學》（theory of general sematics）、Alfred Adler的《個體心理學》、以及 Karen Horney 所說的「『應該』的暴行」（tyranny of shoulds）（Ellis, 1997; Kellogg & Young, 2008, p.44）所影響；Adler（1932/1964）曾經說過：我們相信的會決定我們所做的。」（cited in Mosak & Maniacci, 2006, p.4），Ellis（1970, 1971）也提到Adler相信個人的情緒反應是出自於個人的態度、信念與覺知，因此情緒是認知所創造出來的（cited in Gilliland & James, 1998, p.231）。

　　Ellis 創始的REBT，曾經經過三個名稱的轉換，最先是「理性治療」（rational therapy），1961年改成「理性情緒治療」（rational-emotive therapy），然後在1993年改為目前的稱謂（理情行為治療），主要是要強調許多批評者認為，此治療方式注重「認知」卻忽略「行為」的部分（Dryden, 1999, pp.1-2）；事實上REBT學者認為行為、情緒與思考是不可切割，彼此互相影響、且互為因果，每個人都帶著自己獨特的需求與非理性信念到生活經驗裡，因此也是一種建構諮商（Ellis, 1989, cited in Dryden, 1999, p.6）。我們的情緒源之於對生活情境的信念、評估、解釋與反應，學會改變認知，就會改變對情境的情緒反應（Corey, 2009）。

　　Ellis認為人基本上是屬於享樂主義、會趨樂避苦（Dryden, 2007），但同時有理性思考與非理性思考的潛能。只有無條件接受自我、做出有理性合現實的反應，而且有適當的困擾容忍度（disturbance tolerance），才是健康。

「認知取向」治療的共同點（Corey, 2009）

治療師與當事人是合作關係

心理困擾主要是根源於認知過程的功能受到干擾

共同點

改變認知造成感受與行為上的改變

屬於短期教育性的治療方式

認知治療的演變階段（Kellogg & Young, 2008, p.43）

「語意學治療」（the semantic therapies）主要是指Albert Ellis所研發的「理情治療」（Rational-Emotive Behavioral therapy, or REBT），以及與Aaron Beck創始的「認知治療」（Cognitive therapy, or CT）。

行為學派的學者與治療師將「認知」這個元素加入行為治療內（如Donald Meichenbaum的「自我指導訓練」）。

將建構主義（constructivism）融入認知治療。

「第二代認知治療」（the second-generation cognitive therapies）的發展（例如「基模治療」schema therapy的出現）。

主要的心理困擾（Dryden, 2007）

心理困擾種類	說明
自我困擾（ego disturbance）	常以「自貶」（self-depreciation）的方式呈現（自我要求達不到時、或嚴苛要求他人）。
不舒服的困擾（discomfort disturbance）	主要就是非理性信念造成（如要求舒適、不能忍受事情不如己意）。

✚ 知識補充站

Ellis認為我們自己有許多的「應該」（must），將自己限制住，或給予太大的壓力，因此他建議以「喜歡」、「可以」等來取代，也是減少非理性信念的第一步。

6-2 Ellis的理情行為治療(二)

一、REBT 的治療或 ABCDEF 架構

Ellis的ABCDEF架構，也是所謂的治療架構或過程。其治療哲學是告訴當事人讓他們困擾與不安的理由為何？進而採用一些認知、行為與情緒的技巧來減少這些困擾，治療目標是減少當事人的情緒困擾與自我挫敗的行為，鼓勵當事人過較有意義與快樂的生活，因此最終需要做深度的生活哲學改變，也就是鼓勵當事人可以思考更邏輯、理性，感覺更健康，及以更有效率的行動達成目標，而REBT的最終治療目標就是讓當事人成為自己的治療師（Dryden, 1999）。

「信念」有「理性」與「非理性」兩種，後者常常是以「必須」、「應該」、「一定」等絕對性字眼的方式呈現，讓人覺得沒有選擇、無所遁逃、壓力極大，因而導致「非理性結論」，而「非理性結論」中又以「災難化」（awfullising）、「低挫折忍受度」（low frustration tolerance）與「貶損」（depreciation）最多（Dryden, 1999）。Ellis提出我們心理困擾的源頭，首先是不了解心理困擾是受到僵固與極端非理性想法所擾，這些負面思考或是完美態度可能是從周遭一些重要他人、同儕或是媒體而來（Gilliland & James, 1998），其次是我們會灌輸自己這些非理性的想法、內化這些自我挫敗的思維，這樣的自我灌輸甚至從早年就開始。要注意的是：治療師不要預設所有當事人的問題都由非理信信念所引起，而有些當事人可能不只有一個非理性信念而已（Dryden, 1999）。

所謂的ABCDEF架構指的是A（事件）、B（信念）、C（感受或行為結果）、D（辯論）、E（新的效果）以及F（新的感受），如右表所示。

二、REBT 的治療目標與過程

(一)治療目標

Ellis（1979, cited in Gilliland & James, 1998）提到理情行為的治療目標是減少當事人的自我挫敗，獲得一個更務實、可忍受的生活哲學，也就是減少當事人的焦慮（自責）與（對他人與世界的）敵意，教導當事人自我觀察與評估，以確保情況的改善。REBT了解人性是追求短期、眼前的快樂，因此將長短期的快樂做區分，其最終目標是希望當事人可以在顧及社會興趣的同時，追求自己長期的快樂（Dryden, 1999），也就是基本「生活哲學」的改變。

REBT是問題導向的治療，協助當事人去克服情緒上的困擾，但不是直接針對當事人所面臨的實際困擾作解決，因此它要造成的改變基本上是以情緒為先，也就是先解決C（情緒結果，情緒結果非獨立存在，而是與認知、行為都有關聯）而不是A（實際結果）（Dryden, 1999）。因此REBT的治療目標不只是出現的問題而已，也讓當事人可以因應未來生命中的議題（Corey, 2009）。

Ellis 的 ABCDEF 架構

	說明	舉例
A（activating event）	引發事件	塞車
B（belief）	信念	今天諸事不順
C（consequences of emotion and behavior）	發生的情緒與行為結果	猛按喇叭或覺得自己真倒楣
D（debate or dispute）	「辯論」方式（通常是先檢視、辯論，然後是區辨可能的非理性想法）	不是每個人碰到塞車都會很煩，有些人反而覺得正好可以讓自己輕鬆一下
E（effect）	治療「有效結果」	是啊，自己現在又不急
F（new feelings）	治療有效後的新感受	感覺不是那麼沮喪了

Ellis 的三個必須（Corey, 2009, p.277）

「我必須要做好，才可以得到其他人的認可」

三個必須

「我一定要得到我想要的，如果得不到我要的就很可怕，我不能忍受」

「別人一定要善待我、對我體貼、公平，否則他們就要受到責難或懲罰」

＋知識補充站

Ellis 認為一般人內化的一些非理性信念有三個「必須（或「一定」）」：
一、災難化（awfullising）：把事情想到最糟糕地步。
二、自我貶抑（self-damnation）：認為自己什麼都不行。
三、不能忍受（I-can't-stand-it-itis）：無法承受任何自己不想要的後果。

6-3 Ellis的理情行為治療（三）

（二）治療過程

在改變C之前，先要將當事人所感受的情緒作評估，看是否為「不健康」的情緒？不健康的情緒基本上會讓當事人很痛苦、可能會導致自我挫敗行為，也會阻礙當事人達成自己的目標。Dryden（1999）提醒治療師「A」可以代表：一個發生在過去、目前正在發生或預測未來會發生的事件、思考、引述、想像的感受、行為或是真實發生的事件，因此不要只侷限於「事件」的思考而已。

治療過程先是要教導當事人REBT的情緒困擾模式（也就是ABC），讓當事人了解其情緒困擾主要是受到非理性信念的影響、而不是發生的事件本身；接著讓當事人了解為了要改變這些失功能的信念，就需要質疑當事人目前所持有的信念，而當事人若要獲得諮商的長效，就需要在諮商過程中努力練習與執行他／她所學習到的（Dryden, 1999）。

REBT治療師要讓當事人先學會區分自己的「行為」與對「自我」的評估，其目標是讓當事人可以減少情緒困擾與自我挫敗的行為，而有更實際的、有效的生活哲學（Corey, 2009），協助當事人去探索與辯駁自我挫敗的意義、評價、想像等認知形式，重建新的自我認知與獲得更具象的生活哲學。整個治療過程是具教育性與面質性的，因為Ellis不相信溫暖的關係是改變的充分條件，而治療師適時指出當事人的矛盾是必要的（Nystul, 2006）。

三、REBT 的治療技術

認知學派使用許多「教育」或「教導」的技巧，其最終目標是希望當事人也成為自己的治療師。REBT重視困擾人類的生物、環境與社會來源，此學派較切近「折衷派」，因為諮商師所使用的技巧並不侷限於某些取向，而是以「有效」為考量（Dryden, 1987, cited in Dryden, 1999; George & Cristiani, 1995），主要是採用邏輯實證（logicempirical）的科學方式進行（Gilliland & James, 1998）。

REBT結合了情緒、信念與行為三者，所以它的諮商技術也至少包含這三類。而Ellis認為當事人在每次晤談之間的學習比晤談時段更多，因此「家庭作業」就相當重要，REBT鼓勵當事人去執行協調之後的作業，也認為家庭作業是諮商過程的核心（Dryden, 1999）。家庭作業的目的就是要當事人將所學的「知識」（knowledge）轉換成「相信」（conviction），也就是從「智性頓悟」（intellectual insight）轉變成「情緒頓悟」（emotional insight）（Dryden, 1999, p.31）。如果作業是成功的，那麼表示當事人用行動嘗試新的行為是可以持續下去的，倘若失敗了，也讓當事人看到結果並不是大災難或不可承受（George & Cristiani, 1995），況且當事人在治療時段之外的時間嘗試的行動作業，也會修正其想法、感受與做法，而一旦有效，也更願意與治療師合作（Corey, 2009），因此家庭作業當然也包括這三項。此外還有「想像技巧」，如理性－情緒想像、想像及時間投射等，讀者可參照相關書籍。

改變 C 需要（Dryden, 1999; Gilliland & James, 1998）

改變 C

- 治療師運用不同的（家庭）作業來加強當事人對理性信念的信任、同時減少其非理性信念。
- 治療師協助當事人挑戰其非理性信念（包括「應該」與「必須」），也開始增強他們對理性信念的信任（區分「喜愛」與「必須」間的分野）。
- 當事人了解非理性信念的理性選項適合邏輯、與現實相符，且有較好生活結果的。
- 當事人了解非理性信念是不合邏輯、與現實不符且造成生活的不良結果。
- 當事人確認原始問題底下的非理性信念。
- 協助當事人認出並克服困擾行為背後的困擾（meta-disturbance）。
- 當事人知道自己有困擾。

適合擔任 REBT 治療師條件（Dryden, 2007, p.366）

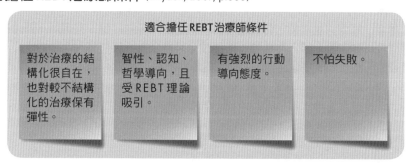

適合擔任 REBT 治療師條件

| 對於治療的結構化很自在，也對較不結構化的治療保有彈性。 | 智性、認知、哲學導向，且受 REBT 理論吸引。 | 有強烈的行動導向態度。 | 不怕失敗。 |

Ellis（1987, cited in Dryden, 1999, p.27）認為 REBT 的治療師需要下列特質

REBT 治療師需要的特質

喜歡主動與指導性。	喜歡解決問題。	獻身於哲學、科學邏輯與實證。
是有技巧的教師與溝通者。	無條件接納自己治療上的失誤、也努力減少錯誤。	在諮商過程中具實驗精神、也願意冒適當的危險。
有很好的幽默感、也在諮商過程中適度展現。	是有活力、有力量的。	以彈性、不具批判性的態度運用 REBT。

6-4 理情治療學派的貢獻與評價

　　理情治療讓大家目睹非理性思考的存在與其影響力，也強調當事人在治療場域所學習的新行為可以運用到日常生活中，延續諮商效果，這是它的優勢，然而強調治療師是專家的角色，也可能會太強勢、甚至將自己的價值觀強加在當事人身上，而只著重在「認知」層面，也會忽略了個人的其他面向（George & Cristiani, 1995）。在1999年的一次諮商師年會上，Albert Ellis曾經針對他人對REBT的批評而說明他實際上已經將C（contextual/cultural）（脈絡／文化）列入治療元素中，其治療取向是REBCT（Ivey, D'Andrea, Ivey & Simek-Morgan, 2007, cited in Kellogg & Young, 2008, p.61）。REBT治療師常站在指導、說服與面質的立場，較傾向是「教師」的角色，Corey（2009）也認為理情治療師會以較為強勢、有力的方式協助當事人從智性的頓悟到情緒的領悟，因此質疑有強迫當事人的可能性。治療學派的創始者真是辛苦，只要有批評，就必須為自己的理論辯護，在多元文化的衝擊下，連REBT的大師也不例外！不過這的確說明了理論也必須要與時代脈絡同進、作適當的修正與更新，才可能更切合當事人的需求。

　　Ellis本身一直到過世之前，每天清晨四時就開始一天的行程，有個別及團體療程，加上督導及研究討論，卻不見疲態。即便在他過世之後，仍有與人合作的研究出版，就可一窺他積極正面的生命態度，如同他的學說一般！

　　Ellis的傳人有許多，而且也會修改他原創的一些觀點或做法，但Ellis樂觀其成，甚至願意為其背書支持，這也讓REBT的發展更開放、寬廣！

小博士 解說

　　理性就是增進個體幸福與生活的，因此是彈性、不極端、合邏輯與現實；而非理性則是妨礙幸福與生活的，因此是僵固、極端、不邏輯與現實不符。

REBT 主要使用技巧

技巧	使用目的	舉例
情緒技巧	主要目的是讓當事人在治療師協助下的改變過程中，可以體驗自己的情緒反應，同時認清、質疑、與改變自己的非理性信念，強調「喜歡」與「必須」之間的差異。	◎ 幽默誇張法（humorous exaggeration methods），讓當事人看見非理性信念的可笑面，而進一步了解不可能發生。 ◎ 理性幽默歌曲（rational humorous songs），讓當事人可以更嚴肅看待自己，這是治療師可以自己創造的，也可以協同當事人一起來做。 ◎ 治療師自我揭露，諮商師也可以與當事人分享自己類似的困境，減少當事人的焦慮。 ◎ 故事、箴言、寓言與格言，藉由這些故事或是箴言，可以讓當事人了解到諮商室以外的資源與一般人的共同經驗，增強當事人的理性信念。 ◎ 強有力地質疑理性與非理性信念，鼓勵當事人強有力地複述理性的自我陳述及自我對話。 ◎ 理性角色轉換（rational role reversal），在當事人已經學會一些質疑非理性信念的技巧之後，治療師可以扮演一位「魔鬼代言人」，以非理性的論述與當事人爭論。 ◎ 羞愧攻擊練習（shame-attacking exercise），此技巧可以運用在當事人認為將自己的弱點曝露在公共場合時的羞愧感受，讓當事人去執行一般人可能會認為的「丟臉」行為，看看是不是如他／她想像那般恐怖？
認知技巧	主要是用來增進當事人的信念改變，處理的是當事人生活中的「應該」與「必須」。	◎ 錄音答問（tape-recorded questioning），當事人扮演理性與非理性兩方的自我對話、並將其錄下來。 ◎ 理性因應的自我陳述（rational coping-self-statement），請當事人將自己的理性信念書寫下來，並隨時提醒自己。 ◎ 教導他人 REBT，要當事人以教導他人 REBT 的方式來練習自己的新理性哲學。 ◎ 語意精確使用（semantic precision），讓當事人注意到自己使用的語言，因為人們常常使用語言來灌輸自己的非理性信念。 ◎ 辯白非理性信念（disputing irrational beliefs），協助當事人以問問題的方式，挑戰與改變自己的非理性信念。 ◎ 教育心理技巧（psycho-educational methods），讓當事人閱讀有關 REBT 的書籍或資訊，或是聽相關錄音，延展諮商時段的效果。 ◎ 參照比較（referenting），請當事人列出一個特殊思考的正負面證據，鼓勵當事人聚焦在自我挫敗的行為上，讓其有動力去克服這些行為。 ◎ 認知作業表（cognitive homework forms），可以在諮商中期使用，目的是讓當事人可以藉由這些特製的表格更了解 REBT，且成為當事人可以在日常生活中使用的有效技巧。 ◎「認知重建」（cognition restructuring）的技巧，協助當事人以其他可行、建設性的想法來替代舊有的非理性想法，也同時幫助當事人去監控自我敘述、認出不適應的自我對話，代之以更適合的自我對話，最後甚至變成「哲學重建」（philosophical restructuring）。
行為技巧	主要目的是運用不同技術讓當事人改變不可欲行為、同時也有更好的適應。	◎ REBT 治療師認為，除非當事人付諸行動，否則很難看見當事人內化的理性思維結果，諮商師鼓勵當事人在日常生活中做一些行動作業，甚至鼓勵當事人直接面質自己所害怕擔心的事物，就可以克服當事人的「低挫折忍受度」。

6-5 認知治療（一）

認知治療的基本立論

Aaron Beck（1921-present）創始的「認知治療」（CT）結合了 Alfred Adler 與 Karen Horney 的理念、禁慾主義者（Sotics）的想法，以及 George Kelly 的思考，而「建構理論」（constructivism）也在認知行為理論的發展上扮演了重要角色，它讓臨床實務者有更多的自由可以自行決定（Kellogg & Young, 2008）。

Beck 與 Ellis 幾乎是同時獨自研發了認知行為的不同取向（Corey, 2009），Beck 的基本立論是「資料處理過程」對每個有機體生存的關鍵性。他的理論基礎源自於現象學派（個人怎麼看自己與世界比行為更重要）、建構理論與深度心理學（尤其是 Freud 的認知階層建構）、以及認知心理學（尤其是 George Kelly 的個人建構、以及信念在行為改變的角色）。Beck 發展的 CT 在 70 年代開始了所謂的「認知革命」（cognitive revolution），Beck 針對憂鬱症患者使用新的療法，效果不遜於抗鬱劑，後來運用在其他情緒失調患者身上，效果亦顯著。Beck 認為人格成形受到個人內在特質（生物因素）與外在環境（社會因素）互動所影響，像是社會依賴型（social dependence）的人會因為關係破裂而憂鬱，而自立型（autonomy）的人則會因未達成既定目標而憂鬱。

一、基本假設（Gilliland & James, 1998）

（一）認知治療的核心理念：人的行為基本上受到自己信念的影響，因此有些信念是不證自明，卻被視為是真理，而且奉行不渝。

（二）認知治療基本上會辨識認知、情緒或感受、行為與生理等四個系統，而這些系統彼此互動、影響。

（三）人格的發展是奠基於「習得認知的進展」（progression of learned cognitions）。認知治療學者相信人們的情緒反應與行為深受認知理念的影響，是我們對自己或是情境的思考、信念與解釋，也就是我們所賦予的意義（Westbrook, et al., 2008）。

二、基模

人格是由「基模」（schema）所形塑。「基模」是認知結構，包含了個人的基本信念與假設，是個體早期從個人經驗與認同重要他人的過程發展出來的，因此基模可以是適應的、或是失功能的。

「基模」是認知行為的核心觀點（包含核心信念與基本假設），影響我們建構現實、對自我的假設、解釋過往經驗、組織學習經驗、做決定與對未來的期待。「基模」像一個樣板，會篩選掉我們不想要的資訊，去注意環境中重要的面向，並將之前的知識、記憶與新的資訊做連結（Moorey, 2007）。「基模」也是心理學上的資訊處理過程與行為引導的指標，是從幼年期到青春期間就發展的，其主要目的是為個人提供生活與世界的藍圖，提供資訊、也提供意義。

健康的基模與我們預測將要發生的事是一致的，有足夠彈性，也會因新資訊而做改變，然而有心理困擾的人，其基模較為僵固、絕對與過度類化。

認知治療的基本假設（Moorey, 2007, p.300）

人是主動與世界互動的。	人與世界的互動是經由此人對他／她所處環境的解釋與評估而產生。	「認知」的過程是意識層面上的，以思考及想像的方式呈現，也因此個人有潛力去改變。

「基模」的種類（Kellogg & Young, 2008, pp.46-48）

種類	說明
認知	如抽象化、解釋與回憶。
情感	與情緒或感受相關。
動機	與希望或渴求有關。
工具	組織系統以為行動之用。
控制	協調的機制，監控行為或工作，做抑制或重新導正。

註：若基模越僵固表示病情越嚴重，不同的心理疾病者其解讀有系統化的偏誤。

改變認知的過程（由外而內）

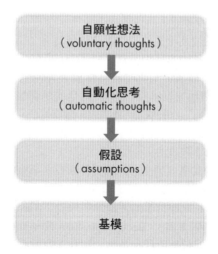

自願性想法
（voluntary thoughts）

↓

自動化思考
（automatic thoughts）

↓

假設
（assumptions）

↓

基模

＋ 知識補充站

理性思考的四個標準（Dryden, 1999, pp.2-3）：
1.是有彈性、非極端的；2.是很實際的；3.合邏輯的；4.以事實為依據的。

6-6 認知治療（二）

三、自動化思考

　　Beck的理論取向是從治療憂鬱症患者身上開始的，他發現患者對自己、現況與未來的思考都很負面、沒有希望，連詮釋自己的經驗也很灰色，他們的情緒與行為困擾因而產生，於是他得到的結論是：每個人所覺知、建構經驗的方式決定了自己的感受與行為；而人在經驗心理挫敗時，對於事件的知覺與解讀就變得非常有選擇性、自我中心且僵固，而壓力就是啟動憂鬱情緒的主要來源，所以他最先指出所謂的「負面自動化思考」（negative automatic thoughts, or NATs）（Westbrook, et al., 2008）。

四、核心信念

　　「核心信念」（core beliefs）指的是每個人心理的「底線」，也就是我們最終的價值觀與世界觀（或「生命哲學」，對自我、世界與他人的假設），而這些核心信念大部分是可以在意識層面提取的，以「一般通則」或是「絕對式」的陳述出現，大部分是我們從早期經驗學習得來，有些創傷或慢性壓力可能引發特殊的信念與態度，使得人們較容易有心理困擾（Moorey, 2007）。

　　進行認知治療時，很重要的就是找出「錯誤」的核心概念，然後做適度的修正或改變，只是這些「信念」由來已久，也需要經過不斷地練習，才有可能改變。

五、認知三角

　　Beck的CT強調要認出與改變負面思考或不適應信念（或「基模」）。Beck是以研究憂鬱症起家，因此他對於情緒困擾的認知模式的解釋是：了解（情緒困擾）當事人對於引發事件或思考的反應與內容是相當重要的（Corey, 2001, p.67），且使用直接或間接方式來修正錯誤的思考模式，治療師教導當事人先與自己的認知保持一段距離，然後可以客觀地檢視與評估自己的思考、分辨評估與現實的差異，接著就可以修正自己扭曲的認知（Lester, 1994）。扭曲的思考造成「選擇性的注意」及對結果不正確的預測（Forey & Goodrick, 2001）。Beck提到憂鬱症患者的「認知三角」，就是對於自己、周遭世界與未來持負面、悲觀看法。

　　治療師則是協助憂鬱的當事人列出自己的責任所在、事情的優先次序，然後發展一個實際有效的行動計畫（Corey, 2009）。治療模式一般是：對目前問題的描述、解釋事情為何與如何發展的、分析問題持續的關鍵點與假設（Westbrook, et al., 2008, p.37）。Beck甚至發展了「貝氏憂鬱量表」（Beck Depression Inventory, or BDI）與「貝氏自殺量表」，常常使用在一般學校與臨床治療上；BDI主要就心理（情緒、想法、動機與行為）及生理症狀（睡眠、飲食、疲乏與體重）兩個層面作探究。

小博士 解說

　　NATs是指我們從生活周遭或是自己內心所衍生的一些負面評價或解釋，會影響我們的感受與行為，而只要我們專心去想、去看，就可以很容易辨識出這些NATs。

Beck 與 Weishaar (1989, p.296) 列出了一些常見心理疾病的「認知側面圖」
(cognitive profile)

疾病名稱	資訊處理的系統性偏誤
憂鬱症（depression）	對自我、經驗與未來持負面看法
輕躁症（hypomania）	對自我與未來的誇大想法
焦慮症（anxiety disorder）	對生理與心理危險的感受
恐慌症（panic disorder）	對身體與心理經驗的災難式解讀
恐懼症（phobia）	在特定、不可避免的情境感到危險
偏執狀態（paranoid state）	歸因於他人的偏見
歇斯底里症（hysteria）	對動作或感受的不正常觀念
強迫思考症（obsession）	對安全的重複警告或懷疑
強迫症（compulsion）	運用特殊儀式來抵擋覺察到的威脅
自殺行為（suicidal behavior）	對解決問題的無望感與無能
厭食症（anorexia nervosa）	害怕變胖
慮病症（hypochondriasis）	歸因於嚴重的醫療疾病

✚ 知識補充站

　　自動化思考（automatic thoughts）是個人化的念頭（personalized notions），是受到特定的刺激所引發的情緒反應。Beck 認為，人的情緒困擾主要是「邏輯謬誤」的結果（logical errors），也就是當個人遭遇到不愉快或挫敗情境時較容易出現，而不適應是由於扭曲的認知（distorted cognitions），因此有些念頭會自動出現來「解釋」目前的況狀（像是「我連這個都做不好，我是一個輸家」），這就是「自動化思考」。

6-5 認知治療（三）

六、可能思考謬誤

每個人的「想法」只是一種看法或觀點，並不一定是「事實」（Westbrook, et al., 2008, p.116），認知治療諮商師會與當事人一起檢視可能的認知謬誤。

可能的思考謬誤如下（Corey, 2009, pp.288-289; Kellogg & Young, 2008, p.48）：

（一）武斷推論（arbitrary inference）——沒有相關支持證據就做結論，包括「災難化」（catastrophizing），像是：「你看，沒有人喜歡我！」

（二）「斷章取義」（selective abstraction）——以單一細節或事件來評斷一種情況或下結論，忽略了大的、整體面向。如：「我上課連（一個）學生都打瞌睡了，可見我上課很無趣！」

（三）「過度類化」（overgeneralization）——以一些特殊條件來形成規則，從一件事就延伸、拓展到全部，像是：「我連這種小事都做不好，以後就根本不可能成功的！」

（四）「誇張或小化」（magnification or minimization）——將事情看得比實際要嚴重或不重要。如：「完了，我錯了一題，全都完了！」或「沒人理我也沒關係，我自己活得很好！」

（五）「個人化」（personalization）——將一些外在事件與自己連結在一起、變成自己的責任，事實上是根本不相關的，像是：「他本來可以得到這個工作，是我害了他！」

（六）「兩極思考」（dichotomous thinking）——將事情區分為兩極，常常會有「全有全無」或「非黑即白」的想法或解釋，像是：「如果我連母親這個角色都做不好，我不是很失敗嗎？」

（七）「標籤」或「錯誤標籤」（labeling or mislabeling）——只是將某人不足或是缺陷的部分凸顯出來，像是：「斷眉的不是處女」或「貧窮起盜心」。

小博士解說

建構主義（constructivism）者認為，每個人對於事件的解釋，會因為自己經驗、背景、甚至角度的不同，而有差異，這些解釋可能不是事實，但是當事人卻信以為真！這就是「自我定義」（self-definition）的自由，而「主流」價值觀主導社會可接受的行為、善惡與事實，也是建構主義所強調的，建構主義的理念在後來認知行為治療的發展也有影響力量（Kellogg & Young, 2008, p.46）。

憂鬱症患者的「認知三角」（cognition triad）思考模式

對自己

「我的情況
不可能變好」

對未來　認知三角　對周遭世界

「情況都不會
變、只會
更糟吧」

「我擔心的事
也不會變好」

幾個認知的偏誤（Westbrook, et al., 2008, pp.115-116）

	陳述例子	謬誤種類
1	「我都一直出差錯，我不能相信任何人，我注定要失敗！」	極端思考（包括「不切實的期待」與「災難化思考」）
2	「他表示好意，一定是有求於我。」	選擇性注意（包括「過度類化」、「心理篩選」、「忽略正面資訊」、「誇大」或「小覷」）
3	「我可以控制我的酒量，不必擔心。」	仰賴直覺（包括「太早下結論」、「情緒化推理」）
4	「活動辦不好都是我的緣故，我主持太爛了！」	自我責難（包括「個人化」、「自責」或「自我批判」、「責罵」）

✛ 知識補充站

一般的諮商大概都是「認知治療取向」，就是注重當事人所說的，並以語言為媒介，提供當事人不同思考方向或企圖說服當事人做改變，而認知理論不同的是：治療師會針對當事人的信念做嚴格檢核、並以舉證方式來檢視其真偽。

6-7 認知治療目標與過程(一)

一、治療目標

　　治療目標通常是從減輕當事人目前的症狀開始，接著釐清並協助當事人檢視自己的「自動化思考」，並做必要之修正，最終是消除當事人思考的系統性偏誤，而讓當事人成為自己的治療師（Moorey, 2007），可以有效處理自己的困擾。

　　認知治療是短期治療，也是學習的歷程，其治療目標有三個：（一）解除症狀、解決問題；（二）協助當事人獲得新的因應策略；（三）協助當事人修正認知架構，以防復發（Moorey, 2007, p.307）。

　　Beck認為認知治療的策略有：合作式經驗主義（collaborative empiricism，將當事人視為一位科學家、積極參與治療，此時主要是以產婆式問句進行）、引導式發現（guided discovery，從當事人目前的錯誤知覺循線去連結過去的相關經驗，去經歷新的經驗，藉此讓當事人修正錯誤信念與假設）（Beck & Weishaar, 1989）。

二、治療過程

　　Beck與Weishaar,（1989, p.305）認為有效的心理治療必備的三個條件為：完整的架構、當事人情感的投入以及現實測試。

　　認知治療是屬於短期治療，通常治療是從釐清問題開始，然後治療師會讓當事人熟悉認知治療的模式，協助當事人看見情緒與認知之間的關係（用生活案例的解釋或是閱讀認知治療相關書籍）。治療師基本上是聚焦在「問題」，接著是檢視其信念或基模的合理與否，然後就要讓當事人進入現實世界去檢視其信念（或基模）之可信度，發展新的因應方式（Beck & Weishaar, 1989; Kellogg & Young, 2008）。

　　認知治療主要是以蘇格拉底的「產婆式」對話進行，包括釐清與定義問題，確認思考、想像與假設，檢視事件對當事人的意義為何？檢視持續這樣錯誤認知與行為的後果為何？同時也運用一些實驗來檢視基模的有效性（Beck & Weishaar, 2005, cited in Kellogg & Young, 2008, pp.51-52）。

　　Kellogg與Young（2008, p.51）因而簡單地將認知治療分為兩階段：

　　（一）建立治療關係，讓當事人了解認知治療的治療模式、了解問題與徵狀、安排關切議題的優先次序、認出「自動化思考」（或是第一層支持情緒困擾的認知或想法）。

　　（二）釐清與改變潛在的基模或信念。

　　近年來，認知治療師會在治療初期就強調核心信念與了解底下的假設，也將注意力放在童年時發生的事件與治療關係，同時注重當下的生活問題，稱之為「基模焦點治療」（schema-focused therapy, Hollon & DeRubeis, 2004, p.46）。

小博士解說

　　認知治療過程中，治療師與當事人一起擬訂「切實有效」的計畫是很重要的，此是指具體、可評量、可完成、符合實際、有時間限制的計畫。

認知治療的程序

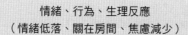

情緒、行為、生理反應
（情緒低落、關在房間、焦慮減少）

自動化思考
（如「我不能這樣待著，我必須有行動！」）

自動化思考
（如「我不能這樣待著，我必須有行動！」）

中間信念
（指態度、規則、假設，如「我本來就是要受苦的」、
「受苦總比沒有感覺要好」、「我將永遠是這個模樣」）

核心信念
（如「我是無能的」、「沒有人愛我」）

✚ 知識補充站

治療師協助當事人檢視自己的「自動化思考」步驟

　　對照現實情況→找出思考中的謬誤→協助當事人檢視自己的推論是否正確→當事人
意識到自己是如何達成結論

6-8 認知治療目標與過程（二）

三、治療關係

認知治療很注重治療關係，治療師與當事人是合作的夥伴、與當事人一起努力解決問題，諮商師也是一位「調查員」，引導當事人自我發現，慢慢探索當事人所關切的議題與經過，治療師會藉由評估與找證據的過程，協助當事人找出扭曲或失功能的認知，然後當事人學會做更切實際的思考（Corey, 2009），其目的就是鼓勵當事人經由認知型態的自我檢視，可以有更多適應性的思考（Forey & Goodrick, 2001）。諮商師最忌諱給予當事人建議該如何思考，或是直指當事人這樣的想法不對，因為還未清楚當事人的想法與問題背景就輕率給予忠告，不只會破壞治療關係，也損害了治療成果。

四、認知治療技術

認知治療的技巧主要是用來將資訊處理過程移往更具功能的方向，同時修正一些基本信念來避免錯誤解讀。認知治療所使用的技術包含許多，除了Beck研發的治療方式與程序之外，還有放鬆練習、系統減敏、心理與情緒想像、認知與明確示範、停止思考（thought stopping）、認知重建、冥想、生理回饋、語言神經計畫與「眼動減敏及歷程更新療法」（EMDR）等（Gilliland & James, 1998）。其主要使用的技巧可歸為蘇格拉底式對話、認知與行為技巧等類。

（一）蘇格拉底式對話

Beck的CT治療過程是採用「產婆式」（或蘇格拉底式，Socratic dialogue）的對話。主要是先定義當事人所使用的關鍵語句，讓彼此更清楚其具體意義，然後了解當事人是依據怎樣的規則？有沒有證據可以支持？將當事人對問題的陳述視為可以測試的假設，其主要目的是要當事人自己去思考，而不是因為治療師的威權而接受治療師的觀點，可以鼓勵當事人重新去看自己的情況與相關的部分，也可以改變態度、感受與行為，所以會使用四種問話（「結果如何」、「有任何證據嗎」、「有沒有相反的證據」、以及「有無其他的看法」）（Westbrook, et al., 2008, p.92）。產婆式對話是要讓當事人可以有新的學習，需要治療師以問問題方式蒐集有關當事人未能覺察的、自動思考的資訊。

（二）行為技巧

行為技巧像是測試假設、曝露治療、行為預演或角色扮演、安排活動與家庭作業（Beck & Weishaar, 1989）。所以治療師運用認知作業（包括寫日誌或記錄）、想像、角色扮演、演練或預習、實驗、放鬆練習、冥想、呼吸控制、運動、肯定訓練等，這些也都可以成為當事人的「家庭作業」，用來維繫或維持治療效果。此外，「安排活動」、「評估精熟度與快樂程度」、「漸進式作業」（graded task assignments）、以及行為實驗等行為技巧（Moorey, 2007）也在使用之列。

產婆式對話目的（Beck & Weishaar, 1989, p.302）

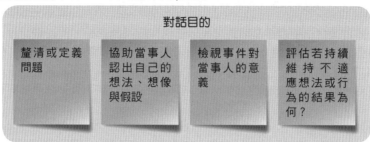

對話目的			
釐清或定義問題	協助當事人認出自己的想法、想像與假設	檢視事件對當事人的意義	評估若持續維持不適應想法或行為的結果為何？

認知技巧

技巧	說明
「去災難化」（decatastrophizing）	就是「如果……怎樣……」（what if）的問句，協助當事人去準備最害怕的結果。
「去歸因」（deattribution）	以可能的不同結果來測試自動化思考與假設。
「重新定義」（redefining）	讓那些自認為失控的當事人可以更有動力。
「去中心化」（decentering）	用在焦慮當事人身上，因為他們相信自己是每個人注意的焦點。
「認知重建」（cognition restructuring）	確認與挑戰在特殊情境下的不適應想法，著重在當下這個認知對於情緒與生活功能的影響為何。
問題解決過程	「問題概念化」→選擇適當策略→選擇執行方式或技巧→最後是評估技巧之有效程度。
其他	「認出負面自動思考」、「測試負面自動思考」、「現實測試」、「找出其他變通之道」、「重新歸因」、列出優劣勢等。

＋ 知識補充站

生理回饋（biofeedback）

運用科技方式讓當事人知道自己的生理狀況，如血壓、心跳、脈搏、呼吸等數據，然後運用心理的想像方式改變這些呈現的數據。

語言神經計畫（neurolinguistic programming）

一般人是經由五官來處理資訊，治療師可以運用當事人主要處理資訊的管道，例如「眼睛所見」的，來了解當事人內在世界或所要表達的為何。

6-9 認知治療與理情治療的異同

　　認知治療與理情治療幾乎是同時出現，而兩位學派的創始人也身體力行，在研究與實務方面的成就斐然！Ellis甚至工作到過世之前，而同時也極願意與其他研究者發表相關論文，他對於自己學說的開放與寬容的態度，讓不少後進者更願意為理情理論與實務貢獻力量。Beck的子女也投入認知治療的行列，對諮商理論與臨床工作貢獻很大。

　　兩個學派的相同點有：

　　（一）兩位認知治療取向的創始者彼此之間有密切聯繫，他們同樣強調「信念」與「詮釋」在病態心理的發展與維繫的影響力。

　　（二）兩個理論都指出，一般人均有不必要的自我困擾，因而導致自我貶低、低挫折忍受力、要求太多、甚至在不如意時有災難化思考。

　　（三）治療過程中包含許多教育心理的訓練。

　　（四）兩學派治療目標都是希望當事人最後成為自己的治療師。

　　（五）治療是主動、直接、短期、注重當下與問題導向，治療也是合作關係、有建構且實證性的、運用家庭作業，同時需要明確指出問題與發生的情境。

　　其相異點為：

　　（一）Ellis的治療取向基本上是哲學性的，而Beck的治療取向是以個人科學為依據的。

　　（二）治療過程中，Ellis會直接挑戰有問題的信念，Beck則會協助當事人探索思考的全面向，與當事人一起試驗、採證，蒐集對信念支持或反對的證據。

　　（三）Ellis相信所有心理病學底下都以「要求」（demand）為核心原則，而其展現形式則是「應該」與「必須」，也強調共通的原則，因此理情行為治療師較為強勢。

　　（四）認知治療師認為失功能的信念在妨礙正常認知過程時就會有問題，而不是直指那些信念就是失功能，其做法是邀請當事人自行選擇要改變的關鍵認知模式與方向，治療型態較為緩和。

　　（五）認知學派認為每一種困擾都有其典型的認知內容，但是REBT卻假設所有的困擾都有相似的非理性信念。

　　（六）認知治療從「歸納」模式出發，協助當事人將解讀與信念轉為「假設」，然後測試其真實確性，理情治療則是從「演繹」角度出發，直接指出非理性信念。

　　（七）認知治療比REBT更注重治療關係，而其使用的方式也較不強勢（使用產婆法）、引導當事人可以自行去發現一些偏誤邏輯與自動思考，讓當事人成為自己的治療師。

　　（八）認知治療較著重於實際問題的解決，而理情行為治療則是側重於問題所引起的情緒。

　　（九）認知學派認為問題有其功能性，但是REBT卻視為是「哲學性的」問題。

Donald Meichenbaum 的認知行為治療

「認知行為改變技術」 （Cognitive behavior modification, or CBM）	◎ 運用「認知修正」與「技巧訓練」作為因應技巧。 ◎ 結合了認知與行為治療的主要元素，其目的是改變當事人的自我陳述（self-verbalization）。
「自我指導訓練」 （self-instruction training）	◎ 用來發展一連串的反應模式，「認知」是反應連鎖行為中的一部分，主要聚焦於當事人在「自我對話」（self-talk）的覺察。 ◎ 進行方式先是讓當事人觀察與了解自己在緊張情境下的情緒行為反應，開始新的內在對話、也學習新的技巧，然後以「自我指導」的方式讓自己可以對抗消極反應，也就是使用當事人積極有效的「自我陳述」（如：考試不是因為我緊張，而是正常生理反應）、放鬆療法、以及對抗消極的自我陳述所採取的一系列步驟。
「壓力免疫訓練」 （stress inoculation training, or SIT）	◎ Meichenbaum 認為，當事人未能因應壓力，主要是對情境的不正確評估以及缺乏特殊技巧使然。 ◎ 一般人在面對壓力時可採用的「壓力免疫訓練」，包括資訊給予、產婆式討論、認知重建、問題解決、放鬆訓練、行為演練、自我監控、自我指導與增強，以及修正環境。

註：Meichenbaum 認為行為的改變是內在語言、認知架構、行為與結果的互動產物，個體不是負面思考與感受的受害者，而是實際也參與其中。

自我對話

　　Meichenbaum 認為我們自己會進行內在的自我對話，但是自己卻不自知。許多「自我對話」是很負面的，也是一種習慣，因此治療師協助當事人覺察自己的「自我對話」，接著才做「自我對話」的改變，就會有一番新氣象。

✚ 知識補充站

　　「家庭作業」是認知治療很重要的一部分，不僅可以用來蒐集資訊、提供將治療所學運用在生活上的機會，也可以讓當事人真正去體驗。在給當事人作業之前，需要與當事人協商，並說明作業的意義與功能、清楚的方向、可能遭遇到的干擾等，也就是在規劃「家庭作業」時，需要與諮商時段所發生的有關聯、合理有邏輯、符合當事人之生活情況、要有周詳規劃（並防止可能之困難或問題）。

6-10 溝通交流分析學派（一）

一、溝通交流分析學派的基本理念

溝通交流分析理論（transactional analysis, or TA）曾經在國內風行一時，創始人是 Eric Berne（1910-1970）。Berne的主要興趣在溝通理論，他的理論思考受到兩個人的重要影響，包括 Paul Federn 讓他對自我心理學萌發興趣、思考人格的建構，而 Eric Erickson 提醒 Berne 注意社會與發展對於人格形成的影響（Lister-Ford, 2002, pp.1-2）。

TA 是精神分析的一個簡易、完整的觀念，其哲學立論有三：（一）人有內在價值，也有能力去與人聯繫、解決問題；（二）人會思考；（三）人會做決定，而決定也決定了人的命運（Tudor & Hobbes, 2007），換句話說，TA 的基本立論是：人類都是良善的，每個人有能力思考，人們決定自己的命運、而這些決定是可以改變的（Stewart, 1989, p.1）。

TA 源自於精神分析、認知行為學派，也有存在的思考、現象學的含義（Lister-Ford, 2002），TA 提供了一個人格理論、溝通理論、兒童發展理論與病態理論（Stewart & Joines, 1987, p.3）；TA 重視的不只是表面上的人際互動，還深入探索互動兩造間的心理歷程。

TA 的發展階段是從1960年代 Berne 發現了三種自我狀態，在接下幾年著重在「遊戲」，看見溝通訊息下隱藏的社會意義，而第三階段則是將重心放在腳本分析（script analysis）上；1970年代則是 Gouldings 夫婦將完形的理念融入，創造一個「再決定治療」（redecision therapy）（Gilliland & James, 1998, pp.165-166）。

（一）我狀態模式

TA 最著名的就是「自我狀態模式」（ego-state model，或稱「PAC模式」），是一組相關的行為、思考與感受（Stewart & Joines, 1987, p.4），是個人外顯、可觀察的心理狀態（Goulding & Goulding, 1979/2008, p.13）。「自我狀態」基本上是借用佛洛伊德的三種人格結構做延伸，但是 TA 所指的三種自我狀態是在真實的行為中展現的（Gilliland & James, 1998, p.167），「自我狀態」與個人的特殊認同有關，佛洛伊德的則是一般的，而且每一個「自我狀態」都包含佛氏三種自我的影響（Stewart & Joines, 1987, p.17）。TA 理論讓我們了解：內在世界不僅影響我們與他人的互動，也影響到互動模式本身（Lister-Ford, 2002, p.2）。

在諮商現場，治療師首先在「初次晤談」時，就可以檢視當事人的自我狀態：1.當事人對於諮商的感受如何（兒童自我）？2.當事人對此的價值觀與判斷為何（父母自我）？3.當事人的實際經驗為何（成人自我）？（Lister-Ford, 2002, p.23）。

（二）自我狀態出現問題

「自我狀態」是一種發展模式，主要是說明早期經驗（兒童），重要他人的影響（父母），以及將前兩者整合到當下的現實（成人）（Lister-Ford, 2002, p.2）。一般人可以在適當時機選擇最有用的自我狀態，且三種自我狀態會維持一種平衡，不會趨於極端。

TA 的自我狀態

將早期經驗（兒童）、重要他人影響（父母）、統整到當下有效的現實上（成人）。

主要是描述人格在內在（intrapsychic）、人際關係中的過程。

每個人在與人互動時，內在都有三種自我狀態（兒童、成人與父母），而這三種狀態會影響彼此間的互動情況與效果，也是建構一個人人格裡的思考、感受與行為的一致系統。

「兒童自我」是重現當事人小時候的經驗，「父母自我」則是童年時自父母親身上所模仿學習或是借來的，「成人自我」則是對於當下情況的直接反應，將這些整合到個人人格之中。

健康平衡的人格需要這三種自我狀態，需要「成人」來做當下的問題解決、讓我們可以成功有效地處理生活中的課題，需要「父母」讓我們可以適應社會生活，而「兒童」讓我們可以自發、創意地享受生活。

三種自我狀態

自我狀態	說明
兒童自我 （child ego state）	1. 是藉由感受與直覺的反應來尋求個體的滿足。 2. 有與生俱來的衝動（如愛、感情、創意、攻擊、叛逆與自發性）。 3. 往往是個人過去未竟事務的殘渣。 4. 是早期經驗、反應與對自我與他人「位置」（positions）的紀錄。 5. 依功能分為「自然兒童」（nature or free child）（人類與生俱來的自然反應，包含愛、恨、好玩有趣、喜樂、氣憤與衝動，基本上較少受到社會化的影響）與「適應兒童」（adapted child）（是經由環境淬煉的結果，也就是從經驗或結果裡所學習到的罪惡感、悲傷、悔恨等等，是為了生存與適應而產生的）。 6. 處於「自然兒童」階段太久，會被視為失控或不負責，但是若處於「適應兒童」太久則被形容成抱怨、妥協、叛逆或勤奮的，似乎掙脫不了父母的監控。 7. 在「兒童」裡慢慢浮現的「父母」稱之為「小教授」（Little professor），是本能、創意與操控的來源，其功能是協調「自然兒童」與「適應兒童」。
父母自我 （parent ego state）	1. 提供界限與限制來保護個體。也就是提供保護、照顧與關切的角色。 2. 是從上一代或是文化裡所傳承下來的圭臬或準則，包括許多的價值觀、禁令與應該，也可以是從重要他人那裡所內攝的、未解決的議題。 3. 依其功能區分為「挑剔父母」（critical parent）（批判責求多）與「慈愛父母」（nurturing parent）（支持與愛護多）。 4. 「挑剔父母」是壓制性的、有偏見、使用權力、嚇人與掌控型的，基本上是運用外力來逼人就範，這類父母太多可能導致攻擊型人格，太少則會造成被動消極人格；反之，太多「慈愛父母」則產生不可駕馭的性格，太少則是思慮不周、缺乏體諒的性格。
成人自我 （adult ego state）	1. 指邏輯、理性的自我，是不涉及情感的部分。 2. 其功能聚焦在資料分析、可能性評估與做決定。 3. 主要是維持或調整情感「兒童」與僵固「家長」之間的平衡。 4. 會將外面世界的一切作檢視與列表，將現實情況帶入內在觀點中作考量。 5. 類似「裁判」的角色，試圖調節父母的「要求」與兒童的「想要」之間的平衡，提供方法與解釋理由。 6. 有點像是「觀察者」或是電腦的角色，太多則無趣、太少又不合理。

6-11 溝通交流分析學派（二）

治療師在初見當事人時，就可以觀察與了解當事人的自我狀態為何？可以探索當事人四個面向的自我狀態（行為、社會、歷史與現象學的自我狀態）（Berne, 1961, cited in Stewart, 1989, p.32），不管是從行為上的觀察（如用字遣詞、語調使用、手勢、姿態或面部表情）、社會互動（從他人那裡得到的反應如何）、歷史經驗（詢及當事人童年經驗裡的重要人物）、以及現象學的主觀體驗（當事人是否是在諮商現場重新體驗了當時的場景與感受）等線索得知。

每個人都擁有「孩童」、「父母」與「成人」三種自我狀態，只是分配情況可能不同（例如有人有較強的「父母」狀態、較少的「孩童」）、或是自我狀態太僵化，都可能造成問題，因此協助當事人在不同情境或是面對不同的對象時，其自我狀態可以有彈性、發揮功能，也是TA的治療目標。

（三）不同溝通模式

TA的治療目標就是聚焦在人們所玩的人際遊戲上，而這些遊戲目的就是逃避與人互動時的親密（George & Cristiani, 1995）。TA最著名的、也是廣為一般讀者所熟悉的就是「溝通分析」。一般的溝通都存在著「社會」（social, 或「明顯」）與「心理」（psychological, 或「隱藏」）兩層訊息，前者是與說話者所處的社交圈有關，心理的訊息則是真正溝通的意義。TA學者認為：我們的溝通交流（transactions）就是內心世界的直接反映（Lister-Ford, 2002, p.115），任何溝通的行為結果都取決於心理層面、而非社會層面（Stewart, 1989, p.4），而當事人最先展現的交流，通常就是最能單純表達目前自我的一種情況（Lister-Ford, 2002, p.25）。

1. 平行或互補溝通

在我們與人溝通過程中，常常會先入為主帶有一些「期待」出現，如果對方反應是自己所期待的，就是「平行溝通」（parallel transactions，對話雙方有同樣的自我狀態）或是「互補溝通」（complementary transactions，對話雙方是互補的自我狀態），而其反應是適當的、可以預期的（George & Cristiani, 1995），這樣的溝通可以一直持續下去。

2. 錯或交叉溝通

但是如果所期待的反應沒有出現，就可能會有問題，且溝通不能持續，這是「交錯（叉）溝通」（crossed transactions，非平行溝通，接收訊息者以不同於發送者所針對的自我狀態來應對），溝通很容易陷入瓶頸或斷裂，除非其中反應者願意做適當改變，要不然溝通其中一方或兩者會覺得受傷、生氣或被誤解（George & Cristiani, 1995）。

3. 曖昧或隱藏溝通

「曖昧溝通」（ulterior transactions）含有兩個層面（社會層面與心理層面）的溝通，而且常涉及兩個以上的自我狀態，溝通時一個訊息是在社會層面發出（通常是「成人－成人」），而另一個隱藏的訊息卻是在心理層面發出（像是「兒童－父母」）（George & Cristiani, 1995），心理層面的訊息是曖昧的，也就是它所設定的自我狀態不同於社會層面鎖定的（Gilliland & James, 1998, p.171）。

「自我狀態」圖示

NP（慈愛父母）	P（父母自我）	CP（挑剔父母）
	A（成人自我）	
FC（自然兒童）	P（兒童自我）	AC（適應兒童）

例：某人的自我狀態情況

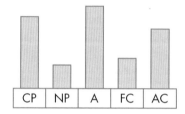

自我狀態出現問題的幾種情況

問題類型	說明	舉例
「汙染」（contamination）	個人自我狀態間的界限被破壞了，其成人狀態受到兒童或／及父母狀態所汙染，造成誤將父母或孩童狀態中的訊息當作客觀正確的資料，個人以為自己表現出來的是某個狀態（如「成人」），但事實上不是（如表現出「兒童」狀態），就會產生偏見（來自父母狀態的汙染）或將幻想視為真實（來自兒童狀態的汙染）。	◎「男人都不是好東西！」（受「父母」狀態汙染）。 ◎「我才不碰毒品那東西、一碰就死人！」（受「孩童」狀態汙染）。 ◎「男人不可信，我不能信任任何男人！」（受「父母」偏見與「孩童」害怕狀態汙染）
「排除」（exclusion）	三種自我狀態中，有一或兩種狀態常常控制一個人的行為。	◎一個人表現出威權（「父母」狀態主控）。 ◎表現得像無情緒的電腦（「成人」狀態主控）。 ◎不負責任的人（「兒童」狀態主控）。
「三種自我狀態互相干擾」	也就是其自我狀態沒有作用，治療目標之一也就是「去汙染」，協助當事人分辨事實與幻想。	最常見於思覺失調症（精神分裂症患）者，例如聽見父親的聲音、但是醫生告訴他父親已死。

6-12 溝通交流分析學派（三）

（四）生命腳本與生命位置

TA提到每個人的「生命腳本」（life script），是在七歲之前就已經形成的潛意識生命計畫，是對外在影響與內在脆弱而做的反應，其功能是為了存活之用，也會有代間傳承（Lister-Ford, 2002）。「生命腳本」的決定主要是為了「解釋未獲滿足的需求與未竟的感受」（Erskine & Zalcman, 1979, cited in Stewart, 1989, p.23）。

父母親會給孩子不同的「資訊」，影響孩子生命腳本的形成。「允許」（permissions）的訊息是給孩子無條件的正向安撫、有助於成長，而「腳本訊息」（script messages）則是負面、限制或破壞性的資訊，是抑制成長的（Gilliland & James, 1998, p.169）。

（五）安撫、雜渣與遊戲

Berne（1961）強調「渴求刺激」（stimulus-hunger，刺激的需求及與人接觸）是發展的必要因素（cited in Stewart, 1989, p.16），因此個體會尋求正向或負向的「安撫」（strokes）（包括身體與情緒的），用不同的方式來滿足所需要的「安撫」。

生命腳本會讓個人玩弄不同的「遊戲」（games）（遊戲是重複的行為模式，且導致我們所熟悉的「不良」感受）（Lister-Ford, 2002, p.3）。「遊戲」也是一種「交流模式」（transaction pattern），其目的是獲得每個人想要的「安撫」，這個「安撫」類似阿德勒學派的「認可」（recognition）動作。

每個人都需要「安撫」作為人際互動的基本動機，也是心理健康的重要指標（Gilliland & James, 1998, p.168），如果未能得到自己想要的「安撫」，就可能造成負面情緒的結果，稱之為「雜渣」（rackets，或「扭曲的感覺」）。「雜渣」意味著個體在生命腳本裡所重複的行為、想法與感受模式（Stewart, 1989, p.21），這些「雜渣」通常是幼年時自父母親身上所習得的，用來確定自己「生命位置」的不良或負面感受。「雜渣」通常是個人原生家庭中不被允許出現的感受替代品，而一般人喜歡蒐集一些自己偏愛的「雜渣」，像是罪惡感、憂鬱、笨拙等，來增強與確認自己的生命腳本，這些特別品牌的「雜渣」又謂之「交易郵票」（trading stamps，就像是我們集點去超商換取贈品一樣），代表某種遊戲結束時的特定情緒反應（Gilliland & James, 1998, p.172; Stewart, 1989, p.26）。

遊戲是一連串互補的「隱密（或曖昧）溝通」，朝向一個可預測的結果（Tudor & Hobbes, 2007），「遊戲」是以交換「雜渣」開始，可以一直持續下去，結束時，玩遊戲的人感受都很不好，除非其中一人突然改變了角色（像是由「受害者」變成「加害者」），遊戲才會停止（Stewart, 1989, pp.72-73）。

生命位置（Gilliland & James, 1998, p.169）

我好你好 （I'm OK— You're OK）	我好你不好 （I'm OK— You're not OK）	我不好你好 （I'm not Ok— You're OK）	我不好你也不好 （I'm not OK— You're not OK）
兒童剛踏進這個世界的感受，這是「贏家」（winner's）的腳本。	兒童不被善待，這是「偏執狂」（paranoid）的腳本；	兒童的需求沒有被滿足，這是「沮喪」（depressive）的腳本。	缺乏安撫或獲得極度負面的安撫，這是「無望」（hopeless）的腳本。

註：這也是治療時「自我狀態功能分析」（functional analysis of ego-states）裡的內容。

Eric Berne 對一般人的生活方式分類（Goulding & Goulding, 1979/2008, p.31）

生活方式	舉例
退縮	如做白日夢或睡覺
儀式	如參加典禮或日常生活習慣
消磨時間	如聊天、逛街
活動	如工作、運動
玩心理遊戲	交換安撫或累積雜渣
親密	與人真誠的互動

✚ 知識補充站

從父母所傳達的病態訊息有兩類（Goulding & Goulding, 1979／2008, pp.36-39）

1. 禁止訊息（injunction）：來自父母痛苦的兒童自我狀態，包含不可告人或是痛苦挫折的需要，如「不要做」、「不要活」、「不要親近」或「不重要」等。
2. 應該訊息（counterinjunction）：來自父母的父母自我狀態，其功能為限制個人，也包含宗教、種族、性別刻板印象，如「要堅強」、「要努力」、「要完美」等。

註：一般人容易遵守「禁止訊息」，但是同時內心未滿足需求的痛苦情緒卻依然存在。

6-13 溝通交流分析學派（四）

二、TA 治療目標與過程

Berne 原先的治療目標是要讓當事人達成社會控制（不管是徵狀或是失能行為）、徵狀解除、移情療癒（transference cure）與腳本療癒（script cure）。

TA 並不將治療重點放在情緒的宣洩上，因為情緒宣洩不一定具有治療效果，而且可能會讓當事人更陷入、確認其腳本信念。也許在治療初期，治療師會讓當事人做適當的「雜渣」情緒宣洩，目的是要找出當事人可能隱藏的信念，但諮商師最重要的工作則是讓當事人將「雜渣」情緒的發洩轉為「真誠」感受（也是將「情緒」的責任由外在因素轉為當事人自己的責任），而這樣的情緒轉換正是改變（也就是「再決定」）的開始（Stewart, 1989, pp.126-128）。

有效的 TA 治療師善於觀察，尊重自己與他人、相信自我的責任與自主、謙虛與真誠，也展現不同的溝通型態，另外也注意同理，留意當事人最初的溝通模式可能就是自然展現當事人很重要的交流型態，同時也與當事人建立「互補」的溝通模式（Lister-Ford, 2002, pp.19-20）。

有效的 TA 介入方式就是面質當事人的生命腳本，邀請當事人可以慢慢走向自主，諮商師不斷地呈現給當事人在自己成長的現實中可以取得的其他選項，同時也邀請當事人在所處的現況中測試其腳本信念（Stewart, 1989, p.27）。TA 強調治療師選擇的介入方式、與當事人所訂立的契約、以及對當事人的診斷這三者形成了「治療方向」，這是有效的處置計畫所必需的（Stewart, 1989, p.9），而 TA 也強調當事人對自己感受、想法與行為及改變的責任，因此治療師在諮商過程中與當事人的責任分攤也是契約內容之一（Stewart, 1989, p.2），而且治療契約中所使用的語句是正向的、沒有負面（如「不要」或「停止」）的字眼。

讓當事人學習區辨自我狀態的功能也是必要的，主要是從所使用的字彙、音調、語氣、音量、說話速度、身體姿勢的改變等判斷，而當事人的自我狀態改變之後，也會發現其身體姿勢的改變；在當事人覺察自我狀態的改變之後，就越能夠了解自己的感受、生命腳本與所玩的心理遊戲（Goulding & Goulding, 1979/2008, pp.26-27），進而願意做出改變行動。

小博士解說

「腳本信念」

幼小的孩童將腳本決定（script decisions）組成「生命腳本」，這些決定主要功能是讓其需求可以獲得滿足、存活之用，因而常常有敵意，也往往因為需求無法獲得滿足，因此會壓抑原本真實的感受，倘若將這些腳本決定帶入成年，就是所謂的「腳本信念」（script beliefs）。「腳本信念」通常是在個人無法覺察的意識之外，因此其所表現出來的感受、行為與思考，也是對幼年時候的情況做反應，而不是針對當下的情景。

TA 的治療目標

目標	說明
「自主」（autonomy）	為自己的感覺與想法負責。
發展「覺察」（自我）（awareness）	成人狀態的自我覺察，以破除成人─孩童的迷思。
直覺或「自發性」（表達）（spontaneity）	整合成人自我狀態的自然感受、認知與行動。
「親密」（關係）（intimacy）	以「如是之我」對所關心的人開放與親密的能力。

註：換句話說，TA 的主要治療目的就是讓當事人了解自己的生命腳本、所玩的遊戲、累積的「雜渣」，以及不同形式的「交流」，然後進一步才願意做一些改變，採用新的與人互動方式。

TA 在治療過程中，蒐集與分析以下資訊（Gilliland & James, 1998, p.166）

交流（transactions）	人們彼此所言所行。
腳本（script）	從兒童早期衍生的行為回饋、持續影響目前行為的。
遊戲與不良結果（games and cons）	與他人不良的交流、也導致個人要付出的不良結果。
建構（structures）	每個人不同的自我狀態。

不適合接受 TA 治療的當事人（Lister-Ford, 2002, pp.41-42）

不願意或無法做自我反省者。

不能掌控自己情緒者。

希望擔任被動當事人。

不願意去思考新的觀點或可能性者。

不願意或無法面對治療過程中必然或產生的心理傷痛者。

不願意進入諮商，但卻因其他理由（如誰的建議或轉介）而來談的當事人。

✚ 知識補充站

TA 諮商的步驟（Lister-Ford, 2002, pp.11-12）
　　讓當事人說故事→當事人開始發展頓悟與覺察→修通（working through）階段→再決定階段→後續與結束諮商。

6-14 溝通交流分析學派（五）

三、再決定治療

從TA衍生的另外一派叫做「再決定治療」（re-decision therapy），是由Mary Goulding 與Robert Goulding夫婦所創發，基本上，當事人在治療過程中，要了解他們在童年時期所學習到的規則是如何影響他們目前生活？而現在他們有機會將一些不適用的規則做一些改變，也就是治療師協助當事人擺脫早期決定的限制，重新做有效的決定（George & Cristiani, 1995）。

每個人在幼年時期都會將父母親所教育我們的一些生活規則（該做與不該做的），內攝（射）（injunction）到自己內心裡，然後從此以後就遵循著這些規則過生活，以獲取他人的認可或接納，但是這些規則若一直沿用下來、沒有經過檢視或修正，後來甚至會影響到個體日常生活的運作與功能，因此治療師就會引導當事人重新去經歷（re-experience）早期發生事件的場景（scene），然後重新做更適當的決定（Corey, 2001, pp.124-128）。

所謂的「腳本治療」（script cure）最棒的是讓下一代自過往的負擔中解脫出來（Lister-Ford, 2002, p.8）。以前所決定的腳本可能是錯誤的，需要做適當的修正，才可以讓當事人過更好的生活，那麼就有必要將過去、不合時宜的決定重新審視，看看是否需要以更新進、有效的決定與腳本來取代。

「再決定治療」會從孩童的自我狀態來處理「癥結」（dis-ease，被不同力量拉扯而卡住、因此無法解決問題）。所謂的「癥結」有三種：（一）當事人父母自我狀態與孩童自我狀態的掙扎（問題出在「應該」訊息），孩童為了獲得父母的認同與安撫，依照父母的要求來做，但是忽略自己真正的需求；（二）父母親的父母自我狀態發出的「應該」訊息與其孩童狀態發出的「禁止」訊息時所做的決定，當事人很頑固地堅守著，不能放鬆或是自由；（三）當事人認為自己生來如此，起因是在接受禁止訊息時年齡太小、或是訊息太隱諱了（Goulding & Goulding, 1979/2008, pp.47-51）。

四、TA學派運用的治療技術

TA治療重視過程（Tudor & Hobbes, 2007），因為承自完形與精神分析，因此其諸多技術也沿用完形學派的治療，包括「空椅法」（讓當事人不同的自我狀態做直接對話，用來宣洩情緒或是增強「成人」之功能）（Goulding & Goulding, 1979/2008; Lister-Ford, 2002），此外，也著重「當下」的體驗，注意情緒與身體的感受，運用積極想象，同時鼓勵許多的創意（如Goulding夫婦），提升當事人成人狀態的覺察（免於成人－孩童的汙染），讓當事人去接觸自己「內在的小孩」（早期經驗的殘留），可以更清楚當事人的腳本與早期決定為何。

「再決定治療」的步驟 (Stewart, 1989, pp.139-156)

建立清楚的晤談契約。

→ 邀請當事人重新去體驗新近所發生的場景（也就是當事人來尋求諮商的主訴問題、設定諮商目標）。

→ 邀請當事人重新體驗早期經驗裡與目前相關的場景（讓其問題鮮明化、並知覺要改變的需求）。

→ 讓當事人停留在「孩童自我」狀態時，也了解目前他／她所有的資源為何（覺察當下現實情況）？

→ 邀請當事人停留在「孩童自我」狀態，以目前的資源來重新做決定（邀請當事人做出正向的陳述，並釐清做了新決定之後可能的擔心）。

→ 請當事人回復到「成人自我」狀態，在當下確定他／她所做的新決定（讓當事人可以連結他／她的「成人」功能與新的「孩童」決定）。

→ 執行當事人「成人」狀態的決定（「成人」針對改變的討論，唯有「認知」與「感情」的結合才能達到長效）。

→ 重新協定新行為的契約內容，也就是邀請當事人不斷練習與執行新的決定（新的決定只是開啟改變之門而已，需要後續新行為的練習，才能真正達到改變之目的）。

「再決定治療」與TA不同之處 (Goulding & Goulding, 1979/2008)

與TA不同之處

孩童並不完全是被動接受父母的訊息，而是經過自己的「選擇」。

同時運用情緒與認知技巧，不像TA較鍾情於認知層面。

一般TA治療師認為人們受制於自己的人生腳本，因此治療師需要以「再撫育」（reparenter，很強的「父母自我狀態」）的角色協助當事人重寫腳本，但是Goulding夫婦不以為然，他們認為既然我們能在幼年時寫下腳本，就能靠自己的父母自我狀態來重寫腳本。

認為自我狀態的發展是終其一生都在進行的，是從過去到目前經驗的總和，而不是僅限於幼年期的發展而已。

治療第一步不是分析自我狀態，而是先處理問題、再用自我狀態的觀念來解釋。

註：「再決定」只是一個開始，因為「再決定」之後當事人開始使用新的思考、感受與行動，治療師也期待當事人可以不斷練習「再決定」，成為自己生命的主掌者。

6-15 現實治療（一）

現實治療基本理念

　　現實治療由葛拉瑟（William Glasser, 1925-2013）所創發，「選擇理論」（choice theory）就是現實治療的骨架（Glasser, 1998）。Glasser（1975）定義「現實」包括我們生存世界的限制，現實固然痛苦殘酷，但是會慢慢改變，「責任」則是無法滿足基本需求的表現，「討論」不負責任的行為無濟於事，因此需要積極「行動」，改變才可能產生。

一、關係決定一切

　　早期Glasser認為當事人尋求治療是因為無法滿足基本需求所產生，而所有當事人的共同特徵是「否認周遭現實世界」，因此其治療目標就在於協助當事人接受現狀、在現實世界中滿足其需求（Glasser, 1975）。個體失功能都是因為不滿意目前的關係而起，也就是當事人選擇了無效的方式去滿足自己的需求，但是卻造成了不滿意的關係，因此治療師的功能就是引導當事人做更有效的選擇、採取更有效的方式，來滿足自己的需求以維持滿意的關係（Glasser, 1998; Corey, 2009）。

　　每個人都有一些基本需求（生理與存活、愛與被愛、有權力、自由與玩樂）需要滿足，而每一項需求的強度不同、滿足需求的能力亦異，他認為「愛與隸屬」是最重要的需求（Corey, 2009; Glasser, 1975），因此Glasser注重治療關係。

二、選擇理論與優質世界

　　「選擇理論」是一種內在控制的心理學（internal control psychology），解釋了我們為何與如何為自己的生命做決定。Glasser相信：（一）人們選擇某種行為而進入治療，是因為他們努力去解決目前的、不滿意的關係；（二）治療師協助當事人選擇新的、促進關係的行為，去真正滿足其基本需求；（三）為了滿足每一種需求，我們需要與他人有良好的關係；（四）現實治療著重在「當下」；（五）雖然每個人都曾經受創，但是卻不一定要成為受害者，除非我們自己選擇成為受害者；（六）當事人選擇的痛苦或徵狀不重要，因為這些徵狀會讓當事人逃避真正的問題；（七）現實治療是去創造一個治療師與當事人之間一種「選擇理論」的關係，藉由這種滿意的治療關係，讓當事人可以學習如何改善不良關係（Glasser, 1998; Glasser, 2000, pp.22-23）。

　　我們所有的選擇都是當下我們認為的最佳選擇，只是有些「創意」的選擇卻有不良後果，我們的快樂來源就是與人的關係，倘若關係不能滿足我們的需求，就可能尋求「不需要關係」或「非人」（nonpeople，如吸毒）的快樂（Glasser, 1998）。

　　「選擇理論」說明需求不是「直接」被滿足的，而是我們自出生開始就注意到做哪些事會讓我們「感覺良好」，將這些資訊儲存在大腦裡，在大腦裡，建立一個我們的「想要」（wants）檔案（或稱「優質世界」，quality world），優質世界裡包括我們對於特殊人物的意象、活動、事件、信念、擁有的東西與情境，構成了我們生活的核心，「人物」就是我們優質世界最重要的元素。

TA的貢獻與評價

貢獻	限制
TA算是一種「社會精神病學」（social psychiatry），重視自我與他人的社會面向。	太簡單膚淺、容易被誤用（少數治療師只是濫用那些名詞，或是只重分析、忘了去改變行為）。
以「社會精神病學」的社會覺察及反歧視為精神，希望可以成為改變社會的代言人，因此倡議平等的治療關係。	未將靈性層面納入理論中。
將每一種人際互動視為一個「交流」，還深入去了解人內心裡的動力狀態。	其「療癒」的觀念過於保守、傳統。
使用非精神醫學的簡單易懂語言，讓當事人可以有情緒與人際關係的能力。	完全以「核心家庭」出發的論點受到質疑。
TA也讓心理動力治療少了許多神祕色彩，讓不同文化背景的人也可以從具體的圖形中去了解其理念。	
TA尊重當事人、採取開放溝通（強調諮商師在治療過程中可以說的一切，都可以直接跟當事人說）。	
TA不執著於既定的技巧，鼓勵治療師的創意。	

現實學派治療與傳統治療（特別是精神分析）之差異

（Glasser, 1975, pp.51-71; Glasser, 1998, pp.116-117）

傳統治療	現實治療
相信心理疾病的存在，而且可以做有效分類。	認為當事人被貼上「心理疾病」的標籤，就不能負責地與治療師合作，而診斷只是用來選擇合適的處置方式。
會深入探索當事人的過往歷史、以了解病因。	儘量不涉及當事人的過去，因為了解原因無助於改變現狀。治療不需要去長期探索問題，因為問題通常都是不滿意目前的關係，既然問題是存在當下，就不需要花太多時間去調查當事人的過去。
處理移情的問題。	以真實自我與當事人連結。
強調當事人必得了解自己潛意識的情況、獲得頓悟之後才可能改變。	並不侷限在潛意識的衝突裡。
避免接觸道德議題。	強調行為的道德責任。
不重視「教育」的成分。	聚焦在教導當事人有效滿足需求的方式。
治療師與當事人儘量維持客觀、疏遠的治療關係。	治療師是全心投入。
會花很多時間在探問與傾聽當事人對徵狀的抱怨。	這也是當事人選擇在目前所做的。但是「選擇理論」要當事人相信我們唯一可以控制的就是自己。

6-16 現實治療（二）

三、行為與語言

我們隨時都在「行為」（behaving）。現實治療所謂的「全部行為」（All behavior）就是我們努力去滿足自己需求的最佳企圖，不可分割的四部分（行為、思考、感受與生理）（Glasser, 1998; Glasser, 2000, p.65），這四部分是同時發生的，因此行為都是有目的的，用來讓我們「想要」的與實際要達成的落差縮小（Glasser & Wubbolding, 1995; Corey, 2009）。

人類的全部行為就像是汽車的四個輪子，前輪是「行動」與「思考」，後輪是「感覺」與「生理狀態」，而前輪的運作可以帶動後輪的傳動，任何一個行為的改變，也都可能牽動其他行為之改變（張傳琳，2003）。人因為內在需求而產生「行為」，因此每一個行為都有其目的，治療師的工作就是協助當事人用有效率的方式獲得需求的滿足、或是發展更令人滿意的選擇（Glasser & Wubbolding, 1995）。

Glasser的理念是：我們的行為是自己主動選擇的，而我們唯一可以掌控或改變的也只有自己的行為，但是我們在生活與諮商場域中，卻常常碰到不願意為自己所選擇、所做的行為負起責任的人，甚至是希望他人改變，像是怪罪他人讓自己日子不好過，這也是Glasser起初認為患者需要「治療」的原因，因而Glasser特別強調人選擇行動的「主動性」，他使用了「I am depressing」來替代「I am depressed」，就是這個涵意。

在現實治療裡，諮商師少問「為什麼」的問題，比較常問「什麼、你在做什麼」的問題，主要是因為「為什麼」暗示當事人行為改變的理由，然而事實上卻非如此（Glasser, 1975）！治療師會將當事人所使用的形容詞與名詞轉換成「動詞」，也就是教導當事人：我們不僅是主動選擇自己所抱怨的，同時我們也可以學會做更好的選擇去除那些抱怨（Glasser, 1998）。

Robert Wubbolding（2007, cited in Corey, 2009, p.319）特別提到語言是一種行為，也就是將我們的訊息經由行動表現出來。即使是任何關係問題，都是其中一方或兩方使用了「外在控制」的方式（Glasser, 2000, p.194），一般人所使用的也都是「外控」（external control language）的語言較多，像是「應該」、「必須」或是威脅、處罰、利誘的字眼，這些語言用在人際關係裡會是重大傷害，因此他建議採用思考過後所「選擇」的語言，會讓彼此關係加溫、也減少傷害（Glasser, 2000, p.25）。

四、正向耽溺與負向耽溺

「正向耽溺」（positive-addicting）行為是一般人認為對自己很重要的事，如果不做就覺得生活空虛或乏味，這些「正向耽溺」行為在當事人面臨生命的挑戰或困境時相當有幫助，可以讓當事人更有挫折忍受力、不輕易被倒打或灰心喪志（Halbur & Halbur, 2006, p.69）。反之，人不願意改變、也不採取行動，最後就變成一種「負面的耽溺」（negative-addicting）行為，對自己越不滿意，久而久之形成一種「失敗認同」（failure identity），也容易出現失控的行為。

成功與失敗認同的階段（Glasser & Wubbolding, 1995, pp300-301）

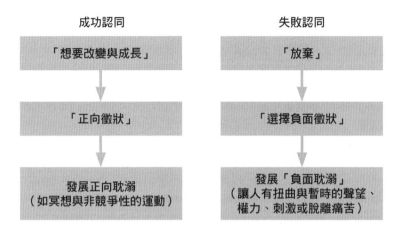

現實治療過程（Glasser, 1972, cited in George & Cristiani, 1995, pp.95-96）

治療進度	說明
1. 涉入（或參與）	溫暖與了解的關係。
2. 聚焦在行為而非感受上	強調當事人知道自己在做什麼。
3. 聚焦在當下	除非過去與現在行為有關。
4. 做價值判斷	當事人要檢視自己所做的，並檢驗是否為負責的行為？
5. 擬定計畫	訂出具體執行計畫，將不負責的行為改為負責任的行為。
6. 做出承諾	計畫只有在當事人願意做出執行承諾時才有價值。
7. 不接受藉口	不是所有計畫都會成功，但是一旦計畫失敗，就要發展新的計畫，而不是檢討為何會失敗？
8. 去除懲罰	計畫失敗無須懲罰，只要繼續執行未來計畫便可。

✚ 知識補充站

語言的力量很大，現實治療師注意到這一點，也因為語言就是「行為」，因此人有選擇的能力，這也免去了當事人為自己找藉口的機會。治療師強調使用「負責」的語言，就是主動找訊息的含意。

6-17 現實治療目標與過程

現實治療學派學者認為每一個行為都有其目的，而治療師的工作就是協助當事人可以用有效率的方式獲得需求的滿足，或是發展更令人滿意的選擇（Glasser & Wubbolding, 1995），這也是現實治療的目標。治療師可以協助當事人評估自己的行為改變是否為自己想要的、其可能性如何？是否可以符合現實世界的要求（Glasser & Wubbolding, 1995）？改變發生通常是：選擇我們想要的、改變我們現在所做的，或是兩者都做改變。

現實治療的目標有：行為改變、做更好的決定、增進重要關係、讓生活更好、以及心理需求可以獲得更有效且滿意的結果，也就是可以學習做更好、有效的選擇，對自己生活更有控制感（Corey, 2009）。現實治療師不會與當事人做無聊的論辯，但是會積極鼓勵當事人採取行動做改變，也因為要當事人負起責任、過負責的生活，因此也不輕言「放棄」，最終則是要當事人成為自己的治療師（張傳琳，2003）。

治療技術

現實治療學派較少提及「技術」層面的運用，然而從不同的著作裡（如張傳琳，2003；Wubbolding & Brickell, 1999/2003）可以發現，除了一般的諮商技術如同理、專注、傾聽（主題與隱喻）、適當使用幽默感、自我揭露、摘要與聚焦之外，其他則是以「原則」居多，像是：治療師態度要堅決、公平與友善，不批判，不預設立場，建立界限、遵守專業倫理等，還有一些「必不做」（不要爭辯、不用老闆式管理、不批判或強迫、不貶低自己、不灌輸害怕、不找藉口與不輕言放棄）；治療師主要是讓當事人有「希望感」，這是改變很大的動力。

WDEP 系統

Robert Wubbolding 是將現實治療發揚光大的重要人物，他提出了一個 WDEP 系統，也常常是現實治療很好的步驟說明。

Wubbolding（2000）提到有效的計畫需要具有幾個條件：計畫個人化（依據個人目標來訂立）且具體，可以轉換為「目標行為」（target behavior），是一個清楚、簡單且容易了解的「行動」計畫，可以儘早開始行動。計畫需要考慮當事人能力與動機、資源與限制，以正向的陳述來描寫（如「增加嘗試的次數」），可以由當事人自行行動，計畫應該可以重複並每日進行，以過程（而非結果）為主的活動（process-centered activities）（如練習放鬆動作、找工作），可以隨時修改。現實治療也注重當事人對於改變行動的承諾，而每個人的承諾程度有別，但是只要當事人願意做改變行動的承諾，改變就容易發生（cited in Corey, 2009, p.328）。

WDEP系統 (Corey, 2001, p.83; Glasser & Wubbolding, 1995)

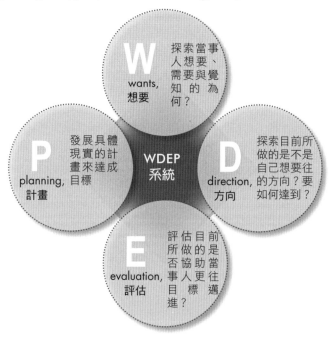

現實治療的貢獻與評價

貢獻	限制
將現實治療運用在心理治療之外的領域，像是學校、矯正學校、青少年中途之家或是社區內都頗有成效，對於有不同情緒困擾者也有正面效果。	「行動取向」同時也是多元文化諮商的重點，會因人制宜、為不同的當事人量身打造適當的處置計畫，然而對於不敢說出自己想要的是什麼的當事人，現實治療也會遭遇困難。
治療過程讓當事人可以自我評鑑，也要當事人對改變負起責任與承諾。	現實治療既然是「行動」諮商，可能就不會注意到當事人其他層面（如情緒、過往經驗）的情況。
以「行動」為焦點的治療，可以減少當事人的抗拒，讓當事人為自己的治療貢獻力量。	

6-18 認知行為學派的貢獻與評價

認知治療在協助憂鬱症與焦慮的當事人特別有效，也是實證研究做得最多的一種取向，是一種短期治療（通常需要進行12到16次），有科學基礎、也可以運用在許多的心理困擾問題上；治療師不需要直接介入，當事人的積極參與與行動、就是最好的自我治療，也在行動中釐清了許多迷思、獲得新的領悟，不僅讓治療去神祕化，同時此取向是統整式的治療，也較周延。

認知治療取向的限制，包括治療師在執業之前的完整訓練、可能會誤用治療師的權威、甚至讓當事人有壓迫感，而在注重當事人靈性與宗教層面的現在，Ellis的有些理念可能就受到挑戰；Beck注重正向思考的力量，但是在治療過程中卻較少留意情感面向；認知治療師也許會挑戰當事人的文化假設或信念，當然這是在不得已的情況下才會發生，也就是這些信念可能造成了當事人的失功能或是困擾，然而並不是每位當事人都有這樣的勇氣做同樣的挑戰。認知治療最大的誘惑在於：治療師告訴當事人「該怎麼思考」，而不是讓當事人去改變他們的知覺（Kellogg & Young, 2008, p.50）。此外，若將當事人的困擾全歸咎於思考上的謬誤或偏差，其實也是太大膽的假設（Corey, 2009）；有嚴重心理困擾者不適用「談話治療」，而運用家庭作業或自助方式，可能對某些當事人也不適合（Moorey, 2007）。

筆者自己的經驗則是：治療師面對太「認知」（或太「理智」）的當事人也要注意，因為「智性」上的說理及辯論，正是這些當事人的「強項」，他們也不容易被「說服」，因此必須結合其他取向及技巧（如譬喻、投射媒材或家庭作業）在治療工作中。

小博士解說

Glasser（1998, p.145）曾經描述「憂鬱」要付出許多可怕代價，「選擇憂鬱」的當事人是：

1. 憂鬱與其他疾病一樣包含著許多的忿怒。
2. 這個「憂鬱」行為是一種強有力的求助訊號。
3. 憂鬱行為讓我們不去做我們擔心會失敗的事。

認知、情緒及行為的關係

認知學派學者認為

改變認知（想法）就可以改變感受（情緒）與行為（行動）。

行為學派學者認為

改變行為就可以改變情緒及想法（如「試過了就知道」），在踏出第一步之後，發現沒有想像中難（認知改變），情緒上也放鬆許多！

體驗學派學者認為

只要當事人被了解（情緒及想法），自然就有能力（行動）、做改變。

綜合以上三個取向，就可以得到下圖的想法：只要從任何一個地方切入，都可以造成改變。

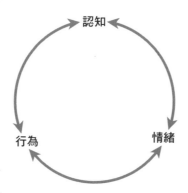

認知

行為

情緒

＋ 知識補充站

　有人誤解現實治療師的「不放棄」有「強迫」的意味，事實上只是傳達治療師的態度，會陪伴當事人，與其共甘苦，也一起努力尋找有效的問題解決之道，讓生活更滿意。

NOTE

第 7 章
後現代取向的諮商理論
——敘事治療、焦點解決短期諮商、與女性主義治療

7-1 敘事治療的起源與理念（一）

一、敘事治療源起

　　敘事治療（narrative therapy）從1980年早期紐西蘭與澳洲開始發跡，主要代表人物為Michael White（1948-2008）與David Epston（1944-present），特別是前者的貢獻最多。White的理論基礎受到法國思想家Michel Foucault的影響最大，特別是在「權力」的定義與「外化問題」的觀點；White發現知識與力量都掌控在社會中的主流論述裡，因此想出了將問題「外化」在當事人與其關係之外的理念，也受到Bateson對於解釋的想法（我們不能直接了解事實，只有經過解釋的過程才有可能），而Bruner提供了時間意義與行動在敘事中的重要性、還有敘事隱喻（narrative metaphor）。White將「系統論」的隱喻重點放在「行動」（action）上（也就是需要「行動」來改變）。

　　White不以病態觀點來看當事人，也摒棄所謂的「專家」立場，強調一個人的多元身分與故事。而人的身分、價值觀與信念，都因為文化與語言而有不同（Payne, 2007），這也是近年來西方社會（尤其是美國）心理健康專業領域會強調「多元文化」議題的主要原因。

二、建構與社會建構理論

　　Michael White的治療哲學從「社會建構理論」（social constructism）而來，是指個體不僅受到文化與環境的影響甚鉅，所謂的「事實」也是個人經驗之後所發現的真相（Halbur & Halbur, 2006, pp.75-76）。

　　建構主義主張，我們是藉由創造自己對環境的建構，而顯現對世界的理解與意義（George Kelly, 1955, cited in Nichols, 2010, p.94），而「社會建構主義」指出這些解讀受到我們置身的社會脈絡所左右，同時也強調語言、文化「互為主體」的影響。既然「意義」是在彼此互動中建構出來的，我們對世界的許多想法也是從與他人的對話、互動中產生，因此治療也可以變成「解構」（de-construction）的過程（讓當事人脫離被「陷溺」信念所掌控的情境）（Nichols, 2010, pp.94-96）。

小博士解說

　　White 從社會建構理論而來的觀點，就是語言的使用與文化因素形塑、也創造了個人在文化中的意義（Zimmerman & Dickerson, 2001），White與Epston特別注重語言的使用，甚至強調治療師本身要對語言相當地敏銳、也能夠正確地使用（Payne, 2007）。

後現代治療的幾個共通點 (Tarragona, 2008, pp.172-175)

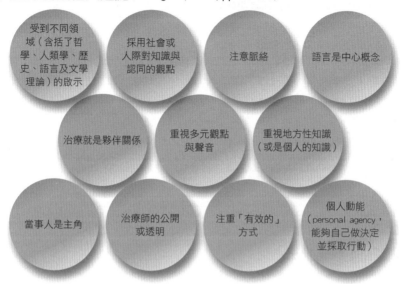

受到不同領域（含括了哲學、人類學、歷史、語言及文學理論）的啟示

採用社會或人際對知識與認同的觀點

注意脈絡

語言是中心概念

治療就是夥伴關係

重視多元觀點與聲音

重視地方性知識（或是個人的知識）

當事人是主角

治療師的公開或透明

注重「有效的」方式

個人動能（personal agency，能夠自己做決定並採取行動）

治療師介入策略

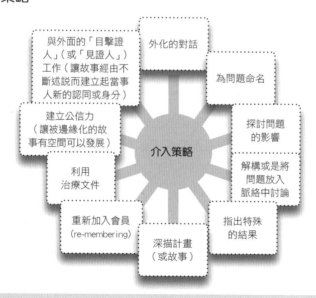

介入策略

與外面的「目擊證人」（或「見證人」）工作（讓故事經由不斷述說而建立起當事人新的認同或身分）

外化的對話

為問題命名

建立公信力（讓被邊緣化的故事有空間可以發展）

探討問題的影響

利用治療文件

解構或是將問題放入脈絡中討論

重新加入會員 (re-membering)

指出特殊的結果

深描計畫（或故事）

＋ 知識補充站

　　敘事治療師的功能在於：了解當事人最初所敘述的故事、外化問題 (externalize the problem)、尋求特殊結果的可能性、解構故事、發展也豐厚新的故事。

7-2 敘事治療的起源與理念（二）

三、敘說與解釋形塑生命意義

敘事治療師相信人是社會的產物，因為大部分的人在敘說自己的故事時，其中心主軸都是繞著「人際關係」在打轉，而每一個人也是藉由「敘說」來定義自己生活的意義，因此每個人所說的故事也決定了他們是怎樣的人、會有什麼樣的行為（Halbur & Halbur, 2006, pp.75-76）。人類是「解釋」的動物，我們會將日常生活中所經歷的賦予意義，同時也不斷地賦予自己生命意義，但是我們所敘述的故事在許多情況下是受到文化或社會價值（「脈絡」）所影響的「主流」故事（dorminant stories），欠缺個人的主體性，也因此加重了「問題」的嚴重性。

敘事治療學者認為故事是多面向的、不限於一個「主流故事」，即便一個事件也可以有不同故事產生，而生活就是要能協調主流故事與「不同故事」（alternative stories），也因此我們總是在妥協與解釋我們的經驗（Morgan, 2000）。

四、觀點與多元身分

敘事治療是了解人們不同身分的特殊方式，也是一種尊重、非責備的治療取向（Morgan, 2000），將當事人視為自己生活的專家，有技巧、能力、信念、價值觀與承諾等，協助其減少問題對自己的影響。敘事治療的「觀點」（perspective）代表的是看事情、給予生命意義與一種生活方式（Bubenzer, West, & Boughner, 1994, cited in West & Bubenzer, 2002, p.358）。敘事治療目的不僅在於問題的解決，讓當事人生活更好、可以繼續前進（Payne, 2007），也希望可以改變當事人的思考與生活方式，邀請當事人預見自己喜愛的未來，藉由「再敘說」（或「重新建構故事」，restory）的方式，以新的角度與眼光重新檢視自己關切的議題與生活（Halbur & Halbur, 2006, p.76; Payne, 2007）。

敘事治療的基本假設是：文化、社會與政治因素會影響在其中生活的人，特別是與權力有關的一切，滲透到個人及更廣範疇之所在，因此敘事治療師看見主流社會的觀點對一個人生命與看法的影響（Payne, 2007），在治療中梳理出屬於個人、非主流的觀點，讓當事人有機會去探討與看見生命經驗的其他面向，進一步對生命故事有更深層描繪，讓當事人重新得力（Morgan, 2000）！

小博士 解說

Empowerment（得力或賦能）是指人因此有力量，感受到自己是有能力、希望的，願意為改變做努力，讓自己成為改變的媒介（agent）。

敘事治療問問題種類與功能 (Freedman & Combs, 1996)

問題種類	功能
「解構問題」 （deconstruction questions）	協助當事人從不同角度看自己的故事
「開放空間問題」 （open space questions）	一旦問題角度拓寬了，就有許多空間可以容納「特殊結局」
「較喜愛問題」 （preference questions）	在與當事人一起共構新的故事時，要一直反覆確認故事的方向與意義是不是當事人較喜愛的？
「故事發展問題」 （story development questions）	一旦空間足夠容納一個特殊結局、或當事人喜愛的發展時，就可以開始詢問讓故事更深繪（thick description）的問題
「意義問題」 （meaning questions）	邀請當事人從不同角度反思自己的故事、自己以及與他人的關係，可以讓他們重新去思考與體驗特殊結局、較喜愛方向與新建立故事對自己的影響。

評量問句示例：

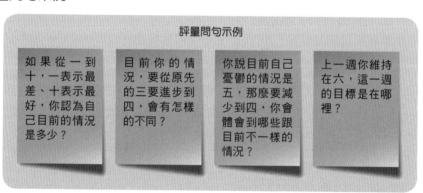

評量問句示例

如果從一到十，一表示最差、十表示最好，你認為自己目前的情況是多少？

目前你的情況，要從原先的三要進步到四，會有怎樣的不同？

你說目前自己憂鬱的情況是五，那麼要減少到四，你會體會到哪些跟目前不一樣的情況？

上一週你維持在六，這一週的目標是在哪裡？

✚ 知識補充站

　　敘事治療讓當事人看見自己在「主流社會（或文化）」所定義的「單一身分」之外，還有其他被忽略、漠視或是刻意壓抑的其他「非主流」身分（identities），因此基本上敘事工作是政治性的（Zimmerman & Dickerson, 2001），因為一般人會受到主流論述的箝制、不能發展出屬於自己的非主流故事，因此也要為被邊緣化或壓迫的個體發聲，共同反抗壓迫者。

7-3 敘事治療的起源與理念（三）

五、解構「人」與「問題」的連結

我們一般人常常會將「問題」與「人」連結在一起，像是「她常常遲到」，延伸為「她是一個常遲到的人」，而將人與問題連結在一起時，會讓被標籤的那個人很難脫離負面標籤，甚至認為努力也沒有成效，就乾脆不做任何改善。

敘事治療最著名的就是使用「外化問題」，「外化問題」就是不將「人」與「行為」連結在一起，可以讓當事人有空間去創思解決之道、不自困於問題當中，甚至是抽離出問題情境，讓當事人脫離「負面身分」（negative ifentity）（通常是主流文化所定義的），甚至創造出個人更多元的身分（multiple identities），當事人就可以針對問題、努力思索解答。將當事「人」與「問題」分開，讓當事人從外面的角度來看問題，也減少了當事人的壓力與困擾，讓當事人在走出治療室時，是帶著一個正面、健康的新故事離開；再者，讓當事人不要固著在「單一」、「負面」的身分上，而可以經由與治療師的對話，發展出更多元的自我。儘管「外化問題」在治療過程中不斷地被使用，這樣的做法並不會讓當事人逃避責任，反而會讓當事人更願意承擔責任（White, 2007/2011）。

六、敘事治療的目標與過程

敘事治療目標通常由當事人做決定，治療師是陪同當事人重寫他們的生命故事，換句話說就是協助當事人打破「膚淺描述（繪）」（thin description），與當事人「共同著作」（re-authoring）新的、當事人較喜愛的生命（與關係）故事（Morgan, 2000）。對 White 來說，治療就是「關於個人敘事的再開發，以及自我認同的重新建構」（White, 2007/2011, p.70）。敘事治療師和當事人一起去探索自己生命及關係的故事、影響與意義，也了解當事人在其置身脈絡中的自我是如何成形的、其意義又如何（Morgan, 2000）？治療師以敘事治療協助當事人重新檢視自己看事情的方式，也讓當事人可以從不同的角度來探看事物（Nichols, 2010），在這裡諮商師提供了另一個觀看事物的窗口給當事人。

小博士解說

敘事治療也被運用在家族治療上，而 Eron 與 Lund（1996, p.14）認為，Michael White 與 David Epston 的敘事治療將家庭治療「人性化」了，也就是把個人帶回到系統之中，肯定個人的喜好、意圖、故事及經驗都與改變過程有關。而將「外化問題」運用在家族治療裡，不僅不將病徵或問題「病態化」，而且將問題變成家人攜手共同對抗的敵人，同時也「賦能」家庭成員，可以「共同建構」（co-construct）新的故事、展現新的行為（Goldenberg & Goldenberg, 1998, p.90）。藉由敘事來組織經驗，也讓經驗意義化，Michael White 認為，每個來做治療的家庭都是帶著「挫敗的故事」而來，而這些故事讓他們無法執行有效的行動或解決問題（Nichols, 2010, pp.106-107）。

外化問題的效果 (White, 1989, cited in Payne, 2007, pp.55-56)

效果

對問題而言，可以打開「對話」的可能性，而不是個人的獨白

讓個人可以擺脫壓力與重擔，採取更有效的方式去處理問題

打開新的可能性，個人可以採取行動恢復自己的生活

可以為彼此的合作鋪路、共同對抗問題

減少失敗的感受（因為問題並不代表人本身）

減少人與人之間無建設性的衝突（如夫妻之間的互相責難）

使用外化問題的限制 (Payne, 2007, pp.62-64)

限制

當在定義「壓迫」的情境（如被威脅、虐待）時，「外化問題」就不適當，此時要特別注意使用時的態度、信念與策略。

經由「命名」來做外化，有時候失之過簡或過難，無法真正協助當事人。

外化並不一定總是適當的，只是在解構某些固定的、積習已久的主流故事時最有效。

外化的技巧必須在「後結構」的假設架構上進行，要不然其價值有限。

註：「外化」之後就可以接著「命名」（naming）的動作，只是這個「命名」是需要治療師與當事人一起妥協、商議的。

✚ 知識補充站

一般的治療師的功能之一，也是提供當事人另一個看世界（或事物）的窗口，多一個觀點的出現，也會讓人看見希望，不會自困愁城。

7-4 敘事治療的技巧（一）

敘事治療師使用了許多問題技巧，「問問題」是爲了要引發經驗而非蒐集資訊，而當引發了當事人更多較喜愛的現實經驗時，問的問題就有治療功效。

一、外化問題

敘事治療的技巧也可以稱之爲介入策略。一般當事人在敘述自己關切的議題時，常常會將問題歸咎自己，因此自責、自疑就很普遍，將「內化論述『外化』」（externalizing internalizing discourses）就是採用一般語言之外的模式、介紹「影響」的觀點進來，「外化問題」對那些固著、習慣性的主流故事（dorminant stories）的「解構」相當有效。

敘事治療將「問題」定義爲「對個人的影響」，而非「個人本身」的問題。因此，治療師會詢及「問題」對當事人的「影響」，也會問當事人對「問題」的影響爲何？讓當事人可以發展與問題之間的不一樣關係，幫助當事人對問題可以「採取立場（或位置）」（而不需要被他人定位），當事人也開始注意到自己對於問題「生命」的影響力。

外化問題是「解構」敘事的一種形式，可以用來決定形塑當事人生命的眞正效果（White, 1991, cited in Becvar & Becvar, 2009, p.262）。由於「外化問題」是將當事人與問題做切割，不讓「問題」成爲個人內在的缺陷，當事人也可以抽開距離去看自己面臨的困境，比較容易思考出解決之道，重點不在於「問題」，而是其背後所持的信念（Halbur & Halbur, 2006, p.77）。

此外，與「外化」有關的還有「相關影響問題」（relative influence questions），基本上可分二種：

（一）找出問題對當事人的影響、以及影響的方向爲何？像是：「問題是怎麼影響你、你的生活以及你與他人的關係？」

（二）協助當事人與他們的故事分開，可以讓當事人更了解他們的故事，例如：「你對於問題的影響又如何？」（Becvar & Becvar, 2009, p.261）。治療師採用「巡迴」問句（circulation question）或「相關影響問句」，像是詢問當事人「有誰會最先發現你的改變？」「以過來人身分，你對於與你有類似遭遇的人會有哪些建議？」）協助當事人去認出、發現、探索與擴展其他重要他人對此情境的觀感（Payne, 2007），將特殊結局轉化成解決問題的故事（Corey, 2009, p.394）。

小博士 解說

「特殊結局」是與主流故事相抗衡的，透露了先前所忽略的事實，是當事人認爲對他／她很重要且有意義的，而治療師必須要去了解特殊結局過去與最近的歷史，才能夠取代原本深陷於文化病態的故事。

不同的問話 (Freedman & Combs, 1999/2004)

問話形式	功能或種類
解構式問話	協助人們打開故事包裝、或是從不同角度來看故事。
開啟空間的問話	有獨特結果的、假設經驗的、詢問不同觀點的,以及未來導向的問話。
不同背景的問話	問題既然建構於特殊背景,因此詢問不同背景可能組成獨特的結果。
較喜歡選擇的問話	詢問人比較喜歡什麼,可以確定我們推動的是對方比較喜歡的方向。
發展故事的對話	要注意過程、細節、時間、背景、人物與假設(未來)事件的問話。
意義性問話	可引導當事人進入反思的立場,進而去思考故事、自己與各種關係的不同觀點。

註:「問話」是要產生經驗,而不只是要蒐集資料。「發展故事的對話」與「意義性問話」可以視為建構故事的問話。

敘事治療技巧 (Sharf, 2012, pp.421-422)

7-5 敘事治療的技巧（二）

二、解構與重寫

　　每個人的生命受到自己給予經驗意義、在社會建構中的情況，以及文化語言對自我與關係的定義形塑而成（White, 1993, cited in West and Bubenzer, 2002, p.366），運用意義一直在改變的特性，以及其與社會互動中複雜的權力關係，是敘事治療最基本的理念（Drewery & Winslade, 1997）。敘事治療師認爲，已經經歷過的故事可以賦予經驗意義（West & Bubenzer, 2002），而當事人所選用的故事也決定了他／她是怎樣看自己的。大部分的人可能受限於主流論述的影響，將自己定位爲受害者或是無力的弱勢，敘事治療就是要協助當事人看見主流故事之外的「非主流」故事，然後將其強化、成爲個人的主流故事。敘事治療促成改變的過程有「解構」（deconstructing）與「重寫」或「重新著作」（re-authoring or re-storying）兩個過程（Morgan, 2000）。

　　由於問題是在社會、文化與政治的脈絡中製造出來的（Monk, 1997），一般對人們行爲／身分的膚淺描繪，也都是由他人（擁有權力的人）所創造，而所形塑出來的身分也是以負面影響居多（Morgan, 2000），因此敘事治療運用「解構」的方式，讓當事人不再受到主流文化與論述的影響，擺脫了受文化限制與壓迫的主流故事，讓當事人有機會去探索某個情境或事件的其他不同面向（Monk, 1997），重新建構一個屬於自己的、可能的其他故事（或身分）（Andersen, 2003; West & Bubenzer, 2002）。

　　重新建構的故事必須要有「深度描繪」（根據當事人的生命故事線索做仔細、詳盡的描述），治療師與當事人一起展開其他故事（alternative stories）的對話，而這些故事是當事人想要的生活，治療師同時協助當事人從不同向度取得資源與證據，才足以讓當事人相信（Morgan, 2000）。

　　「重寫」也說明了治療關係是責任分攤的（Winslade, Crocket, & Monk, 1997），其主要目的就是發展或恢復當事人或其關係中的其他選項、並加以彰顯的過程，特別是在當事人可以區隔主流論述後、重新建構自己的故事時，就更有可能將故事與生活重新導向非主流的方向（West & Bubenzer, 2002），治療師邀請當事人以新的方式與角度來創造新的故事、新的自我（與身分）（Winslade, et al., 1997）。

小博士解說

　　◎「行動地圖」（landscape of action）：聚焦在過去喜歡但未說出的經驗、也將其與最近的經驗做連接，鼓勵當事人將特殊結局放在一連串的事件中，按照特殊規劃、隨著時間慢慢展開。

　　◎「意識地圖」或「身分地圖」（landscape of consciousness or landscape of identity）：鼓勵當事人去反思、決定行動地圖發展出來的意義爲何，及問當事人對特殊結局的貢獻爲何。

敘事治療師協助當事人重新建構故事的方式

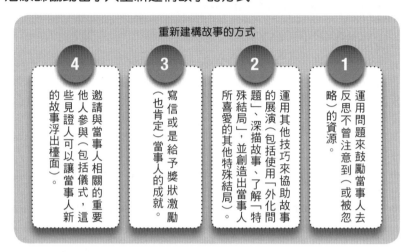

重新建構故事的方式

4
邀請與當事人相關的重要他人參與（包括儀式，這些見證人可以讓當事人新的故事浮出檯面）。

3
寫信或是給予獎狀激勵（也肯定）當事人的成就。

2
運用其他技巧來協助故事的展演（包括使用「外化問題」、深描故事、了解「特殊結局」，並創造出當事人所喜愛的其他特殊結局）。

1
運用問題來鼓勵當事人去反思不曾注意到（或被忽略）的資源。

外化問題的優點（White & Epston, 1990/2001, p.45）

減少無益的人際衝突	降低失敗感	為彼此合作、共同面對與解決問題鋪路
打開新的可能性	使人對「嚴重得要命」的問題採取比較輕鬆、有效、沒有壓力的方法	提供對話的可能性

✚ 知識補充站

敘事治療較之其他取向更正向、樂觀，而敘事治療師常將自己視為「反客觀主義者」（anti-objectivists），也就是他們反對以假設的理論來定義他人經驗〔如心理動力取向或DSM（心理疾病診斷手冊）〕，這些取向通常聚焦在當事人的過去歷史，因而造成輕視或壓迫當事人的結果。（Neukrug,2012,P.128）

7-6 敘事治療的技巧（三）

三、治療地圖

　　治療有所謂的「地圖」（map），也就是可以遵循的方向。通常是當事人先仔細描述問題、也為問題「命名」，治療師指出故事中的線索（看到更多的可能性），然後依據這些可能的線索問一些問題、形成了所謂的「子計畫」（sub-plots），可以修正原先的故事、開啟改變的可能性（Payne, 2007）。

　　治療師需要有相當的創意，隨著對話的進行而敏銳地覺察到當事人所「浮現」的故事；治療師與當事人「共同著作」對話故事、開發「特殊結局」，也協助當事人跳脫文化的框框，重新評估之前所沒有發現的線索（Payne, 2007），在這個階段，很重要的就是讓社會環境也可以一起來支持新的故事（Corey, 2009）。

　　為了讓「重寫」可以更順利進行，治療師可以詢問當事人許多問題，其中包含了「行動地圖」與「意識地圖」（或「身分地圖」）兩種（McKenzie & Monk, 1997; White, 1991, cited in Becvar & Becvar, 2009, p.262），治療師也藉由這兩種地圖去發展特殊結局。

四、治療文件（紀錄）與重新加入會員（re-membering）

　　敘事治療師會善用其他任何可以支持新故事或線索的證據與資料，也不時提供當事人這些可以保存或重新拿出來見證的素材，用來強化、鞏固與鋪陳當事人新的故事與身分，不只可以延續諮商效果，也可以讓當事人即便走出諮商室，依然可以確定自己是有力量的。

　　治療師會將治療過程中的所有一切都記錄或蒐集起來，也鼓勵當事人這麼做，主要是因為這些紀錄或是資料都有關於當事人的想法、發現與成就，這些書寫的文件或紀錄，不會像對話一樣很快就消失，而且還可以在往後重複閱讀，而其影響也可以持續下去，同時提醒當事人曾有過的經驗與領悟。治療師使用的治療文件含括很廣，像是給當事人的信（肯定他／她的進步或成就，以及在諮商裡的表現）或是獎狀、證明（書），甚至是當事人在諮商過程中所完成的作業或紀錄，用在「重述故事」或是解構權力時（Payne, 2000）。

　　此外，治療師甚至會邀請與當事人相關的重要他人加入治療（可以是觀眾、目睹當事人的改變與受到的影響，也可以是已經過世的親友或重要人物，邀請他們「重新加入會員」，re-membering），這些都是重要的「目擊證人」（external witnesses），讓當事人新的認同與身分，因為有人目睹作證而更為紮實、可靠，也讓當事人新的替代故事可以更堅固、豐富（Payne, 2007），這些「見證人」可以從當事人之前所認識或知道的人那裡選取，他們是來協助當事人發展喜愛故事的情節（Zimmerman & Dickerson, 2001）。

敘事治療的貢獻與評價

貢獻	限制
請當事人開始一趟共同探索、尋求被問題所遮蔽的才藝與能力之旅，以「資源」或「優勢」為基礎的治療，可以提升希望、讓當事人更有動力去改變，治療是樂觀、正面的取向。	此學派基本上是以家族或配偶為對象，也較少研究的成果作後盾。
在敘述故事過程中，不只改變了當事人，也改變了聽故事的治療師。	
敘事治療同時也注意到文化、社會與權力在當事人困境上所扮演的角色，含括了許多多元文化諮商的優勢。	
敘事取向提醒治療師，態度與運用問題的能力是任何治療都可以借鏡的	
以書信紀錄方式來鼓勵當事人，這些書信都可以反覆閱讀，對當事人是很棒的一種支持與提醒。	

治療文件示例

這張獎狀是為了表揚○○○在與○○○（諮商師）會談的過程中，所展現的勇氣、謙遜及不放棄的精神。他的勇氣讓他在經歷諸多困難時仍努力生活，他的謙遜表現在願意溝通與諒解他人的誤會，他的不放棄精神就是他定義自己最重要的元素。

2015年6月25日
（日期）

○○○
（諮商師簽名）

＋ 知識補充站

外化可以幫助家庭成員把自己、關係與問題分開，從一個沒有問題、新觀點描述自己與彼此關係，因此發展出不同的家庭生活，也是對家人較有吸引力的故事（White & Epston, 1990/2001, pp.44-45）。

7-7 焦點解決短期諮商

一、焦點解決源起

　　焦點解決短期諮商（Solution-focused Brief Therapy, or SFBT）曾經在國內蔚為風潮，其治療主要是鑒於「時效」而產生，希望可以在短時間之內，以極少的諮商次數來達成治療目標，因此其「諮商目標」就要相當明確（Halbur & Halbur, 2006）。焦點解決治療是1980年間由Steve de Shazer、Insoo Kim Berg及同僚在Milwaukee的Brief Family Therapy Center所發展出來的。基本上此治療取向沒有理論依據，而是漸進地發展而成（de Shazer, Dolan, Korman, Trepper, McCollum, & Berg, 2007），主要是從「心理研究機構」（Mental Research Institute, or MRI）的工作慢慢建立發展，是團隊合作的結晶，尤其是在70到80年代間的一項重大發現（也就是「每個問題中都包含了解決問題的因素」），更使得其發展豁然開朗（Berg & Steiner, 2003, p.2）！SFBT也受到Milton Erickson（1901-1980）與John Weakland兩位治療大師的影響。

二、焦點解決的基本假設與理念

　　焦點解決的基本理念是（Connie, 2009; de Shazer et al., 2007, pp.1-3）：

（一）如果沒壞，就不必修理。
（二）如果有效，就做更多。
（三）如果無效，就採取不同行動。
（四）小步驟可以造成大改變。
（五）解決之道不需要與問題有直接關聯。
（六）沒有問題會一直存在，總是有例外的時候。
（七）問題「解決」語言的發展不同於問題描述。
（八）未來是可以創造與妥協的。

三、焦點解決治療目標與過程

　　（一）焦點解決諮商的目標是協助當事人過更平衡的生活，對於未來所關切的議題，有更多的資源可以運用（Seligman, 2006），諮商目標與改變是持續在進行的。

　　（二）焦點解決強調語言的精確使用，也因此常被誤以為是以「問題」取勝的治療方式，事實上，其強調語言之精確使用作為治療工具，包括最初接觸時的目標調整、評估進度、以及找出成功的解決之方（Berg & Steiner, 2003, p.xiii），也使用語言來影響治療內容與過程。Corey（2009, p.387）認為焦點解決的主要處置方式就是問問題的藝術。治療就是治療師與當事人兩造之間的對話，治療師遵循著「解決架構」（solution frame）進行「解決的談話」（O'Connell, 2007）。

　　（三）焦點解決所運用的技巧許多是承襲「敘事治療」而來，像是「評量問句」、「例外問題」、「奇蹟式問題」等，其治療過程也可分為「建構解決對話、暫停休息、正向回饋與家庭作業」三個階段。

焦點解決諮商運用MRI的觀念 (Murphy, 1997, pp.34-36)

MRI的觀念	說明
問題過程	是日常生活的一部分,一般人都會試圖解決問題,如果嘗試解決的方法無效,也可能成為問題的一部分,問題會持續下去一直到「做了不一樣的事情」為止。
打斷無效的解決方式	不能奏效的解決方式有可能讓問題更形嚴重,因此改變當事人對於問題所採用的看法與行動,就可以打斷無效的解決方式。
當事人立場	當事人立場有「訪客」、「抱怨者」與「顧客」,諮商師應根據不同當事人立場,激勵當事人有解決問題的動機,而當事人的這些立場也會改變。

焦點解決諮商受到Milton Erickson實作觀點的啟示 (Murphy, 1997, pp.31-32)

Milton Erickson觀點	啟示
「沒有一般的當事人、也沒有一般的理論」	每一位當事人都是特殊的,採用的治療方式也應該是「適合」此當事人的特殊方式,這頗符合「因材施教」的教育理念。
時間效率	不需要去挖掘問題的起源或歷史,把焦點放在「解決之道」上。
聚焦在未來	Erickson的「水晶球」(crystal ball)問法就是要當事人看到沒有問題困擾的未來,也鼓勵當事人尋思可能的解決之道。
強調小改變	只要是朝向當事人可欲的小小改變,都可以引起漣漪效應、造成更大的改變。
實用性	運用當事人帶來諮商場合的任何可用資源,強調當事人就是問題解決專家。
強調使用當事人所用的語言	運用當事人的語言就是同理當事人對於問題的看法,可以藉此了解當事人的內在架構、也傳達對當人的尊重,當然也為建立良好諮商關係鋪路。

焦點解決諮商整合了前述兩派 (MRI與Milton Erickson) 觀點,而有新的理念產生 (Murphy, 1997, pp.38-39)

「骨架鑰匙」(skeleton keys)	儘管問題不同,但是絕對有一些對大部分當事人有效的方式。
「第一次諮商工作公式」(The formula first session task)	要求當事人在第一次諮商後去做一些觀察工作,通常有助於現存問題之解決,也就是焦點解決諮商把每一次的諮商都視為最後一次,而每一次的諮商都是改變的契機。
「奇蹟問題」(miracle question)	著眼在「未來」、類似Erickson的「水晶球」技巧。
例外(exceptions)	強調當事人曾經在遭遇相似問題時,有過解決的方式,鼓勵當事人的資源與信心,也希望當事人「做更多已經奏效的事」。
保持簡單	讓目標具體化,也表明了一個小小改變是可以產生漣漪效應、促成更大的改變。

7-8 焦點解決治療技術（一）

　　治療師的技術在不清楚當事人的觀點或想法之前，不要匆促使用，可能會破壞關係、也容易壞事（Lipchik, 2002, p.166）。焦點解決的策略或技術可以歸類為以下三種：

一、解決的談話（solution talk）

　　焦點解決諮商所使用的問句基本上是「焦點解決導向」的，治療師會細心設計一些問句，協助當事人聚焦在他們已經在做、而且有效的，或是想像的解決方案，甚至是如何讓問題獲得解決？

　　針對「解決」來作對話，就自然不會受困於「問題」，拓展了當事人問題解決的庫存與潛能，若將焦點解決運用在家族治療裡，治療師提供了家庭許多「骨架鑰匙」，讓處於困境的家庭找出許多問題解決的方式，而不是「唯一完美」的方式；藉由「解構」（deconstruct）去找出例外、破壞了問題持續的模式，這的確是很好的策略、也需要治療師的創意，問題沒有「唯一正確」的解決方式，但我們卻常常侷限或受困在這一點上。

二、重新描述

　　語言的使用在焦點解決諮商中是非常重要的，不僅治療師採用讚許、鼓勵的字眼，外化問題（將當事人與問題分開，讓當事人有改變的可能性）、因應問題等問句的使用，也充分凸顯了語言使用的力量，治療師也採用隱喻、象徵、儀式與故事，以及重新架構等技巧。「重新描述」（re-description）主要是提供對於事件或是問題的不同解讀與看法，甚至是讓當事人看到問題的正向動機或善意，也就是從另一個角度來看事情，可以拓展當事人的視野與觀點，而不自陷於「問題」的泥淖中。

　　正因為「重新描述」有「重新架構」之意涵，看見事情的另一個（通常是較為正向的）面向，同時表現出「同理」當事人立場、看見良善意圖、與「解決問題」的企圖。即使當事人有一些不適應行為出現（如逃學逃家或嗑藥），諮商師也可以運用類似這樣的句子去了解當事人的想法：「你之所以逃學一定有很好的理由……」。藉由「重新描述」的方式，讓當事人與「問題」之間有個適當距離，可以協助當事人從更客觀的角度斟酌行為或處境。

小博士解說

　焦點解決諮商適合在我國教育系統的理由（邱珍琬，2002）：
1. 處理符合經濟效益，也適用於學校系統的運作方式。
2. 針對「解決方式」而非問題原因，與一般的治療取向相反。
3. 將當事人視為資源，可以轉化抗拒為合作。
4. 諮商關係建立在平等立場，而非敵對或威權。
5. 不企圖「要」學生改變，而是將焦點放在學生「願意」做改變上。
6. 不放在過去問題歷史或原因之探討，而聚焦在未來可以做的改進，是充滿希望的治療。
7. 對出現的困難（或問題）自不同角度來詮釋，讓問題與個人做適當區分。

焦點解決使用問題類型（Metcalf, 2009, p.29）

問題類型	舉例
未來導向的問句 （future-focused questions）	像是「如果妳今晚睡著後，妳所擔心的問題都消失不見了，當妳睜開眼醒來，妳第一個會發現什麼？」
尋找例外的問句 （exception-finding questions）	像是「你生活中最快樂的那一段是？」
評量問題（assessment questions）	像是「從一到十，表示你的情況從最差到最好，妳目前的情況是在哪個位置？」；也可以讓當事人「具體」看見想要發生的下一步為何？讓改變更容易發生。
歸因問題（attribution questions）或是 因應問題（coping questions）	像是「即使遭遇到這麼多挫折，你是怎麼撐到現在而沒有倒下去的？」
「關係問題」（relationship question）	像是「如果你兒子看到你沒酗酒的樣子，他會怎麼說？」讓當事人有不同角度的思考。

重新描述示例（Connie, 2009, p.13）

問題描述	解決描述
不聽話的孩子	喜歡獨立思考的孩子。
關係不和	是基於「相異點」而不是「共同點」為基礎，也不是我們所期待的互動模式。
沮喪	感覺悲傷，偶爾會影響個人體會快樂的能力。
上癮行為	一直持續的行為習慣，此習慣對個人沒有幫助。

✚ 知識補充站

三種當事人立場

1.「訪客」（visitor）──不認為自己有問題，也不想來見諮商師。
2.「抱怨者」（complainants）──認為有問題存在、但是不認為自己有能力解決。
3.「顧客」（customer）──想要改變的人。

7-9 焦點解決治療技術（二）

三、策略性家庭作業

焦點解決諮商師常常使用策略性的家庭作業（包括「第一次諮商工作公式」），維持諮商效果，同時也容易達成改變的目標。de Shazer（1988）曾提出針對不同的當事人，給予不一樣的家庭作業，對於「訪客」可以給予讚美，而對於「抱怨者」可以給一些觀察作業，至於「顧客」就可以建議「行動作業」（cited in Seligman, 2006, p.418）。

有時候當事人會被現況「卡住」，諮商師可以建議做一些行為的改變，像是改變頻率或速率（如對強迫症患者建議一天洗手五次）、發生時間（像是早上哭改成下班之後哭）、長短（像是哭五分鐘變成三分鐘）、地點或程序（如本來回家是馬上打開電腦、改成去開冰箱找冷飲）等方式，可以用來解困。

四、其他注意事項

儘管焦點解決治療運用許多的處置方式，也創發了一些新的技巧，但是絕少使用「解釋」與「面質」，因為考量到當事人所處的社會環境，也善用可用的一些資源（包括家人與社區）（Seligman, 2006），來協助改變的發生與持續。治療師甚至會使用所謂的「克制性介入」（restraining interventions），也就是在當事人有所遲疑、不願意或是害怕時，治療師可以體會當事人這些曖昧不明的未決狀況，建議當事人「步調放慢一點」、或是提醒當事人進步可能產生的一些危機（Duncan, Miller, & Sparks, 2003），因此治療師是不躁進的。

當然每一種治療取向都只能解決某些問題，並不是萬靈丹，焦點解決也是如此，O'Connell（2007, p.395）特別提到使用焦點解決無效的情況，有些也吻合其他取向的治療：

　（一）治療師只是一個工匠，不了解此取向背後的原理。
　（二）治療師將焦點解決與問題解決合併使用，造成自己與當事人的困惑。
　（三）當事人處於危機中，未能接近其所擁有的資源。
　（四）當事人想要「快速修復」、不願意也不能探索自己的資源庫。
　（五）當事人自信過低，不能接受自己是有優勢的。
　（六）當事人認為除非已經知道問題所在、否則問題不能解決。
　（七）當事人認為SFBT太過簡單，而他們的問題是需要繁複的解決方式。
　（八）當事人要諮商師提供解決之道。

小博士解說

焦點解決運用在學校場合的幾個假設：
1. 如果奏效，就用更多，倘若無效，就採用不同方式，合作可促使改變發生。
2. 每個人都有改變問題的長處與資源。
3. 一個小小改變可以是解決問題的開始。
4. 著眼在未來的可能性與解決方法上，都可以促成改變。

焦點解決諮商的貢獻與評價

優勢	限制
焦點解決的目標在於協助當事人「重新著作」自己的生命與關係，跳脫限制與壓迫的敘說，形成新的身分。	實證與臨床的運用仍待努力，應持續針對其治療效率的研究。
焦點解決強調「問題」不是固定、膠著的，而是可以改變、妥協的，主要視其社會脈絡而定。	此取向沒有考慮到大環境的影響力與個人或家庭發展史、也沒有注意到權力運作的因素。
「問題」與「解決」方式之間沒有既定的因果關係，也就是聚焦在「解決的談話」而非傳統的「問題的談話」（problem talk）上，這一點在實務工作上是相當有意義的。	若治療師與當事人不能合作共同定義問題，可能會讓諮商師只專注於現存問題，忽略了其他更重要的議題。
焦點解決諮商讓一般的治療從「問題」中心轉移到「解決」中心，也讓當事人從「賦能」的觀點看到自己本身的潛能與力量，可以看到希望、也願意持續作努力。	此治療方式並不適合嚴重情緒困擾或緊急情況的當事人。
焦點解決諮商基本上是短期諮商，通常只需要少於十次的治療，平均大概是五次，因此是非常經濟實惠的。	焦點解決諮商的治療師必須要受過相當訓練，才可能得心應手，而不是只執著於「問句」的使用而已。
SFBT諮商師不認為自己可以提供不同當事人問題解決之道，採用「不知」、「好奇」立場，將當事人視為「專家」，就是尊重、有價值與接納的表現。	
諮商師「好奇」的態度，也化解了一般治療的位階關係，這也符合民主社會的原則。	
治療過程就是當事人與諮商師「朝向當事人問題解決的互惠旅程」，這些也都是跨文化諮商的重點。	
焦點解決評估當事人的優勢與能力，而且是持續進行的過程，也做適當修正。	
焦點解決諮商運用在家暴加害者團體有很好的成效。	

＋ 知識補充站

　　所謂的「小改變」會促成大改變，就是所謂的「漣漪效應」。焦點解決學者認為無效的方法就停止、改用其他有效的方式進行，而只要願意做一些小變動，也會帶領其他的轉變（像是他人的反應就會不同）。

7-10 女性主義源起與流派

　　將女性主義的崛起，主要是因爲看到女性遭受的不公平待遇、兩性之間的權力與資源分配差異而來。女性被視爲「第二性」（就是次等人類），男性居於主導、設立規範的掌控地位，因此許多女性的困境不是因爲個人因素所起，而是環境或社會文化所導致。此學派因此將性別與權力視爲治療過程的核心，也就是不將問題焦點放在個人內在、不可改變的因素上，而是在評估當事人的困擾時，將社會、文化與政治脈絡因素考量在內，特別是不同性別社會化過程或社會病態的力量（Corey, 2009）。有人誤以爲女性主義就是「恨男人」主義，這樣的看法不只偏誤，也曲解了女性主義的意涵。

　　女性主義是從六○年代末抗議性別歧視，演變成一個心理衛生的專業（Brown, 2008）。女性主義是一種哲學訴求、也是政治理念（Ballou, Gabalac, & Thomas, 1985）。女性主義可以溯源於十八世紀初，經過六○年代的婦女運動加溫，提升意識覺察團體（consciousness-raising group）的姊妹情誼，這種沒有位階、分享資源與權力、讓女性賦能的特質，讓來自不同背景的女性結合在一起，發現女性共同的「宿命」，慢慢地也會彼此汲取經驗、解決問題，互相支持打氣，也爲了改造自己的命運而團結努力，後來不僅發展到分析父權社會結構、女性被壓抑的現實，進而不只著重在個人的適應，而是聚焦在社會的改造（Evans, Kincade, Marbley, & Seem, 2005）。

　　女性主義治療強調社會環境都有其政治意義，因爲它可能會破壞既存制度、影響了個人內在與行爲／人際生活（Brown, 2008）；女性主義治療也挑戰了一般心理學理論奠基於西方白人、中產、男性社會文化觀點，而是以女性角度出發，後來甚至擴及孩童、弱勢族群與男性（Corey, 2009）。

　　在1980年代，Carol Gilligan（1982）挑戰了Lawrence Kohlberg（1927-1987）以男性爲主體的道德發展理論（強調「獨立」與「個人化」是道德成熟的象徵），而將女性的「關心」與「合作」視爲道德發展的優勢，而「連結」（connectedness）與「互相依賴」（interdepededence）是女性發展過程中的重要元素；接著Miller（1986）等人發展了「關係－文化」模式（relational-cultural model），對於女性主義的人格發展具有重要影響力，而了解女性內化的壓迫是最重要的，也在此時，女性主義團體也針對特殊的議題與族群（如身體意象、飲食失調、亂倫與其他性侵害模式）進行治療（Corey, 2009）。

　　許多女性主義治療師認爲自己並不需要依附於某個哲學基礎，但是女性主義基本上有幾個派別，它們是自由女性主義、基進女性主義、社會女性主義、文化女性主義、後現代女性主義與建構女性主義，其中前三者是最常被提及的、所訴求的目標也不同。

女性主義主要的流派（Enns, 1993, cited in Halbur & Halbur, 2006, p.73）

流派	特色	治療目標	備註
自由女性主義 （liberal feminist）	聚焦在協助個別女性克服傳統上對性別角色社會化的種種限制，主張男性與女性享有同樣的權利，此學派基本上接受社會現狀、企圖在現存體制中尋求某程度的滿足。 主要訴求是機會與政治參與的平等，讓每個人都有發展的機會。	賦能女性個人、認同與自我實現，也在關係中分享資源與權力，強調改善現況、提升兩性機會平等，因此在治療中會聚焦在拓展當事人性別社會化的角色、社會障礙、以及歧視等覺察上，接著探索個人目標與選擇。	女性主義的共通點為挑戰既存父權社會對於弱勢族群的不公平對待，但不同流派其訴求或有不同。
文化女性主義 （cultural feminist）	文化女性主義強調社會刻意貶低女性優勢、價值與角色，強調兩性間的不同與互相依賴的重要性，認為解決女性被壓迫的方式就是讓女性價值融入文化裡。	強調女性價值一樣重要，也重視女性經驗，讓女性不以主流價值觀為準而貶抑自我。	
基進女性主義 （radical feminist）	主張「個人就是政治」（the personal is political），指出女性受壓迫是父權制度使然，因此要努力改變社會結構、爭取真正平權，也探討家庭的社會建構。	改變性別關係與社會制度（爭取社會的根本改變，廢除傳統性別角色規範、企圖打破傳統的性別分工與對待），增加女性的性與生育自主權，也積極消除治療師與當事人的權力差異。	
社會女性主義 （socialist feminist）	延伸馬克思主義的假設，認為人性與階級都是社會塑造出來的，當然也可以改變，除了強調生理上的性別因素，也不忘性別的歷史與社會意義。 女性受到壓迫是政治、社會、經濟結構與資本主義結合的結果，因為資本主義就是交換關係、也是一種權力關係，社會女性主義意識到父權制度就是男性掌控重要資源，甚至對女性生育與性慾掌控的重要機制，也注意「父權複製」的可能性。	促成社會改變、強調「差異」、聚焦在多元的壓迫上，也主張社會問題應該將階級、種族、性取向、經濟地位、國籍與歷史考慮在內，此流派注意到家暴婦女，也去分析女性受壓迫原因，以及其他受壓迫族群的現況。	
後現代女性主義 （postmodern feminist） 與建構女性主義 （constructive feminist）	傳統的女性主義分析將女性視為文化的被動接受者，而「後現代女性主義」留意到女性的真正處境是與文化相扞格的，因此也抵制這樣的情況。	提醒治療師不要只從一個面向來看當事人，也就是需要考量當事人自身、背景、種族、性傾向、語言、傳統、價值觀等諸多面向，而這也是女性主義治療相當豐厚、多元的特色，其結合了不同領域與專長的女性所戮力而成的果實。	女性不只是以性別來安身立命，還有其他因素（如種族、社經地位），甚至發展為全球的女性主義，關切多元層面的不公義與歧視。

7-11 女性主義發展階段

　　Brown（2008）將女性主義的發展分爲三個階段，分別是「無區分」（no-difference）女性主義、「有區分」（difference）女性主義與「有平等價值的區分」（difference with equal values）女性主義，可以很扼要地看出不同的重點主張。三個階段的發展彰顯了女性主義從最先要求男女都相同，認爲男女只是性別所造成的差異，到後來接納性別的差異（Grunebaum & Smith, 1996）、倡導各自發揮能力與優勢，這一點就很吻合多元的意涵。

　　女性主義關切的議題與族群更多更廣，不將男性排除在外，因爲男性也是社會文化下的犧牲者之一（Levant, 1996），誠如 bell hooks（2004）所說的，父權社會是由男女共謀而成的一種文化，不能一味將責任推給男性，因爲女性也擔任了推波助瀾的工作（也就是所謂的「父權複製」或「內化父權」）。

女性主義治療發展與重要觀點

　　女性主義的基本訴求是要將兩性的權力與責任重新作分配，不將「性別」作爲分配的唯一準則，而是以興趣、能力與個人抉擇作分配基礎（May, 2001）。女性主義治療是協助當事人重視照護與合作、獨立果決，在社會上獲得同等的尊重，進一步了解生命現狀與自我內在差異之間的連結（Chaplin, 1999），因此女性主義治療著重在過程，企圖改變自我與社會現象或制度（Forisha, 2001）。

　　女性主義諮商（或治療），結合了女性心理學、發展研究、認知行爲技術、多元文化覺察與社會運動（Evans et al., 2005），其目的是希望營造一個溫暖合作的社會，同時尊重相互依賴與果決的特性（Chaplin, 1999），也就是不因爲性別而有社會期待與價值的區分。女性主義認可不同、對立的生活與個體之間的連結，它是有關社會、政治，也是個人與個別的（Chaplin, 1999, p.5），除了重視女性經驗的價值、也注意到不同系統或型式下被壓迫的族群，因此其理論對於多重身分認同的發展貢獻甚大（Corey, 2009），倘若社會不改變，個人的改變是不可能持久有效的（Corey, 2009; Evans et al, 2005）。

　　女性主義諮商注意到性別與權力、位階的關係，因此特別注重治療中的平權關係，也尊重客觀與主觀世界的事實。女性主義諮商是一個過程，而非某一特定技術或理論（Chaplin, 1999, p.17）。對於現代女性來說，女性依然難爲，因爲同時被期待要堅強（維繫一個家庭的責任），也要脆弱（要像女性的柔弱委婉）（Chaplin, 1999, p.18），以國內的情況來說就是職業婦女必須要宜「室」（辦公室或工作地點）宜「家」，兼顧工作與家庭的角色，不免會有角色衝突，但是男性卻沒有這樣的兩難之境。要特別注意的是，儘管問題出現在外在環境與因素上，但是當事人本身也要參與問題之解決，不能置身事外（Brown, 2008）。

女性主義的發展（Brown, 2008, p.280）

發展階段	說明
1.「無區分」（no-difference）女性主義	從1960年代晚期到1980年代早期，爭取女性與男性之間沒有區分的權益，也就是要女性像男性一樣。
2.「有區分」（difference）女性主義	從1980年代中期到1990年代中期，將女性與男性權益做區隔，畢竟不同性別還是有一些生理上的差異。
3.「有平等價值的區分」（difference with equal values）女性主義	從1990年代中期到目前，不同性別享有同樣平等的價值。

傳統理論的過時假設為（Worell & Remer, 2003, cited in Corey, 2005, pp.345-347）

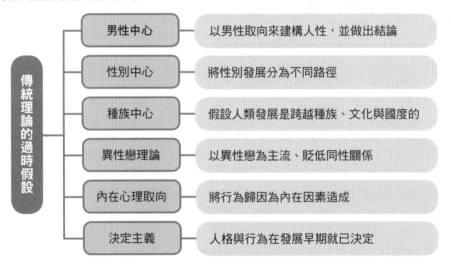

傳統理論的過時假設

- 男性中心 — 以男性取向來建構人性，並做出結論
- 性別中心 — 將性別發展分為不同路徑
- 種族中心 — 假設人類發展是跨越種族、文化與國度的
- 異性戀理論 — 以異性戀為主流、貶低同性關係
- 內在心理取向 — 將行為歸因為內在因素造成
- 決定主義 — 人格與行為在發展早期就已決定

✚ 知識補充站

女性理論

　　女性主義也是一種從女性觀點出發的女性理論，因為絕大多數的理論都是從男性觀點出發，忽略了女性經驗，心理學領域也不例外，而所謂的「主流」論述事實上幾乎都是「男流」的論述(Beasley, 1999)，因此容易將女性的許多行為病態化，也的確需要一個屬於女性的理論出現。女性主義者也抨擊心理疾病診斷的「男性觀點」，以男性觀點來批判或類化在女性身上，對女性相當不公平，而在治療過程中不免會有意無意中，強調了醫師或治療師的「專家」立場，這不但加重了權力的區隔性，也讓弱勢的當事人更覺無力(Evans et al., 2005)。

7-12 女性主義治療原則

　　女性主義治療是一個「生理－心理－社會」（biopsychosocial）取向的治療，同時也將靈性層面納入（Brown, 2008）。早期的女性主義治療包括：讓當事人了解諮商過程中治療師的工作，治療師會清楚表達自己的個人觀點，鼓勵當事人協調自己的治療目標、評估治療效果，及強調當事人的力量（Watson & Williams, 1992, cited in McLeod, 1994, p.19）。女性主義治療師沒有特別的規定或限制，只要是治療吻合其基本立論，都可以是女性主義的治療師。女性主義治療的共通原則為（Corey, 2009）：

　　一、個人就是政治（The personal is political）——個人問題不是個人的，而是需要考量其所置身的社會與政治環境，了解政治與社會因素對個人的影響是女性主義治療最基本且關鍵的核心。「個人就是政治」，這一句話描述了女性的個人生活有相當大的部分是政治塑造與界定的，個人之所以受苦，也是全體受到政治結構關係的影響，而每個人的選擇對所有性別來說都有政治意涵，要努力促成社會改變的發生，不僅是政治的公領域上如此，在家庭的私領域上亦同（Monk, Winslade, & Sinclair, 2008, p.198）！

　　二、投身於社會改革——因為問題不是個人的，因此若要長久有效的改變，必須要將當事人所處的政治與社會文化因素考慮在內，也就是必須要做社會的改革。

　　三、女性的聲音、求知之道都有價值——以女性主義的意識來取代父權的「客觀真實」，了解到求知有多元管道，而不是某個權力階層或是族群的特權。

　　四、治療關係是平權、平等的——治療師可以與當事人公開討論權力與角色差異，協助當事人了解權力動力影響關係、減少權力的差異性。在性別偏見、刻板印象與性別覺察上的努力，展現在諮商現場的就是治療師會讓當事人了解治療過程、目標與可能產生的副作用（Monk et al., 2008, p.199）。女性主義諮商師是當事人的角色模範，儘管在治療室裡同樣都是女性的身分，但是還是會有地位與權力的落差，當事人不免會有所顧忌（Chaplin, 1999），因此特別強調平權的治療關係，也提倡所謂的「姊妹情誼」，而諮商師也要成為當事人的代言人與社會改革者，為弱勢族群爭取福利。正因為「平權」的理念，當事人全程參與評估及治療過程，治療師要讓當事人知道治療過程與程序，也不使用診斷的標籤在當事人身上，避免複製父權（Corey, 2009）。

　　五、聚焦在優勢、重新定義心理痛苦——許多的徵狀被視為是「求生策略」，女性主義治療師與當事人談論問題是在生活及因應技巧的脈絡下進行。

　　六、各種型態的壓迫都需要清楚——治療師了解政治與社會的不平等對人們有負面影響，因此不僅協助當事人解決個人問題，同時積極促成社會的改變，而在文化脈絡下重新架構當事人的議題就是賦能。

小博士解說

　　「父權複製」是指「父權體制的複製」，將「男性至上」的觀念與作為展現在自己身上或是傳承下去。例如「多年媳婦熬成婆」，許多媳婦做了婆婆之後，忘記了自己曾經受過婆婆的欺壓，反而如法炮製，也虐待自己的媳婦，這就是換了位置也換了腦袋。

Butler（1985）認為女性主義治療原則反映出的治療取向是

7 提醒當事人治療只是成長的諸多途徑之一，協助其發展更多的可能性。

6 肯定女性主義的治療效果，也注重治療師本身的覺察與成長。

5 打破傳統治療中的權力位階，重視女性價值與經驗，賦能就此開展。

4 採取平等立場，打破傳統的權力不均與不人道，包括社會改革、顛覆父權制度。

3 協助女性探索自己內在的資源與能力，將自我與能力找回來。

2 探討女性角色裡的矛盾與衝突，女性必須以他人的需求為先、忽略自身需求，但同時社會又貶抑女性的重要性。

1 意識到性別歧視社會的有害影響，女性的許多問題不是個人的，而是大環境脈絡的因素。

Enns（1993）呼籲女性主義治療師

挑戰性別歧視的行為。

重新定義「男性化」的價值觀。

主動支持女性尋求正義公平的待遇。

挑戰男性的掌控慾。

協助更平權的性別關係。

＋ 知識補充站

　　女性主義治療師認為每個人都努力解決自己生存的問題，只是有時候所使用的策略不如預期有效，而個人所出現的徵狀也就是一種問題解決的方式（Brown, 2008），就是所謂的「求生策略」。

7-13 女性主義治療目標與過程

一、女性主義治療目標

　　女性主義治療的理念也反映在其專業倫理的權力平等以及社會公義的維護與促進上（Cammaert & Larson, 1988）。Worell 與 Remer（2003）認為女性主義治療基本上是性別公平、彈性與多元文化、而且是終生導向的，治療師協助當事人覺察自己性別社會化過程，認出自己內化的訊息，以更有助於自我的訊息取代，了解性別歧視及壓迫的信念與實際對當事人負面的影響，獲得改變環境的能力與技巧，去除機構中的歧視，發展更廣泛、可自由選擇的行為，評估社會力量對個人生活的影響，發展出自我與社會力量，了解關係與連結的力量，以及信任自己的經驗與直覺（cited in Corey, 2009, p.346 & p.349）。

　　女性主義治療的目標是：協助當事人可以從不同的觀點與角度來看世界，也提供當事人真誠生活的選擇，營造出可以獨立、也互相依賴的社會系統；在治療現場則會分析與檢視當事人現存的社會架構與可能偏見，也會採取行動來泯除這些不公義現象。女性主義治療師重視女性的關懷、合作、與重視人際關係的特質（Halbur & Halbur, 2006, p.74），而不是一以男性優勢的道德標準（如獨立、競爭、成就）來評估或定優劣。

二、女性主義治療過程

　　Forisha（2001）主張女性主義治療是個「再社會化」（resoclialzation）的歷程，除了要讓當事人了解社會所提供的選項（社會－政治分析）之外，同時覺察到自己經過社會化過程後形成的學習模式與內化價值觀為何？了解自己是誰、要什麼？自己的能力與限制是哪些？然後以新的觀點重新看自己或個人在社會中的情況與定位，也建立新的社交支持網路，讓個人持續成長。因此女性主義治療過程有幾個要點（Kagan & Tindall, 2003）：

　　（一）社會－政治分析（女性經驗是由內在與外在環境互動造成，因此也要將大環境與社會文化因素納入考量）。

　　（二）強調性別與性別角色刻板印象的影響。

　　（三）以女人為中心的主軸（強調、也重視女性主觀經驗）。

　　（四）力量與無力（強調力量有不同來源）。

　　（五）對未來的樂觀遠景（強調改變的可能性）。

　　（六）對社會運動與改造的承諾（改變需要集體的努力，也要從社會與制度面改起）。

小博士 解說

　　女性主義治療沒有限制治療師在諮商室外與當事人的關係，此學派認為即便是當事人也是改變社會的推手或動力，然而關係界限的拿捏還是得靠治療師的明治判斷與決定。

女性主義治療特點（Brown, 2005）

1. 理念來自女性主義的政治分析、以及對性別與心理學的批判；

2. 使用技巧是折衷的；

3. 治療師了解也賦予當事人的故事意義；

4. 主要是了解當事人性別、生命與性別經驗可能是問題發展的主要關鍵；

5. 除了性別議題，也關注到種族、階級、性傾向、年齡世代（age cohort）及能力等議題與社會脈絡的關係；

6. 女性經驗與發聲及其所置身的社會、文化、政治環境都有關係；

7. 在治療過程中創造一個較為平等的諮商關係；

8. 讓當事人賦能，也讓他／她成為自己生命經驗的作者、可以為自己發聲。

女性主義治療過程（Taylor, 1996, p.212）

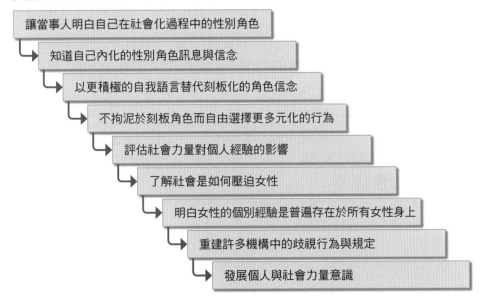

讓當事人明白自己在社會化過程中的性別角色

知道自己內化的性別角色訊息與信念

以更積極的自我語言替代刻板化的角色信念

不拘泥於刻板角色而自由選擇更多元化的行為

評估社會力量對個人經驗的影響

了解社會是如何壓迫女性

明白女性的個別經驗是普遍存在於所有女性身上

重建許多機構中的歧視行為與規定

發展個人與社會力量意識

✚ 知識補充站

　　有學者認為女性主義諮商師應為女性，因為這樣才吻合所謂的「平權」，其意義在於：1.同為人類社會的一員；2.諮商師與當事人同為女性，都在男性主導的社會中生存；3.諮商師在治療過程中視當事人為一平等之成人（Chaplin, 1999, p.27）。

　　也許這樣的安排與考量是擔心在治療現場會重現大社會的「父權複製」現象，讓當事人無法自由敘述、為自己發聲，但是現在的女性主義治療師已經不限於女性，凡是具有女性主義意識的治療師都可以擔任。

7-14 女性主義治療注意事項

女性主義治療需要注意到（Williams, 2005）：（一）問題的情境結構（留意社會文化所扮演的角色以及可能的「內化壓迫」）；（二）強調社會正義行動的合理性（因為強調社會與政治的影響也是女性主義與其他治療迥異之處）；（三）建立支持與聯繫網路（因為許多問題不是個人因素單獨造成）。女性主義諮商與家族治療一樣注重個人所處的環境與脈絡、文化與傳統的影響力，但是家族治療忽略了家庭中性別與權力區分，女性主義治療補足了這一點；再者，也只有女性必須要面對家庭與工作責任之間的分配與平衡，因此做生涯諮商必須納入這個重要議題（Evans et al., 2005）。

女性主義治療與其他取向之異同

與後現代的治療師一樣，女性主義諮商師強調治療不應該複製社會權力的不均衡狀態，甚至讓當事人有依賴的情況，他們同樣不將治療師視為「全知全能」的專家。女性主義治療與多元文化治療有最多的共通點，不僅看到社會建構的影響力，也指出不同形式的壓迫對少數族群的負面影響，都強調直接行動來改造社會，只不過女性主義是站在批判文化的立場，而多元文化則是站在接納與寬容文化的立場（Corey, 2009）。此外，女性主義治療師在個案概念化與做診斷時，也要將當事人所身處的社會與文化環境納入考量，像是女性的病徵可能是企圖溝通與調適的表現，因此當女性遭遇角色衝突、或受壓抑時採用的因應策略、以及表現不符傳統角色行為時，都可能出現病徵（Worell & Remer, 2003, cited in Evans et al., 2005, p.271）。當然，性別建構與意識不是決定當事人的主因，而是當事人自己想要成為怎樣的人才是關鍵（Ahuna, 2000）。女性主義治療與其他諮商學派不同之處在於：它鼓勵諮商師走入社區（因為要擔任「代言人」與「改變」的角色），甚至可以與當事人為弱勢族群的福祉共同努力！

女性主義治療技巧

女性主義治療師所提供的是治療策略而非治療技巧。女性主義治療是技巧統整的取向（Brown, 2008），因此治療師所使用的技巧有很多，也運用其他取向的諮商技巧（如右表）。

小博士解說

儘管女性主義治療的對象似乎針對大部份弱勢的女性，但是並不排除男性當事人，甚至認為男性也應該可以接受女性主義治療，特別是整合「關係」與「成就」需求，加強親密關係、情感表達、自我揭露與合作的能力，學習非強制性的解決方式、創造雙贏（Enns, 1993, p.38）。Enns（1993）還呼籲治療師要：挑戰性別歧視的行為、重新定義「男性化」的價值觀（而非根據權力、地位或特權）、主動支持女性尋求正義公平的待遇、積極阻撓男性貶低女性的行為、挑戰男性的掌控欲、以及協助更平權的性別關係。

女性主義治療技巧

功能與目的	技巧
賦能當事人 （讓當事人感覺有力）	◎ 破除治療迷思 ◎ 肯定訓練 ◎ 性別角色分析（gender-role analysis） ◎ 權力分析（power analysis） ◎ 意識覺察 ◎ 認識也接受自己的情緒 ◎ 一般化 ◎ 重新架構或命名 ◎ 界限釐清與責任歸屬
減少治療師與當事人間的 權力差異	◎ 將治療過程公開透明化 ◎ 同理當事人處境 ◎ 自我揭露 ◎ 隨時檢視治療關係中的權力平衡
將當事人問題置於社會文化 情境中來做考量	◎ 同理當事人的複雜心理與思考 ◎ 再社會化過程
運用性別角色的觀點	◎ 性別社會化分析 ◎ 重新命名 ◎ 覺察差異與其相關議題
其他	◎ 閱讀治療（bibliotherapy） ◎ 運用或改編其他學派的諮商技巧 ◎ 影片欣賞與討論 ◎ 家庭作業 ◎社會行動（social action）

＋ 知識補充站

　　早期的女性主義治療包括：讓當事人了解諮商過程中治療師的工作，治療師會清楚表達自己的個人觀點，鼓勵當事人協調自己的治療目標、評估治療效果，及強調當事人的力量 (Watson & Williams, 1992, cited in McLeod, 1994, p.19)。

7-15 後現代取向理論的貢獻與限制

　　後現代取向認為沒有單一的方式去了解世界或人。社會建構提到我們是在社會的脈絡裡，以語言的方式來傳輸與交換價值觀，也就是我們會因為重要他人、文化與社會的流動與影響而變動不居；而後現代建構質疑內在心理架構的真實性。後現代理論挑戰了許多治療的基本假設、以及其結構所導致的心理困擾，而主張當事人可以發現問題的例外情況、發展出有建設性的解決方式。後現代治療傾向短期、問題解決導向，有時只需要不超過五次的諮商就可以見效（Neukrug, 2012, p.127）。

　　後現代取向諮商認為事實是多面向的、且由人與環境互動所產生，而個人、社會、文化與時間因素是中間變項（Rigazio-DiGilio, 2001），知識與現實是相關的概念，依據不同的社會政治力量而反映在文化層面上，因此其在認知行為諮商中創造了新的派典（paradigm）轉移，也就是從「個人內在」的焦點轉往「脈絡」對人類功能的影響（Nystul, 2006）。

　　後現代取向重視語言的使用與力量、也注意到社會脈絡對當事人的影響，願意從較為平權、主持社會公義真理的立場出發，也注重每個當事人的故事與立場，是多元文化諮商擅場之地；此外，後現代取向也從「賦能」的角度出發，不將當事人視為弱勢或無能，而是生活中遭遇困擾或是瓶頸的一般人，當事人是積極參與改變的「能動者」（agent），這一點頗吻合「人本取向」的觀點，也是非病態的樂觀取向（Corey, 2005）。

　　然而，後現代取向治療師若是機械式地以「技巧」取勝，或是不重視治療關係，就不是當事人之福；而治療師站在「未知」的立場，把當事人視為專家，卻不一定可以吻合不同文化背景當事人的需求（Corey, 2005）。

小博士解說

　　我們國內的諮商師訓練課程，較缺乏多元文化與性別的議題，因此導致許多諮商師所服務的弱勢族群（經濟或社會弱勢、性傾向少數族群、老人或身心障礙者、新住民等）的真正福祉受到忽視。治療師在配備不足的情況下，要增進這些當事人的福祉就受到限制，甚至會因為諮商師本身有限的多元文化知能，加上缺乏自我覺察，導致強加個人價值觀在當事人身上（如認為性傾向少數是小時候受虐、性傾向可以改變）或以病態觀點來看當事人，這樣的父權複製或偏見，讓許多當事人再度受創、甚至不願意求助。

女性主義治療的貢獻與評價

貢獻	限制
意識到文化與社會脈絡對個人的影響與箝制，女性是父權社會下被歧視的犧牲者，社會的整體改變才可能切合個人福祉。	倘若當事人的想法與女性主義不同時（如文化價值觀不同），就可能產生一些問題，甚至變成治療師強加自己的價值觀在當事人身上，而將問題歸諸於當事人以外的環境，也可能讓當事人有藉口逃脫應盡的責任。
鼓勵當事人定義自己、不需要被社會要求所決定。	
主張與實踐治療關係的平等，也重視多元的價值，強調互相依賴與合作。	
女性經驗向來被忽略，但是男性也鮮少與人分享自己的生命經驗，因此女性主義治療可以作為女性主義與男性之間的溝通橋樑。	

Ballou 與同事（1985）的「健康女性」是

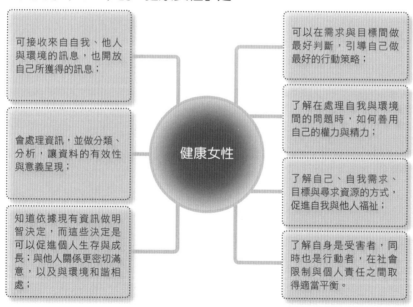

可接收來自自我、他人與環境的訊息，也開放自己所獲得的訊息；

會處理資訊，並做分類、分析，讓資料的有效性與意義呈現；

知道依據現有資訊做明智決定，而這些決定是可以促進個人生存與成長；與他人關係更密切滿意，以及與環境和諧相處；

健康女性

可以在需求與目標間做最好判斷，引導自己做最好的行動策略；

了解在處理自我與環境間的問題時，如何善用自己的權力與精力；

了解自己、自我需求、目標與尋求資源的方式，促進自我與他人福祉；

了解自身是受害者，同時也是行動者，在社會限制與個人責任之間取得適當平衡。

＋ 知識補充站

女性主義治療屬於技巧統整取向，使用技巧多元，可大略分為五種（Corey, 2009），分別是：重新架構、性別角色分析、權力分析、閱讀治療與社會行動。

NOTE

第 8 章
生態脈絡取向的諮商理論
——多元文化諮商與家族治療

8-1 前言

　　生態取向的諮商主要是將人置於其所生存、生活的大環境脈絡之中，不只是考量個體的心理狀態、發生的情況而已，還注意到周遭物理與社會環境（包含人文、制度與組織等）。許多治療取向也考慮到當事人所處脈絡的影響力，像完形學派就是以「人在環境裡」（person-in-environment）的模式為基礎的，注意到個人以及「人在環境裡」的互動（Korb, Gorrell, & Van De Riet, 1989, p.91），倘若改變個人無法造成可欲的改變，諮商師就必須考量其他的可能性，最終就是促成環境或制度的改變，為當事人謀求最佳的福利。諮商師也必須要注意環境對於個人發展的影響，善用當事人周遭可以使用的資源（也包括助人專業團隊），這樣才能夠讓當事人有能力與壓迫環境做建設性的折衝，也因此諮商師還必須要擔任代言與行動者的角色（Lewis, Lewis, Daniels, & D'Andrea, 2011, p.73）。

　　諮商時會注意當事人生活的脈絡，在其他諮商領域中早已經出現，包括家族治療、生涯諮商、多元文化諮商。在協助當事人處理面臨的困擾時，不能將環境與脈絡因素排除，因為人是生活在環境之中（不管是物理或是人的環境），因此不免受其影響，所以了解人與環境持續互動的情況，可以協助治療師知道應如何介入處置當事人所關切的議題。在本章中，會介紹生態脈絡諮商的理論與立論觀點，然後舉目前最重視的「多元文化諮商」與「家族治療」做說明。

生態脈絡諮商的起源與立論

　　生態脈絡的諮商主要是考量人與環境之間的關係。「人」與「環境」是互相生成與影響的，人類依據自己對於周遭所處環境的了解，會對生活脈絡做反應，也可以創造生活（Conyne & Cook, 2004）。許多臨床心理衛生專業人員，其實早就發現當事人所呈現的「問題」並不就是當事人「本身」的問題，像是家族治療學者看見當事人是家庭問題的「代罪羔羊」（特別是幼小或是弱勢的家庭成員）；而在治療實務中，諮商師也經常發現光是改變當事人效果不彰，因為當事人還是要回到自己生活的環境中（如學校、家庭、社區、制度或文化）繼續受苦，因此如何讓當事人所處的環境（脈絡）可以有正向改變，也就成為諮商師的考量。

　　生態諮商主要是從心理學家 Kurt Lewin（1936）的理論而來（Conyne & Cook, 2004, p.viii），他認為行為是人與環境互動的函數〔(B=f(P×E)〕，近年又受到建構主義的影響，也就是人類不僅對周遭世界做反應，也藉由建構意義的能力，創造自己認為的現實，因此基本上生態取向的諮商是一個企圖融合不同建構與過程的後設理論（metatheory）（Conyne & Cook, 2004, p.8-9）。

　　生態諮商的環境脈絡可以由 Urie Bronfenbrenner（1979）所提供的系統理論來理解（cited in Conyne & Cook, 2004, p.15）。

Bronfenbrenner 的生態層次論 (from Conyne & Cook, 2004, p.15)

註：「微觀系統」（microsystem）指的是發展中的個體在一個獨特物理環境裡所經驗的一切活動、角色與人際模式，是個體最重要第一個接觸的環境，是比較近距離的。

　　「中間系統」（mesosystem）是個人積極參與在兩個或多個環境間的連結，就是與「微觀系統」相關的環境。

　　「外圍系統」（exosystem）則是指個體不是直接接觸或參與，但是卻對個體所在的環境有重要影響，是較遠距離的影響。

　　「巨觀系統」（macrosystem）包括了所有與個人生活有關的一切，像是價值觀、政治與社會政策或理念、意識形態等。

生態脈絡諮商的特色 (Conyne & Cook, 2004, pp.19-29)

特色	說明
指人與環境的互動	人與環境間的互惠與互相影響。
考慮到「時間」的重要性	當事人在事件發生時所處的時空，以及醞釀做改變努力的時間，不同的時空轉換也會對當事人有影響。
關注「意義」	人類生活是有意義的，而意義形成包含語言、評價與反思。生態諮商是有脈絡、互動的，也是人類「存在」的冒險，而了解人們如何解讀（或賦予意義）其所在脈絡的經驗，也是生態諮商的中心理念。
尋求「和諧」	生態諮商的關鍵在於一個人如何在其生活空間裡能夠成長、發展，因此個人與相關系統間的平衡與和諧就非常重要，「和諧」是讓身處其間的個體可以在安全、支持的情況下盡情發展。
與相關資源的結合	生態諮商是動用所有可用資源與介入，採用經濟節約與合作方式，讓當事人與系統都因此得力。

8-2多元文化諮商

心理學的第四勢力

「多元文化諮商」（multicultural counseling）是近年來的趨勢之一，也是心理學的「第四勢力」（the fourth force, Schlosser, Foley, Stein, & Holmwood, 2010），它是繼精神分析、行為主義與人本取向之後的新趨勢，結合了女性主義治療裡「賦權」與「平權」的觀點，以及後現代主義治療的「主觀」與「現象學」意義，關切重點在於當事人都是「在社會脈絡中的人」（people-in-social-context），而這些脈絡變項都深深影響著裡面的個體，因此所有的諮商／治療都是多元文化的，若未能看到文化與脈絡的議題，事實上就是否認與壓迫那些求助者（Ivey & Ivey, 2001）。美國諮商師訓練課程中也強調多元文化能力，固然是因為國情與趨勢所需，然而嚴格說來，每一個人都是一個文化，儘管國內族群不若美國那麼多樣，但是多元文化能力正是考驗諮商師專業的重要指標。

美國多元文化的發展

美國早年是以「世界大熔爐」（melting pot）的目標自詡，後來發現這樣以單一白歐（高加索）文化為主流的宣導，簡直是另一種「文化霸權」的展現，不僅沒有尊重其他文化（或是文化應不分優劣），也忽略不同文化對於美國整體文化的貢獻，因此後來就改為「多重文化」（plural culture），最後才演變成「多元文化」（multicultural）的概念。

多元文化的「適文化」考量

「文化」是指了解現實情況，並為在共同現實世界中生活的人所建立的價值觀、信念與行為架構（Chung & Bemak, 2002, Nobles, 1990, cited in Utsey, Fisher, & Belvet, p.182），像美國基本上是尊重「個人」的獨立自主，卻認為其他文化（如中國與墨西哥的「集體文化」）是不對、非主流的，這就是自大的表現，現在她朝向「兼容並蓄」的目標在努力，特別是美國現任非裔總統歐巴馬的當選，顯示了不同文化對於美國貢獻之一斑。

「不同」並不表示「優劣」，只是「不同」而已，也因為「不同」，所以可以交會出不同的刺激與創意、增加許多豐富性與色彩。「諮商」基本上是來自美國的產品，因此諮商師將它引入臺灣就需要做「適文化」的考量，這裡可能牽涉到不同文化與價值觀之間的衝突（例如個人文化vs.集體文化、獨立vs.互相依賴、親子倫理vs.夫妻倫理），因此有心理學本土化的運動，也希望可以發展出適合本國社會文化的諮商專業。

美國本土的治療師也提醒專業同儕多元諮商的一些挑戰，包括社會階級（諮商基本上是中產階級的思考）、性別（諮商是從白人男性的觀點出發）、內在動力的觀點（像佛洛伊德理論著重潛意識，少留意外在環境力量的影響）、性取向（基本上是異性戀取向）、刻板印象（對某一族群或團體不證自明的固定看法與偏見）、溝通問題（不同溝通型態與意義）、偏見、種族主義、測驗偏誤與錯誤假設等（Nystul, 2006, pp.151-160）。

在諮商中容易犯的「錯誤假設」(Paul Pedersen, 1987, cited in Nystul, 2006, pp.155-157)

諮商中容易犯的「錯誤假設」

1. 對於「正常」的定義（在美國互相擁抱是禮貌，其他國度則不同）。

2. 強調個別化（忽略不同文化對於群性的考量）。

3. 諮商師沒有接觸相關領域（如人類學、社會學、神學醫學等）的資訊，而產生的零碎、孤立知識（例如對某個宗教不熟悉，可能與當事人價值觀有所扞格）。

4. 過分強調獨立（這是西方的文化，與東方密集而緊密的人際關係不同）。

5. 使用抽象或與脈絡無關的觀念（像是吊書袋、使用專業術語）。

6. 忽略當事人的支持系統與歷史（只針對當事人做改變，忽略其他影響力量）。

7. 聚焦在改變個人而非系統（同前，有時候需要改變的是周遭環境或制度）。

8. 依賴線性思考（因果性思考，缺乏其他擴散性的思維）。

9. 「文化封閉」的思考（諮商師無法有自己信念系統之外的思考，也無法了解當事人的文化脈絡，容易強加價值觀在當事人身上）。

多元文化包括種族、膚色、性別、社經地位、性傾向、語言、能力／障礙、職業、地位、年齡、婚姻狀態等面向。

諮商師對自己文化與當事人文化要有基本認知之外，也要擴及其他族群／文化的了解及尊重，不因為「不同」而有差別待遇，相反地，要知道這是人類的真實面（多元），理應真誠接納。

✚ 知識補充站

我國對於新住民的政策也類似美國，最先是要求新住民需要學會本國語言，並以主流、非主流文化做區分，近年來政策有極大轉變，也開始思考不同文化對於臺灣文化與社會的貢獻。

8-3 種族差異與可能偏見

許多被邊緣化的族群（如新住民、原住民、性傾向少數、失能者、罹患疾病、或是經濟社會不利族群）常常處於「受害者」（victim）或「被壓迫者」（the oppressed）的立場，而怪罪受害者是人性之常，諮商師應該從他們的角度與身處的脈絡環境，來了解他們的情況。如果忽視影響當事人行為與適應的社會文化因素，就是犯了所謂的「文化隧道視覺」（cultural tunnel vision）的錯誤，以自己有限的文化經驗面對當事人時，自然會不智地強加價值觀在當事人身上、甚至做錯誤的處置。舉例來說，諮商師最喜歡符合 YAVIS（Young, Attractive, Verbal, Intelligent, and Successful，年輕、外表吸引人、會說話、聰明與成功）的當事人（Schofield, 1964, cited in Ridley, 2005, p.13），一般人當然也有自己的喜惡，只是如果是在助人專業裡，治療師就要特別注意覺察自己可能的偏見或資訊不足，造成妨礙當事人福祉的行為或結果。

所謂的「種族歧視」（racism），是指系統性地否認某個種族的人可以運用機會或特權的任何行為（或行為模式），但同時讓其他種族的人卻可以享受那些機會與特權，也就是包含五個特色（種族歧視行為有很多種、是系統性的行為、有偏差待遇、不平等的結果、以及特定加害對象），也是長期、社會問題的一種（Ridley, 2005, p.29）。

傳統醫療模式的諮商，可能會造成非刻意的種族歧視，像是將某些種族過度病態化，不能將種族歧視列為社會病態的架構裡，少數種族的當事人未能使用這些心理衛生服務、未能教導當事人適當的因應機制、容易造成治療時的角色混淆（當事人要教育諮商師他們自己獨特的文化）。最好是採用「生理－心理－社會模式」（biopsychosocial model），將人類功能的每個重要面向都含括在內（像是生理健康、人際與社交能力、心理與情緒福祉等）（Ridley, 2005, pp.47-51）。諮商師的工作基本上是在蒐集當事人資料後做適當的判斷與推論，然而也因為諮商師與當事人的文化背景不同，也不熟悉或了解其文化背景或價值觀，可能就犯了錯誤，情況就很嚴重了。

文化的差異可以反映在資訊處理的過程、世界觀、認知機制、個人或團體行為的參照標準、對「正常」的含義、性別角色、以及對成員的期許不同（Conyne & Cook, 2004, p.46）。以美國來說，強調科學與科技、創新與新奇，其認知型態是個人、迅速、分析與抽象的（Berry, 1994, cited in Conyne & Cook, 2004, p.49），而這些是在學校所受的訓練，也用來評估學校的成就。我國雖然也不能免於受全球化與科技日新月異的影響，但是儒家思想的文化思潮還是根深柢固，儘管新世代有了不同的思維或改變，但是骨子裡的東西還在。

有關「種族歧視」的事實（Ridley, 2005, pp.17-27）

種族歧視反映在行為上。 **1**

種族歧視有別於種族偏見（racial prejudice），後者只是無足夠資訊所做出的負面判斷或意見，主要是態度、想法與信念，而無關乎「行為」。 **2**

雖然種族偏見涉及不喜歡的態度或意圖，但是不一定會演變成種族歧視的行為。 **3**

每個人都可能是種族歧視者，包括少數族群裡面的成員。 **4**

決定種族歧視是否發生是在「行為」結果，而不在「原因」。 **5**

要表現出是一個種族歧視者需要有「權力」。 **6**

不去對抗種族歧視也是一種種族歧視的表現。 **7**

雖然種族歧視是可以觀察得到的，但是種族歧視的行為卻並非總是看得見的。 **8**

種族歧視像其他行為一樣，是透過學習而來。 **9**

因為種族歧視是學習而來，因此也可以做改變。 **10**

覺察提升團體（consciousness-raising）不是對抗種族歧視的適當方式，因為重點不在「原因」、而是在「行為」上。 **11**

消弭種族歧視，首先要從「辨識」特別的種族歧視行為開始。 **12**

種族歧視很難改變，需要持續的努力。 **13**

為了預防種族歧視復發或再現（relapse），個體必須獲得、增強與小心監控非種族歧視及正確的行為。 **14**

在諮商現場對抗種族歧視，是每一位心理專業人員的責任。 **15**

✚ 知識補充站

我們對某些種族或地位（包括性別）的人會有一些「刻板印象」，「刻板印象」不是不好，因為他是在我們接觸「未知」的族群／事件時的「先備知識」，讓我們有所準備。然而，「刻板印象」都需要做檢視及修正，以實際的接觸來破除迷思。

8-4 落實多元文化諮商的挑戰

多元文化運動源自1960年代與70年初，著重在「多元」（diversity）的訓練，後來開始檢視「團體間」（between-group）的差異，接著有許多研究聚焦在「團體內」（within-group）的差異，但是要將多元文化落實在實際生活與臨床專業上還是有其難度，因為不僅涉及到社會正義與社會政策，個人的文化覺察與實踐也不容易，而要將這些廣泛的多元文化知識落實在實際操作裡難度更大（Leach & Aten, 2010, pp.4-5）。諮商師要積極、主動去理解自己與當事人的文化，自我省思相當重要，除了治療師本身有意識的努力之外（對於文化、身分、特權與歷史的覺察，也要持續檢驗文化對當事人的影響），諮商師所服務的機構與社區的層面也要顧及（Leach & Aten, 2010, pp.7-8）。每個文化中都有其價值觀蘊含在裡面，因此諮商師的自我覺察需要對其自身的世界觀、特權、種族、防衛機制、價值觀、權力與社會政治議題都列入考量，對其他文化抱持著開放、尊重的態度。

Sue（2001, cited in Leach, Aten, Boyer, Strain, & Bradshaw, 2010, pp.17-18）曾提到多元文化自我覺察的幾個障礙：

（一）諮商師自認為自己道德高尚、是值得尊敬的優雅人士，這樣就讓他／她很難去了解與其自我認同衝突的偏見。

（二）當眾或公開討論社會與個人的偏見是不被接受的，效果適得其反。

（三）一旦有了領悟，個人就要為其過去與目前的行為負責任。

（四）伴隨之前領悟而來的情緒，常常很難去體會，而大部分的人也不願意去面對自己這樣的情緒。

一般人在面對與自己不同的人時，都會有一些抗拒反應，像是遠離、否認、防衛、貶低對方或是發現後的焦慮感受，諮商師也要注意自己的這些反應（Leach et al., 2010, p.18），因此Ridley（2005, p.134）提醒諮商師在面對種族或文化不同的族群時，對於「抗拒」行為的解讀也要特別留意，不要誤解了當事人的表現或行為。

我們進入或接觸一個新的文化時，會有興奮緊張的高昂情緒（因為對一切都覺得新鮮），然而隨著時間過去，情緒就不再高漲，進入平穩狀態，直到要離開時，又有新的一波高漲情緒出現，這就叫「文化衝擊」（cultural shock）。

小博士解說

「文化能力」的內涵（Tseng & Streltzer, 2004, cited in Vasquez, 2010, pp.128-129）指的是：

1.「文化敏銳度」（cultural sensitivity）──覺察與欣賞不同文化。
2.「文化知識」（cultural knowledge）──關於不同文化的基本人類學事實。
3.「文化同理」（cultural empathy）──能夠在情感上與當事人的文化觀點作連結。

文化差異反映的面向

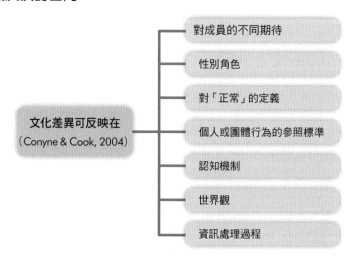

文化差異可反映在
（Conyne & Cook, 2004）

- 對成員的不同期待
- 性別角色
- 對「正常」的定義
- 個人或團體行為的參照標準
- 認知機制
- 世界觀
- 資訊處理過程

不同文化的價值觀差異（Edward Hall, 1973, cited in Ridley, 2005, p.94）

語言（language）	如文字與溝通系統
時間觀念（temporality）	如時間、例行公事、行事曆
地域觀念（territoriality）	如空間、財物
資源利用（exploitation）	如控制、使用權與資源分享
連結（association）	如家庭、親人、社區
生計（subsistence）	如工作、分工
性別（bisexuality）	如不同說話方式、衣著、行為
學習（learning）	如觀察、楷模、教導
遊戲（play）	如幽默、遊戲項目
防禦措施（defense）	如健康程序、社交衝突、信念

文化衝擊圖

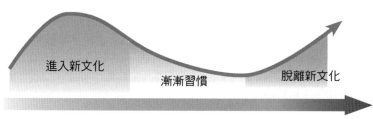

進入新文化　　漸漸習慣　　脫離新文化

8-5 多元文化諮商師的準備

　　「心理健康問題最好從文化脈絡裡去了解，但是更重要的是，要記得每個當事人都是個殊的個體。」（Corey, 2001, p.37）這一句話道出了「每個人都是一個文化」的精髓！美國諮商界在近三十年對於多元文化的著力甚多，主要是因為從主流的「文化大熔爐」觀念轉變到「多元文化」的影響，因此也相對要求心理衛生人員具有文化敏銳度與能力，就是成為一個在治療場域有文化意識與「文化反應」（cultural responsiveness）的諮商師（Ridley, 2005, p.78）。因此，諮商師需要：

一、了解自己所屬的文化與其假設

　　Pederson（1988）認為發展多元觀點的最佳起點就是先了解自己所屬文化的一些假設，有些假設可能就是有偏見的，而治療師自己若未能覺察對某些特殊族群的刻板印象，就很容易傷害當事人（Corey, et al., 2007）。

二、從文化體驗著手

　　Corey 等人（2007）認為，理解多元文化最好的方式就是去體驗。唯有諮商師願意開放自己去接觸、體驗不同文化，才是破除錯誤偏見或刻板印象的便捷、有效之道，而且更容易去欣賞文化之美。

三、培養文化能力

　　助人專業在近十年來，特別著重心理衛生人員的「文化能力」（cultural compence），儘管近年來治療與學界呼籲所有相關專業人員都需要具備「文化能力」（Middleton, Stadler, & Simpton, 2005, cited in Monk et al., 2008, p.429），但是「文化能力」的定義卻莫衷一是。所謂的「文化能力」，包含治療師對於當事人與自己文化的覺察、知識與技巧（術）（Fowers & Davidov, 2006, cited in Monk et al., 2008, p.432）。

　　此外，治療師必須要能提供「文化引導」（cultural guidance），也就是評估當事人的問題是否／如何與其文化因素有關。若無文化敏銳度，很容易將當事人的困擾視為其個人的或是「專屬」某一族群的，這種「問題導向」的思考，容易忽略當事人的優勢，且陷入問題漩渦，也可能讓當事人與治療師雙方對此一族群的錯誤刻板印象更深。

　　Corey 等人（2007, pp.143-144）認為，治療師的多元文化能力要含括：（一）治療師對自我所屬文化價值觀與偏見的覺察；（二）了解當事人的世界觀；以及（三）發展適文化的介入策略與技巧。也就是治療師不僅要對多元文化抱持開放、好奇，需要去了解與尊重多元文化、平等、社會正義及文化民主，更要投身於相關研究，有時甚至需要經歷許多痛苦的過程去面對自身、文化與社會的許多偏見與不公義，還要去質詢、挑戰與改變自己既存的世界觀與假設。諮商師要注意治療本就是文化的產物，也受到社會文化、歷史與政治力的影響，因此不能只注意到當事人的世界觀或文化背景而已，也要留意治療過程中的文化相關議題，尤其是治療關係中的「權力差異」（Monk et al., 2008, pp.432-439）。

多元文化諮商師應具備的能力（Nystul, 2006, pp.162-164）

能力	說明
信念與態度	諮商師應了解自己的信念與態度會影響當事人與諮商過程，因此要時時覺察自己對當事人文化的敏銳度及檢視自己的態度與行為；
知識	要了解當事人相關的文化背景知識，以及社會系統對當事人與其族群的影響；
技巧	做一個好的傾聽者，了解不同的語言與非語言表達方式及意義，了解當事人可能有不同的治療目標，運用適當處置方式協助當事人；
謙虛、自信與復原技巧	諮商師需要去承認錯誤、修正，也要相信自己有能力去適應、改變與學習。

具文化能力的諮商師特質（Leach et al., 2010）

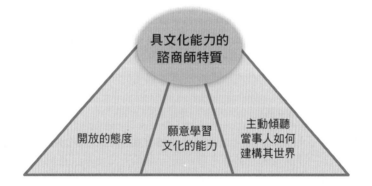

✚ 知識補充站

　　諮商師的理論取向可能具有「篩選」的作用，而這也會扭曲了諮商師對當事人的看法（Holiman & Lauver, 1987, cited in Ridley, 2005, p.101），因此 Ridley（2005, p.100）建議諮商師使用 Larazus（1989）的多元治療模式（BASIC ID），因為這個模式沒有特殊理論取向。

　　諮商師本身的多元文化能力是需要自己主動積極去培養的，從了解自己的文化著手，也願意去接觸不同的文化，通常在第一類接觸之後，許多的文化偏見會獲得修正，進一步則是去了解當事人所處的文化系統與價值觀，可以更貼切當事人的困境與需求，也才能提供適當的專業協助。

8-6 多元文化諮商模式

　　多元文化諮商因爲面對不同的當事人，因此其諮商技巧上比較不受限，然而也提醒諮商師必須要「因應」不同當事人做適當的處置，也就是說，維持適度的彈性與隨時做修正的準備（Halbur & Halbur, 2006, pp.72-73）。Smith（2006, cited in Pedrotti & Edwards, 2010, p.171）提出了一個以優勢爲基礎的諮商模式（Strengths-Based Counseling Model），其進行步驟如下：

　　（一）建立治療同盟（討論當事人的優勢、尊重當事人個人的努力）。

　　（二）認出優勢（運用敘事技巧協助當事人釐清他們的優勢）。

　　（三）評估目前的問題（了解當事人對於問題的看法）。

　　（四）鼓勵與注入希望（從當事人的生活經驗與所處的情境裡，重新燃起希望）。

　　（五）架構解決之道（運用焦點解決策略找出解決之方）。

　　（六）建立優勢與能力（利用內在與外在的優勢，協助當事人看見自己的自主性）。

　　（七）賦能（與當事人合作一起探討環境，並啓動內外在資源）。

　　（八）改變（協助當事人清楚自己的目標，做適當修正來改善情況，注意到當事人的努力與成就並鼓勵他們，也重新架構生命事件的意義）。

　　（九）建立彈性（或復原力，協助當事人培養因應技巧，可以在問題再度發生時做處理）。

　　（十）評估與結束（與當事人一起找出資源，也讚許當事人在諮商過程中的努力與進展）。

發展「適文化」諮商

　　諮商是從美國本土發源的治療，因此移入本國之後，勢必要考量與本土文化的「適配性」，才能夠達到最佳效果。誠如之前所提，東西方文化最大不同在於前者注重集體性、後者著重個別性，其他還有許多的民俗風情（如孝順倫理）的差異，因此更需要專業人員有更敏銳的文化意識與涵養。文化也涉及世界觀，諮商理論的世界觀與定義問題的觀點不同，自然也影響到接下來的處置方式，這也是諮商師在結合理論與實務的同時，需要留意的部分。

　　所謂「適文化」的諮商（cultural congruent practices），也就是運用當事人既存的世界觀與準備度做改變，才可能達到最佳效果（Smith, 2010）。

小博士解說

　　「適文化」的諮商工作需注意向度（Bernal & Saez-Santiago, 2006, cited in Smith, 2010, p.445）：（一）使用當事人喜歡使用的語言；（二）注意當事人與諮商師的適配度；（三）運用當事人習慣的比喻方式；（四）運用有關當事人文化的知識、價值觀、習俗與傳統；（五）將問題與當事人世界觀一致的方式做概念化；（六）找出與催化當事人想要的目標；（七）使用與當事人世界觀及目標一致的治療過程；（八）考慮到影響當事人的社會、經濟與政治現實等因素。

多元文化諮商的指導原則 (Nystul, 2006, pp.169-171)

多元文化諮商指導原則

相互尊重。	不要強加自己的信念系統在當事人身上。	對待當事人是一個獨特個體、以及來自特殊文化的人。	決定傳統諮商取向是否適合當事人？	提供可利用且可靠的服務。
使用彈性的處置或取向。	做一個「做事的人」（doer）而不是「會說的人」（talker）。	進行環境的評估（避免強調內在動力）。	讓自己也因為當事人的文化而更豐富。	不必要是少數族群才可以為少數族群服務。

諮商師進行治療的提醒 (Ridley, 2005, p.92)

諮商師進行治療的提醒

發展文化的自我覺察。	不要強加自己的價值觀在當事人身上。	在面對他人時接受自己的無知。	表現文化的同理。
將對文化的考量納入諮商中。	避免刻板印象的產生或套用。	注意當事人在其主要文化中所扮演的角色。	不要去責怪受害者。
在選擇處置方式時保持彈性。	檢視諮商理論中的可能偏見。	將諮商建構在當事人的優勢上。	不要保護當事人免於情緒的痛苦（有時情境覺察及感受是必要的修通關卡）。

8-7 家族治療理論

家族治療主要是以「系統觀」建立其基本立論，也受到「一般系統理論」的影響。

一、系統觀

家族（庭）諮商的起源是受到「系統觀」的影響，是1960年代的產物（Minuchin & Nichols, 1993）。家族治療師之所以喜歡「系統觀」，主要是常常見到當事人無力去控制家庭中發生的狀況，淪為受害者（Nichols, 1992, p.11），因此批判傳統的治療將個人與其所置身的自然脈絡與社會系統切割開來（Lebow, 2008），系統觀將當事人的問題視為家庭系統功能運作的徵狀（symptom），而非個人的適應問題，因此個人出現問題或徵狀可能是（Corey, 2009, p.412）：（一）為了家庭而有其功能與目的；（二）家庭不小心讓這個徵狀持續下來；（三）家庭無法有效運作，特別是在轉換期時發生；（四）可能是世代傳承下來的失功能模式。

每個家庭都是一個系統，有自我調節（self-regulation）的功能，即便在一個家庭裡，也不是只看見所有成員而已，還包括個人的經驗、彼此之間的關係，即使是個人的心理問題，也是在與人互動中呈現出來（Nichols, 2010），因此只要系統中任何一個環節出問題，都會影響整個系統的運作，而系統則會發揮「平衡」（homeostasis）的功能，讓系統回復到之前的狀態，就像家人間的互動、會依循一些慣例或規範，其目的就是要維持可以預測的穩定狀態（Nichols, 1992, p.28）。這樣的思考其實與一般人都希望安全穩定的需求是一樣的。

系統觀對於家族治療的技巧沒有直接關聯，其主要貢獻在於提供治療師思考當事人與其失能行為的原因（Goldenberg & Goldenberg, 1998, p.20），而家庭治療師將個人的「病態」（或問題）視為當事人關係模式的困擾，其目的也是要協助家庭成員以關係的角度去重新定義問題，由於「被認定病人」（identified patient, or IP）的出現有其功能，因此治療師會詢問當事人家屬「如果病人不再生病了，會有什麼改變？」讓每位家庭成員都可以表達自己的感受，不讓「生病」或是「有問題」的當事人成為家庭真正問題的代罪羔羊（Goldenberg & Goldenberg, 1998, pp.41-42）。然而，系統觀強調家庭有「平衡」的傾向與功能，同時也意味著家庭會抗拒改變，這也讓後來的家庭治療（如後現代）有了新的思維與發展，強調「形體發育學」（morphogenesis）朝改變前進的系統力量（Lebow, 2008）。

二、一般系統理論

家庭治療沿用了「一般系統理論」（general systems theory）的觀點，也就是不以直線、因果的方式思考，而是以「循環」（circular paths of causality）的方式來看家庭問題，聚焦在彼此互動的、重複的模式上（Lebow, 2008）。

家庭（族）治療學派（讀者可以參考家庭諮商之相關書籍做進一步了解）

名稱	創始人	重要觀念或特色
Bowen 式家庭（族）系統治療	Murray Bowen	自我分化、三角關係、家庭投射歷程、多代傳遞、手足位置、情感截斷
體驗性家庭（族）治療	Virginia Satir Carl Whitaker	強調家庭溝通與自我成長，重經驗分享、自我覺察、情感表達與親密體驗。 運用「家庭雕塑」與「編舞」技巧，協助家庭成員的自覺。
心理分析家庭（族）治療	Nathan Ackerman Ivan Boszormenyi-Nagy	融合傳統的「驅力心理學」、自我心理學與客體關係理論及 Boszormenyi-Nagy 的「脈絡治療」。
結構性家庭（族）治療	Salvador Minuchin	重建、結構、次系統、界限
認知行為家庭（族）治療	Gerald Patterson Robert Liberman Richard Stuart	強調問題解決與消弭衝突的技巧，運用古典與操作制約理論，並加入溝通技巧與認知技巧。
策略家庭（族）治療	Jay Haley	著重在問題解決。注意家庭結構與重整、權力位階與世代間的界限問題。
焦點解決家庭（族）治療	de Shazer Insoo Berg Bill O'Hanlon Michele Weiner-Davis	不強調歷史，專注於症狀及短期，著重在問題解決。 將家庭成員視為自己問題的專家，有其資源與貢獻，並相信小改變可以促成大改變。
敘事家庭（族）治療	Michael White David Epston	將問題與當事人本身分開，關心問題對家庭的影響（注意社會脈絡）。 陪伴當事人重新詮釋過去經驗，解構與重建對當事人有意義的敘事（或故事）。
整合模式： 內部家庭系統治療	Richard Schwartz	內部家庭系統模式、次人格（或「內在的聲音」）、自我、自我領導。
後設架構模式	Douglas Breunlin Richard Schwartz Betty MacKune-Karrer	人類經驗的六個核心領域（組織、序列、發展、文化、性別與內在歷程），家庭歷程五階段（傳統、性別覺醒、兩極化、過度期與達成平等），重視性別與多元文化。
整合式問題中心治療	William Pinsof	不是將不同模式結合，而是保留各模式之原貌，同時讓幾位治療師參與治療。在採用複雜昂貴的方法之前，先採取最簡單、代價最低廉的方式介入。
敘事式解答療法 整合式配偶治療	Joseph Eron Thomas Lund Neil Jacobson Andrew Christensen	相信人們的「偏好看法」，使用重新架構與重新敘述。 強調配偶之間的支持與同理心，提高對彼此的接納度，將差異視為不可避免的事。

註：家庭（族）治療底下還因為學派不同而有區別，像是「精神分析家庭（族）治療」、「認知行為家庭（族）治療」，也就是運用該學派理論與技巧在家庭（族）治療上。

8-8 影響家族治療的起源與理論

一、Freud 的家庭概念

　　我們是藉由人際關係來定義自己、維持個人生存的，單是從個別治療裡，無從了解人在人際網絡中的運作與受到影響的情況，而家庭治療是從社會脈絡（social context）去了解人類行為，因此受到矚目。家族治療可以追溯到Freud，只是他所注重的是「記憶中的家庭」（family-as-remembered）（Nichols, 2010, p.5）。

二、團體理論與運作

　　家族治療最先是受到團體動力的影響，只是家庭成員的關係與複雜度較之團體更深，而且有共同的歷史與未來，因此其持續性（continuity）、承諾度（commitment）、以及彼此分享或共有的扭曲思考（shared distortions），也都有別於一般的團體，再者家庭成員不像團體成員那樣享有平等的權利（Nichols, 2010, pp.13-14）。精神分析治療師甚至將團體視為「家庭」之「再造」（re-creation）（Nichols, 2010, pp.13-14），可以提供矯正原生家庭經驗的機會（Yalom, 1995），而團體的過程、內容以及使用的技術，的確影響了後來的家族治療。

三、角色理論

　　「角色理論」也提供了家族治療一些想法，包括家庭成員的角色基本上是互惠、互補的，家庭之所以很難改變，主要就是彼此角色的互相「增強」使然──彼此都在等待對方的改變（Nichols, 2010, pp.12-13）。

四、社會工作

　　家族治療也受到社會工作的影響，因為社會工作就是將人視為在環境中的個體（person-in-the-environment），較之系統觀更早將「生態」的觀念帶進來（Nichols, 2010）。

五、回饋圈與家庭系統

　　一般活的生物體是需要依賴兩個重要過程，其一是在面對外來環境的騷擾時，可以維持完整性（需要經由「負向回饋」的作用，藉以減少改變），其二是要改變系統本身去遷就新的資訊（這就是「正向回饋」的功能），有彈性、功能良好的家庭會適度調整新資訊是否納入系統內，並做適宜的改變（Nichols, 2010, p.46）。家庭若無適當的正向回饋機制（或是溝通模式），就不能去做調適、改變，而家庭要維持其平衡，也需要負向回饋的機制，缺一不可，後來的學者注意到「正向回饋」不一定是不好的，可惜早期的家庭治療師常常過分強調家庭「負向回饋」與拒絕改變的部分（Nichols, 2010, p.90），也容易將家庭預設在某些偏頗立場、少了激勵與發展正向動力的機會；過度重視「平衡」的功能，也誇大了家庭的傳統特質、忽略其可能有的資源，而將家庭視為一系統，卻忽略了家庭外更大的系統（如社區、文化與政治）網絡的影響力（Nichols, 2010, p.92）。

　　家族治療有許多派別，本書只介紹「體驗家族治療」、「結構家族治療」、與「策略家族治療」三個最基本的理論。

其他人物或理論對家族治療的貢獻

人物或理論	貢獻
Gregory Bateson	◎ 從「神經機械學」（cybernetics）（研究系統內回饋控制的方法，以維持與調節系統內平衡的機制）那裡借用了「回饋」（feedback）觀念來說明家庭用來規範或調節家庭成員的行為，以維持其平衡，並用於精神分裂症者（思覺失調）的治療。 ◎ 發現系統理論最適合用來描述家庭為一「單元」（unit）的功能（Nichols, 2010, p.91），他注意到家庭角色間的功能可以是互補（complementray）或是對等的（symmetrical），也就是彼此的關係是互動、而非固定的，他也將一般人把問題歸因於過去事件的線性思考，轉變為目前仍在持續的「某件事」的「循環回饋圈」（cicular feednack loops）觀念（也就是問題之所以存在，是因為目前仍在進行的一連串行動與反應所造成）。 ◎ 發現所有的溝通都有兩種功能或層次。「報告」（report，是指訊息所傳達的「內容」），與「命令」（demand，指報告是如何被接收解讀的、對話者的彼此關係是如何），第二種訊息也可以稱之為「後設溝通」（metacommunication），是隱而不顯、常被忽略的。 ◎ 其「雙重束縛理論」（double-bind theory）在 IP 的家庭溝通中是有其意義的，家長將心理疾病的孩子「神祕化」，同時傳遞兩種互相衝突的訊息（例如母親對兒子說：「你都沒有自己的主見，如果要像個男人，就趕快去找工作！」如果兒子按照母親的訊息出去找工作了，是不是「證明」了他沒有自己的「主見」？如果不去找，是不是就「不像」個男人？），讓病人更困惑，也以為每個陳述背後都隱藏著特殊意義。Bateson 與其團隊相信：溝通有多層次，不良關係模式是由家庭自我調節的互動所維持的。
溝通治療	◎ 是最先影響家族治療、也是最重要的影響。 ◎ 溝通模式分析互動是「循環式」的因果關係（circular causality），而非「直線式」的因果關係，因此治療師就將家庭成員的行為連鎖視為「回饋圈」（feedback loop），家庭對某位成員問題行為的連鎖反應會讓問題更嚴重（擴大效果），就是所謂的「正向回饋圈」（positive feedback loop），反之則為「負向回饋圈」（negative feedback loop）（減輕效果）。 ◎ 家中成員所表現出來的徵狀或是問題，是為了要維持家庭的平衡，有徵狀的家庭就是陷在失功能的溝通模式裡。 ◎ 溝通治療師是以改變家人不良互動的模式為目的，聚焦在「過程」而非「內容」，而病人出現的徵狀只是告訴我們家庭關係出了問題，因此必須要把潛藏的訊息攤開來檢視。 ◎ 家庭發生問題是因為卡在不適當的溝通模式裡，也就是應該要改變以利家庭成長的，但是家庭卻抗拒改變，IP 變成「受害者」、而其他家人成為「加害者」，事實上「加害」或「受害」者的角色是彼此相互決定的。 ◎ 治療師的做法就是：確認讓問題持續的正向回饋圈，然後找出支持這些互動的規則，最後則是改變這些規則以中止問題行為。

8-9 體驗家族治療理論（一）

體驗家族治療理念

　　體驗家庭治療奠基於人本取向的立論，相信人有選擇的自由、是自我決定的，治療師聚焦在當下，留意家中個別成員的主觀需求與情感經驗，同時也催化家庭過程，屬於「存在－人本」取向（Nichols, 2010）。治療師積極提供當事人自發與表達的機會，提升當事人對當下經驗的自我覺察能力，願意做選擇，並承擔責任，讓當事人實際在體驗人際經驗（interpersonal experience）時，可以進一步做改變（Goldenberg & Goldenberg, 1998, p.78; Snow, 2002）；換句話說，就是聚焦在家庭中個體的個別性，同時讓家人可以更有效溝通。體驗家族治療可以 Viginia Satir（1916-1988）與 Carl Whitaker（1912-1995）為代表，此學派在家庭治療初期相當受歡迎。

　　Viginia Satir 所創立的「人本過程確認模式」（human process validity model）與 Carl Whitaker 所創的「象徵體驗模式」（symbolic-experiential model or experiential family therapy），都是體驗家族治療的代表，他們不重視理論，而關注於治療過程。由於此取向認為家庭問題的產生是因為壓抑的情緒，許多父母親錯將情緒的「工具性」與「表達性」功能混為一談，甚至用控制情緒的方式來控制孩子的行動（Nichols, 2010），因此治療目標都是解除阻礙人們成長與自我實現的壓抑感受及衝動。在引出家庭優勢之前，要先讓每位成員都可以接觸到自己真實的感受（不管是期待、渴望或焦慮），然後才可能營造出真誠的家庭連結（Goldenberg & Goldenberg, 1998, p.78; Nichols, 2010）。

小博士解說

　　既然家庭是一個系統，底下自然有不同的「次系統」（subsystems，如夫妻、親子、手足），「次系統」是整個系統的一部分，可以在系統內執行特殊功能與過程，以維持系統的整體性，次系統間也會彼此影響，而每一個家庭成員都分屬於不同的次系統，這些次系統可能是依其在家庭內不同代間、性別、興趣、角色或功能而組成，如果任何一個次系統失功能，就會引發整個家庭系統的反應（Goldenberg & Goldenberg, 1998, pp.27-28）。

其他人物或理論對家族治療的貢獻（續）

人物或理論	貢獻
Murray Bowen 的家庭系統治療	◎ 其對精神分裂症患者的觀察研究，發現病人一回家就發病，於是開始探究其中的原因，發現了家庭的影響力，而病人之所以生病，有其「附加利益」。 ◎ 他發現一旦家中有兩人衝突、卻又無法解決時，就很自然會將第三者拉進來，以減少壓力，形成所謂的「三角關係」（triangle），以穩定家庭關係；「三角關係」不一定是壞的，有問題的是將「三角關係」變成一種習慣，因此毀損了彼此原來的關係。 ◎ 看見「代間傳承」（multigenerational transmission process）的模式，尤其是情緒問題的延續。夫妻或是個人與原生家庭未分化，可能就會有情感過度投入（emotional overinvolvement）或是情感切離（emotional cut-off）的結果，而這樣的情況會代代相傳。 ◎ Bowen發展了「家族譜」（genogram）來檢視家人與代間關係。Bowen還看到母子（女）之間的「共生」（symbiosis）關係（為了生存而彼此互相依賴，卻也會影響彼此獨立的功能，這最常出現在酗酒家庭裡）。 ◎ 人類關係受兩種驅力〔個別化（individuality）與共聚性（togetherness）〕的平衡所影響，也就是人需要獨立、也需要與人有聯繫，因此需要學習在情感上可以處理這兩種驅力，而「自我分化」就是很重要的一種發展。Bowen鼓勵個體與家庭做適度的區隔，而「自我分化」（differentiation of the self）的程度與個體成熟有關，也與因應壓力的功能有關。 ◎ Bowen相信人格的養成與個體在家中的地位有關，像是排行老大的較有權力慾，而排行較後的則較能同理弱勢立場、對其他經驗較為開放。 ◎ Bowen學派的家庭治療目標，是讓人們更了解自己與家人關係、減少過度情緒反應，那麼就可以承擔屬於自己的責任，即使家庭中一個人的改變，也可以引發不同的改變。
Nathan Ackerman	◎ 發現病人可以成為家庭問題的「代罪羔羊」（scapegoat），病人藉由自己生病來緩解或轉移家庭真正的問題，而家庭反而成為「迫害」病人的力量。 ◎ 他也是最早將家庭視為一個「單位」（unit）的治療師。 ◎ Ackerman看見家庭生活中的人際面向、看見每個人的行為與家庭的關聯，因此他在治療中不僅關注每個人內在，也注意家人彼此的關係，關切個人在系統裡的情況。 ◎ 鼓勵家人將祕密公開化。
其他	◎ Don Jackson提出「家庭平衡」（family homeostasis）的觀念，強調家庭是一個會抗拒改變的單位，他主要也在分析家庭的溝通，孩子的徵狀就是父母問題的誇大版，且具有平衡家庭的功能，也因此家庭在轉好之前會變得更差。 ◎ Theodore Lidz研究父親在精神分裂患者（思覺失調）家庭中的角色（缺乏角色互補）。 ◎ Lyman Wynne提到「橡膠圍牆」（rubber fence）的概念。若將家庭外的人捲入家庭事件中，而家人之間的「假互惠」（pseudomutuality，假裝是很親密的一家人，掩飾彼此的衝突或疏離）與「假敵意」（pseudohostiality，彼此是共謀結構卻以敵意來做掩飾）不僅讓溝通扭曲，也破壞了真實的感覺與思考，而這些家庭的情緒混亂也孕育了孩子心理上的紊亂。 ◎ John Bell直接運用團體動力在家庭治療裡。 ◎ Carl Whitaker甚至率先在治療中使用「共同治療師」（co-therapist），協助治療師可以有彈性地介入與做直覺反應，不需要去檢視所謂的「反移情」。 ◎ Ivan Boszormenyi-Nagy將倫理責任（注意到家庭成員對於家庭貢獻與公平性的看法）放入治療目標與技巧裡。

8-10 體驗家族治療理論（二）

一、Virginia Satir 的「人本過程確認模式」

Satir 對於人際關係的理論植基於一般系統理論、精神分析、溝通理論與 Martin Buber 的「我－你」觀念，其治療取向受到系統觀、溝通理論、人本、原生家庭理論的影響，基本上是行動派導向的。

Satir 的治療模式特別強調家庭裡的溝通與後設溝通（metacommunication）、以及治療師在改變過程中的「確認」動作（validation）（Corey, 2009, p.415）。Satir 對溝通很有興趣，但是她在治療中加入了「感受」的面向。她發現困擾家庭的成員被困在狹隘的角色裡（如受害者、和事佬、違抗者或拯救者），因此聚焦在釐清溝通管道、表達感受與醞釀彼此接納與溫暖的氣氛，讓家人之間可以進行真誠而有效的溝通，因此治療過程中會留意該家庭的溝通型態，協助去除間接、扭曲或不適當的互動方式（這些都有礙個人成長），代之以促進成長與更能滿足彼此需求的溝通模式（Goldenberg & Goldenberg, 1998; Nichols, 2010）。

Satir 所發展的治療模式是與當事人的內在做接觸（這自然就能提升當事人的自尊，而有了自尊要改變就很容易了），然後去確認個體獨特性與人類共通性。她認為她在治療中擔任的角色是一位「接生婆」（midwife），協助當事人的「第三次出生」（third birth）（第一次出生是精卵結合的那一剎那，第二次是自娘胎出來，第三次則是成為自己做決定的人），讓當事人願意自己承擔責任與連帶的冒險（McLendon & Davis, 2002, p.170）。

Satir 認為人類是處於「自我－他人－脈絡」（self-other-context）的情境中，自尊心決定一個人的表現、健康與人際關係，因此外在的溝通就是個人內在的表現。她將不一致（或「低自尊」）的溝通分為和事佬（placating）、責怪者（blaming）、超理智者（superreasonable）與不相干者（irrelevant）四種，低自尊會影響一個人對自己、他人與周遭脈絡的看法，當然也影響了他／她對過去、現在與未來的看法，而每個人的自尊與自我認同係始源於最初與父母親的「重要三角」（primary triad）關係經驗（McLendon & Davis, 2002, pp.171-172）。

Satir 認為自我實現（full-fulfillment）是需要仰賴家庭凝聚力，因此她強調家人溝通的重要性，而參與家庭治療的人都需要有基本的承諾，那就是「個別的自我表達」，而家庭就是可以分享經驗之所在，健康的家庭會容許其成員有「成為自己」的自由（individual self-expression）（Nichols, 2010, pp.195-197）。在治療過程中，Satir 不只聚焦在個人的優勢與健康，她認為每個人的獨特性都要被看見、也被認可，「不同」或「獨特性」是成長的驅力（Nichols, 2010, p.198），也協助家庭成員去發現感受背後的意義，把治療目標放在「因應」（coping）上、而非問題本身（McLendon & Davis, 2002, pp.181-182）。治療師要示範良好的溝通，也教導家庭成員忍受誠實的情緒表達，去了解每人感受背後的意義（Hanna & Brown, 1999, p.20; Nichols, 2010）。

Satir 理論的主要概念（McLendon & Davis, 2002）

概念	說明
自尊	自尊主要決定一個人的表現、健康與關係，因此直接處理自尊議題可以彰顯在其與人溝通及外在表現上。
溝通	宇宙分為自我、他人與脈絡三部分，而溝通多多少少主宰了這三部分與自尊的關係，「一致的溝通」也表示了個人外內在的平衡與和諧。
重要三角（primary triad）	指父母親與孩子的三角關係，通常是孩子發展其與人互動關係、對自我認同的關鍵。
改變	覺察並不等於行動，因此健康的選擇也需要不斷地練習與支持，Satir 的治療會教導當事人如何去有效因應不斷改變的人生過程。
治療關係	Satir 認為治療的直接效果會反映在關係品質上，而家庭系統中的治療是互動的過程，治療師只是像晤談中的主持人而非專家。

溝通不一致（可用於家庭雕塑中）的特質（Satir, Banmen, Gerber, & Gomori, 1991）

溝通型態	說明
和事佬	企圖討好別人，忽略自己的感受，將力量交給他人，凡事都說「好」，展現出幼稚與依賴的特性。可能會有自我犧牲、自我否認、或自殺。
責怪者	與前者正好相反。為自己挺身而出，不接受他人的藉口或虐待，貶低或剝削他人、不甘示弱。可能會有強暴或凌虐他人等攻擊行為。
超理智者	不盡人情地客觀、不表現情感，是個孤獨者。
不相干者	經常娛樂他人或是扮演丑角，常常轉移他人的注意力、靜不下來，感受也不受重視。因為靜不下來，呼吸亦不順暢，常常有不平衡的感受，也會有暈眩或發抖，可能會有心理疾病。

✛ 知識補充站

「回饋」是指家庭成員與外界接觸所帶回到家庭裡的、或是成員本身的成長或變遷（如青春期、上學、離家或離婚等）新訊息。

「正向回饋」（positive feedback）是新訊息對家庭目前發展方向的確認與增強，而家庭對於新訊息的接收與重新調適，是主要的改變動力（因此並不一定是不好的）。

「負向回饋」（negative feedback）則是發現訊息讓家庭系統走偏了、需要做適當修正，家庭系統會拒絕或是壓抑新訊息、不讓它影響家庭原本的平衡。

8-11 體驗家族治療理論（三）

二、Carl Whitaker 的「象徵體驗模式」

Carl Whitaker所創的學派稱之為「體驗治療」（experiential therapy）學派（或是「象徵治療」，symbolic therapy），其治療兼顧個人在家庭中的情況，也最先使用了「共同治療」（co-therapy）的模式，他強調與全家人一起工作。Whitaker認為結縭的兩造都是自己原生家庭的「代罪羔羊」，因此將原生家庭傳承的衝突解決，才有可能擺脫其負面影響（Nichols, 2010, pp.195-197）。Whitaker讓治療師成為「象徵性的父母」（symbolic parent），讓當事人可以退回到嬰兒狀態、感受到需求被滿足的情況，「共同治療」就可以達到這樣的功能。

Whitaker協助家庭成員說出自己潛藏的衝動，他自己同時也去搜尋自我幻想中類似的衝動與象徵（這些象徵都代表家人內在的世界，也決定了如何解讀外界的現實）。其治療目的是讓家族成員都可以參與，讓成員有歸屬感的同時，也能有自主獨立的能力（Goldenberg & Goldenberg, 1998; Nichols, 2010）。

治療目標是讓家庭成員對家庭有歸屬感，同時家庭也可以提供每個成員發展自我的自由，也就是在加強家庭優勢的同時，提升個人在家庭裡的成長，可以化解家人的防衛、解放個人內在的生命力。治療過程中，治療師聚焦在拓展家族成員的體驗與覺察上，只要家庭成員能夠獲得新的與更深入的頓悟、覺察與成長，改變就產生了（Snow, 2002; Nichols, 2010）。

體驗象徵治療師會加入家庭，像是跳舞一樣，可以與家庭成員合作、接近，也會去面質或保持距離，因此治療師是很主動、指導性強的，也充分利用自己（self）投入在治療裡，而治療師本身在原生家庭的個人經驗也很重要（Snow, 2002, pp.308-309）。體驗象徵治療師不相信家庭作業，很特別的是，他們會讓家庭成員去想像一旦真實情況發生後的模樣，稱之為「真實家庭壓力的替代幻想模式」（modeling fantasy alternatives to real-family stress），像是有成員想自殺，治療師就讓全家人想像自殺者的葬禮、將其感受說出來（Snow, 2002, p.310）。

三、體驗家族治療過程與技巧

體驗家族治療目的就是讓家庭成員可以自由表達真正感受、不再壓抑，然後家人之間可以更真誠的連結。其治療過程通常是了解家庭呈現的問題，每個人對此問題的觀感，然後讓每位成員都有機會表達自己的真實感受與想法，接著示範且指導有效的溝通方式。也因為此派治療師強調自發與創意、彈性與自由，因此其介入方式也較無系統可依循，也會使用其他學派的技巧，早期多運用不同學派的個別與團體諮商技術，像是完形學派、會心團體、情緒表達技巧與心理劇的家庭雕塑（family sculpting）、玩偶訪問（family puppet interviews）、藝術治療、共同家庭繪畫（cojoint family drawings）等（Hanna & Brown, 1999, p.20; Nichols, 2010）。

Satir 與 Whitaker 的治療風格比較

同	異
兩個人做治療時都是主動且積極參與，也認為治療需要有力的介入，而那股力量就是來自於情緒體驗。	Satir 的治療風格非常具個人特色，善用直覺、自發、創意、幽默與自我揭露，也很願意冒險。 Whitaker 強調選擇、自由、自決、成長與自我實現，他的治療風格就更「真實」、面質性極高。
對家庭功能（非問題解決）較感興趣。	兩人風格迥異，主要是與個性有關。Satir 很溫暖、接納，將當事人的抗拒視為擔心進入未知領域的恐懼；Whitaker 則是較強勢、個人化的，甚至出其不意，他也是最早運用「自我」為改變的催化者（catalyst for change）。

家族治療的修正與發展

影響理念	修正
「神經機械學」與一般系統理論：提供家族治療相當有用的暗喻，協助臨床專業人員組織家人互動的模式，也注意到了家人之間的行為是互相影響的，而每個人的行為也都與家庭相關聯。	但是家族治療採用「神經機械學」的比喻也容易讓治療師變得機械化，而不是一個人性的治療者，因為人類不是被動的生物，同時也是行動的引發者，還有想像力、記憶、推理能力與慾望。
系統理論	家族治療理論做了修正與補足，包括只是做第一層次的改變（first-order change，如家中成員）效果不大，必須要改變整個家庭系統（第二層次的改變）效果才凸顯。
互動模式	專注於互動模式是不足的，因此加入了家庭成員的信念（建構主義與社會建構主義）、以及文化的影響力。
抗拒	許多家族治療師已經不將「抗拒改變」當作議題，因為這是人情之常（人有安全、穩定的需求），反而是將抗拒視為具有「保護」的功能。

> **✛ 知識補充站**
>
> 　家庭次系統的功能在於保持獨立性與維持連結性。保持獨立性的部分在於與其他次系統區隔，可以不受影響；維持連結性的部分，則是可以與其他次系統做聯繫。例如家庭中「父母」的次系統，父母可以保持彼此間的互動與親密、不受子女干擾，同時也維繫與子女間的關係。

8-12 結構家族治療

結構家族治療的理念與代表人物

　　結構家族治療（structural family therapy）是最具影響力、也是研究最多的一個取向，其理論對家庭的穩定與改變、開放與封閉之間平衡的描述特別著力（Becvar & Becvar, 2009）。家庭是由界限所規範的次系統所組成，此學派的理念在於家庭是一系統，其下有不同的「次系統」（如配偶、親子、手足等），這些次系統間有其權力位階，也運用「家庭圖」（geometric map）來看每個人的行為與其全家族結構的關係，每位家庭成員的行為，影響家庭中其他人的行為、也受其影響（Minuchin & Nichols, 1993, p.42），而個人的問題植基於家庭互動模式（Goldenberg & Goldenberg, 1998, p.80）。

　　結構派大師 Salvador Minuchin（1921-present）是出生於西班牙的猶太人，本來學醫想擔任小兒科醫師，後來到美國學習精神醫學，也是經過精神分析的訓練開始，因為與來自世界各國的戰後孤兒工作，忽然了悟文化與環境脈絡的重要性，也在六〇年代末開始去探索家庭所處的社會脈絡，這些對他影響深遠，他後來喜歡 Harry Stack Sullivan 的人際心理分析（interpersonal psychoanalysis），將治療師視為「參與觀察者」（participant observer），他也喜歡 Erich Fromm 對人類根植於文化的看法，此外還受到 Karen Horney、Abraham Kardiner、Erik Erickson 等人的影響。

　　Minuchin 認為自己是一個主動性極強的人，因此沉默對他而言是較難忍受的，但是他所受的訓練卻要他按照這樣的程序走，因此在他與非行（行為偏差）青少年一起工作之後，發現需要以非常主動的方式進行治療才行，所以他也開始做家族治療（Minuchin & Nichols, 1993）。Minuchin 看到家人行為有其固定的模式，即使是配偶的行為也不是獨立的，而是「共同決定的」（co-determined），他也注意到家庭結構的觀念其實指出了功能的限制，也就是說，「結構」一詞不免讓人聯想到「固定的狀態」（fixed state），因此家族治療的目標應該是要增加這些潛在結構的彈性，也就是協助家庭持續發展（Minuchin & Nichols, 1993, p.40）。

小博士|解|說|

　　每個家庭對於回饋的反應與處理（決定哪些訊息可以納入調適或拒絕受到影響），也顯現出此家庭的開放程度如何？一個健康的家庭必須對改變的可能性（家庭外環境的壓力、或是家庭成員成長發展的自然過程）做適度的開放，才可以維持其長期的穩定性，拒絕改變則會造成停滯與衰退。

結構取向家族治療（Minuchin, 2007/1991, p.17）

1	是一種行動治療。

2	治療目標在於修正「現在」，而非探索或解析「過去」。

3	既然「過去」創造家庭目前結構與功能，它自然會呈現在「現在」。因此改變「現在」、就可以改變「過去」。

4	治療師加入家庭系統，並用自己來改變家庭。

5	治療師依據家庭系統的三個特性來達成改變的目的，這三個特性是： （1）結構的變動會牽動家庭的其他改變； （2）家庭系統的形成，建立在家庭成員彼此的支持、約束、滋養與社會化的氛圍中，因此治療師的介入是要修復或修正家庭自身的功能，使其更能有效執行上述任務； （3）家庭具有使自己永存的特性，因此治療師介入家庭的過程，可藉家庭的自我調節機制來繼續維持。

次系統的界限

界限狀況	說明
彈性	健康的界限，可以維繫關係，也能夠保有自我。
僵固	可維持自我（成長），卻缺乏親密。
糾結	關係親密，但沒有自我。

註：一般人的界限依據親疏遠近而有調適，基本上是介於兩個極端（僵固與糾結）之間。

家庭生命週期

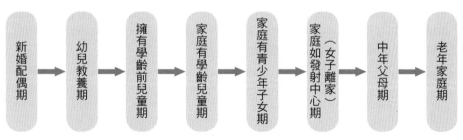

新婚配偶期 → 幼兒教養期 → 擁有學齡前兒童期 → 家庭有學齡兒童期 → 家庭有青少年子女期 → 家庭如發射中心期（女子離家）→ 中年父母期 → 老年家庭期

✚ 知識補充站

「結構」是指一個組織單位（如家庭）內所發生的互動情況，最初是由互動來規範結構，後來結構就會塑造互動的模式。

8-13 結構與界限

　　結構家族治療聚焦在家庭中的互動模式，也從這些互動模式中看出家庭結構與組織的端倪（Becvar & Becvar, 2009）。對 Minuchin 來說，結構是看不見的一套功能，是家庭經過長時間的發展而成，其目的是要求與組織家庭成員互動的方式，或是家人一致、重複、有組織、可預測的行為模式，就功能性的角度來說，可以讓我們了解家庭有其結構（Becvar & Becvar, 2009; Mitrani & Perez, 2003）。

　　「家庭結構」指的是家庭次系統的組成方式、以及受到界限規範的次系統間的互動如何（Nichols, 2010, p.102 & p.169），通常有「權力」的意涵（也就是一般是以較年長一代的權力較大，但也可能因為權力聚集在其他人身上而無執行功能）（Lebow, 2008）。家庭結構又由兩部分系統所規範，其一是「一般的系統」（generic），也就是權力位階系統，基本上彼此功能是互惠且互補的，另一個是「個殊的系統」（idiosyncratic），是每個家庭所特有的（Becvar & Becvar, 2009）。這些次系統會因為世代、性別或功能的不同來決定，彼此之間也有看不見的「界限」（boundary）做區分。

　　次系統間是由「半穿透的界限」（semipermeable boundaries）所區隔，其目的在於區分彼此的功能（Nichols, 1992, pp.280-281），也就是維持各次系統的獨立之外，同時也可以彼此互相支持，像是我們每個人都可以有獨立自主的能力，也需要與他人互相合作及依賴，在家庭中當然也是如此。界限過於僵化或是糾結，都不是健康、適當的，家人間僵化的界限無法讓成員培育出與人之間的親密關係，而糾結的界限則會讓想要獨立的成員被視為「背叛者」。

　　清楚的界限也支持了位階（權力）結構，讓父母親可以居於領導地位，而父母親也要依照孩子不同的發展階段與需求，調整不同的界限及親職型態；界限也讓家庭與外界有所區隔，不會讓外面環境直接侵擾家庭。

　　Minuchi（1974）認為，家庭成員的界限必須要清楚界定，這樣不僅可以容許次系統的成員執行自我的功能、不受到過多的干擾，同時也可以讓個別成員與次系統間有適當連結。當然每位成員間的界限彈性與開放程度不一，主要是依彼此關係親疏程度來決定（cited in Goldenberg & Goldenberg, 1998, pp.32-33），也就是說與自己認為親近的人相處，界限會模糊一些（可以偶爾讓對方「越界」），與自己認為不親的人相處，界限會僵固、嚴格一些（不准對方越界）。

小博士解說

　　次系統內與次系統彼此之間的關係構成了家庭結構。「夫妻」次系統主要是彼此互補的功能，因此需要妥協、調適與彼此支持；「親子」次系統主要是「執行」教養的單位，而「手足」次系統可以讓孩童實驗及練習與同儕的相處。

不同界限圖示

清楚的界限	– – – – – – – – – –
模糊的界限	· · · · · · · · · · · · · · · ·
僵化的界限	————————
緊密	═══════
聯盟	}
注意轉移	▢⇒

範例 陳元的家庭

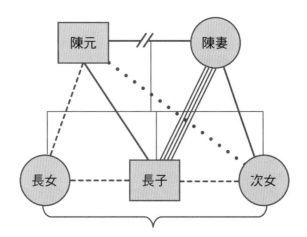

註：從上圖可見陳元與陳妻呈離婚狀態，陳妻溺愛長子，
　　而長女與次女則聯盟來抗拒長子或父母。

8-14 結構家族治療目標與過程

結構家族治療模式是很主動、以優勢爲基礎，而且是結果導向的治療。治療師積極參與家庭，阻止舊有、病態的互動模式，改變的產生是從新的問題解決經驗裡開始具體化（Aponte & Dicesare, 2002）。

由於家庭是一個活生生的系統（a living system），因此也有權力位階的存在，治療師需要讓夫妻擔任家庭領導的地位，同時容許孩子可以有發展與成熟的自由（Goldenberg & Goldenberg, 1998, p.85; Mitrani & Perez, 2003）。結構家族治療目標在於藉由拓展家庭互動的方式，來促進家庭的成長（Mitrani & Perez, 2003），具體地說，就是讓家庭成員投入治療過程的同時，企圖協助家庭重組，強化父母次系統、設立適當的位階界限（Hanna & Brown, 1999, p.11）。簡言之，結構家族治療目的在於：（一）減輕失能的徵狀，（二）藉由修正家庭互動規則與發展更適當的界限，以造成家庭結構的改變（Aponte & Dicesare, 2002; Corey, 2009, p.416）。

結構家族治療過程是：（一）治療師加入家庭、確定其領導地位；（二）治療師確定家庭的結構狀態；（三）治療師轉換家庭結構（Minuchin, 1974, cited in Becvar & Becvar, 2009, p.182）。也就是治療師先加入與適應家庭，然後按照結構地圖做重建，標示與修正家庭互動的情況，必要時設立界限，若是界限太僵固、則是刻意造成不平衡，也挑戰無建設性的假設（Nichols, 2010），其治療步驟與技巧有重疊部分。

結構家族治療師在治療過程中是擔任「領導」的角色，直接參與家庭系統並營造改變（Mitrani & Perez, 2003），他／她會觀察家人關係的情況（親近、疏離、混亂或僵化），尋找家庭系統的互動模式與優勢（Hanna & Brown, 1999, pp.8-10），也會積極參與（join）治療過程（成爲那個家庭系統的一部分），甚至加入家族成員中、贏得其信賴，然後展現治療師的功能（Goldenberg & Goldenberg, 1998, p.85; Minuchin & Nichols, 1993, p.29; Mitrani & Perez, 2003）。治療師不僅成爲家庭的一員、與他們建立和諧關係，保持好奇態度，也對家庭成員做個別化的反應，同時積極介入以造成行爲的改變（Hanna & Brown, 1999, pp.10-11），只要家庭結構做了適當的調整，問題解決就出現曙光（Becvar & Becvar, 2009）。

家庭都會改變，只是改變過程通常牽涉到家庭裡某種程度的危機（Minuchin & Nichols, 1993, p.46），因此Minuchin協助家庭找出其他可行之道，鼓勵家人容忍彼此的不同，也接受彼此的限制，他不強調權力或弱點（加害或受害者），而是聚焦在互補與夥伴關係，家人之間的競爭通常與捍衛自己的「受傷自我」（injured selfhood）有關。Minuchin認爲家族治療最重要的就是同時注意「個人」與「連結」（connectedness）的層面，從家族的觀點去拓展每個人的故事（Minuchin & Nichols, 1993, p.285）。此外，Minuchin認爲只是系統內的改變（第一層次的改變，first-order change）是沒有多大效果的，最需要的是改變系統本身（第二層次的改變，second-order change）（Nichols, 2010, p.34），因此治療師會積極介入家族、企圖造成改變。

結構家族治療的一般原則（或目標）(Becvar & Becvar, 2009, pp.181-182)

一般原則（或目標）

- 必須要有一個有效的權力位階結構（父母必須要主導）
- 必須要有父母親／執行單位的同盟
- 父母／執行同盟形成，手足次系統成為同儕系統
- 如果家庭是界限僵固的，目標就是增加家人互動頻率、朝向建立清楚的界限前進
- 如果家庭是糾結界限，目標就在於鼓勵個人及次系統的區分
- 配偶次系統的建立與親子次系統有清楚劃分

結構家族的「重建」（enactment）步驟 (Mitrani & Perez, 2003, P.191)

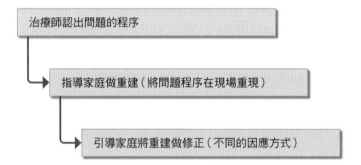

治療師認出問題的程序

指導家庭做重建（將問題程序在現場重現）

引導家庭將重建做修正（不同的因應方式）

➕ 知識補充站

　　結構家族治療師聚焦在家庭成員的互動與活動上，以為決定家庭組織或結構的依據，「徵狀」（symptom）被視為組織遭遇困難的結果（Hanna & Brown, 1999, p.8）。雖然家庭中成員（IP）出現的徵狀有其目的，但是現在這個看法已經漸漸失去其重要性，許多的家庭治療學派也著重在與當事人的「合作」關係，而不將他／她當做「病人」，甚至將徵狀當成是家庭功能的保護因子（Nichols, 2010, p.103），而當IP出現，其與家人的關係也反映了家庭的其他關係（Becvar & Becvar, 2009）。

8-15 結構家族治療技巧

結構治療師會先與每位家庭成員寒暄、建立關係，接著詢問每個人對問題的看法，同理成員的想法與感受，然後加入家庭、積極促成改變。因為問題出在家庭結構，因此治療師在做評估時，最好全家人都可以出席。隨著治療進展與需要，治療師會與家庭中不同成員晤談，甚至必要時要與其他相關的人（如學校或延伸家庭成員）晤談。基本上結構家庭治療步驟依序為：加入與適應（joining and accommodating），重建（enactment）、結構地圖（structural mapping）、標示與修正互動情況（highlighting and modifying interactions）、設立界限（boundary making）、造成不平衡（unbalancing），及挑戰無建設性的假設（challenging unproductive assumptions）（Nichols, 2010, p.180），此步驟也可以說明此學派所運用的技巧。

結構家族治療技巧可分為「建立治療系統──加入與順應」及「重新建構家庭」兩部分（Minuchin, 1974/2007）：

（一）建立治療系統

1. 加入：治療師的目標在直接與家庭成員或家庭系統建立關係。
2. 順應：治療師為了達到「加入」目標所做的自我調適工作，治療師接受家庭的組織與風格並融入其中（有維持、追蹤、模仿、與評估等技巧）。

（二）重新建構家庭

1. 重現家庭互動模式：重建溝通管道、操控空間。
2. 標示界限：標示個人與次系統界限。
3. 升高壓力：阻斷互動模式、強調差異、顯現隱含衝突、加入某成員或建立聯盟。
4. 指定任務：在會談中做或指定家庭作業。
5. 運用徵狀：誇大、忽略或轉移徵狀。
6. 操控情緒：誇大家庭氣氛或風格，引發家庭之反彈，或是重新標示情緒（如將「控制」改成「關心」）。
7. 支持、教育與指導。

小博士解說

◎開放系統（open system）是持續與外在環境互動的，會因刺激而反應、也會主動創造改變，說明家庭系統是持續不斷變化與調整的，健康的家庭系統不僅維持平衡也尋求改變的必要性（Nichols, 2010, p.93）。

◎倘若家庭是一個閉鎖系統（closed system），拒絕任何新資訊的流入或做適當改變，最後淪為滅絕（entropy），若是全然開放也會淪為一團混亂，但是基本上家庭系統不會走到這兩個極端，適度開放的家庭同時利用「負向回饋」（稀釋或減少）與「正向回饋」（增強或加大）來調整其功能與運作。

結構家庭治療技巧

技巧	說明
加入	為了避免家庭的抗拒與防衛，治療師先加入家庭與家庭同盟，然後觀察與了解家人互動的模式，必要時還要加以指導與挑戰，接著將問題拓展到個人之外（也就是檢視從過去不相關的事件到目前持續進行的互動情況），然後強力介入，讓一些改變發生（以及重新架構正向的意圖）、修正界限（太僵化的予以放鬆、太糾結的予以區隔強化），最常用的就是治療師加入其中一個次系統，並且偏袒某方，造成不平衡的狀態來做重整，最後則是提供不同的觀點，讓家庭成員改變互動方式。
重建	由於家庭結構是在家人互動中展現，因此治療師為了明瞭家庭結構，通常就利用「重建」的技術。「重建」是在晤談進行中，治療師觀察與修正家庭互動的架構，甚至刺激家庭成員展現他們處理特殊問題的情況，不僅是觀察其可能的病態模式，同時也注意到建設性改變的潛能。
「家庭地圖」（family map）	治療師使用「家庭地圖」，其功能類似「家族圖」（genogram），也就是將家族幾代的互動關係繪製成一張圖表，可協助治療師了解家庭系統的組成以及彼此關係的緊密度。
重新架構	從正向的角度來看病徵或是問題，像是藉故不去上學的孩子，是為了要在家陪伴母親。
「撫慰與刺激」（stroke and kick）	藉此來操控家庭、產生不平衡。像是對為孩子發聲的母親說：「妳真的在幫妳的孩子。」（撫慰），但是同時對孩子說：「媽媽在幫你說話，你自己可以為自己說話嗎？」（刺激），而在使用這項技巧時，要以「很有趣」做開頭，這樣比較是出於好奇心，而不是要故意挑戰當事人而引起不必要的防衛。
「靠邊站」（taking sides）	與家庭中一個成員暫時聯盟，藉此撼動其互動習慣與界限。

✚ 知識補充站

在失功能的家庭中，「重新建構」（restructure）是必要的，不僅需要改變家人互動的規則，建立更適當的界限，測試新的互動模式，以及其他可行的解決問題之道；進一步還需要鬆動成員的刻板角色，協助家庭可以運用其本身的資源，增加在面對不可避免的改變時之彈性，同時增加家人互動的選項。

8-16 策略家族治療（一）

一、策略家族治療理念與代表人物

　　策略家族治療（strategic family therapy）也是從加州的「心理研究機構」（MRI）早年所使用的溝通模式而來（此機構是 Don Jackson 所設立），此取向主要受到 Don Jackson 與 Milton Erickson 的影響，前者提到徵狀顯示了家庭的問題、家人行為受到「維持平衡」的影響、以及治療家庭就要改變其溝通模式，後者提供了問題有許多解決方式（Carlson, 2002），聚焦在「正向回饋圈」（positive feedback loop）。

　　策略家族治療在1980年代最盛行，結合了許多有創意之治療師的努力而成，治療師研發不同策略，減輕當事人的症狀或是問題，聚焦在當下、認為當前的問題是家中成員持續重複的行為而產生的。「徵狀」就代表問題的一種解決方式（生病或出現問題的人，並不是「非自願性的受害者」），因此其重心放在「問題解決」，強調每一個呈現的問題有特殊的解決方式或策略（Hanna & Brown, 1999; Mitrani & Perez, 2003）。

　　這個學派認為治療師的觀察非常重要（Carlson, 2002），同時注意每位成員是如何控制彼此的關係（權力議題），代表人物有 Jay Haley（1923-2007）與其前妻 Cole Madanes 及 Paul Watzlawick（Goldenberg & Goldenberg, 1998, p.86），Haley 與 Madanes 的治療稱之為「策略人本主義」（strategic humanism）（Nichols, 2010, p.158）。

　　Jay Haley 的治療方式師承 Milton H. Erickson（強調徵狀的獨特性、以及行為指導的重要）（Hanna & Brown, 1999, p.11），同時也受到 Gregory Bateson 等家族治療師的影響，特別強調徵狀的功能（許多學派的治療師都已經摒棄了這個觀點，但他仍保留，這也是 Haley 不同於其他家庭治療師之處）。在治療過程中，他不是針對個人做處理，而是針對整個家族與其相關脈絡做整體思考，因為他相信每個年齡層的孩子在家庭面臨危機時，都會做一些動作來讓家庭系統平衡，而個人病徵的出現是為了協助另一位家人，或是表達了家庭規則的衝突樣貌（Mitrani & Perez, 2003, p.180）。

　　Haley 認為家庭規則是圍繞著「位階結構」（hierarchical structure）而來，他發現許多問題背後其實潛藏著父母親不適當的位階，因此有效位階的安排是要讓父母親主導，其治療最終目標就是家庭結構的再重組，特別是重整家庭位階與世代間的界限。

　　Madanes 也強調問題的功能性，尤其是孩子在家中出現問題時的「拯救」動作，通常是孩子以問題行為或徵狀來協助解決父母親的問題，因此治療師常常協助家庭裡的孩子以公開方式來協助父母，而不是以徵狀來作自我犧牲（Nichols, 2010）。Paul Watzlawick 也是策略家族治療相當重要的一員，其與同事的短期治療相當具震撼力，他們認為問題之所以產生，是因為人們使用了不適當的方式去解決生命中一般性的困擾問題，即便無效也持續使用（Goldenberg & Goldenberg, 1998, p.86），這樣的觀點後來也被焦點解決取向所採用。

策略家族治療的假設 (Carlson, 2002, p.82)

策略家族治療的假設		
每個家庭都受到家庭規則所管理，因此只有在脈絡中才能了解最多。	目前出現的問題在家庭中有其功能或作用。	界限、同盟、位階、權力、隱喻、家庭生活發展週期與三角關係都是「卡住」家庭發生問題的基本探討因素。

策略家族治療與其他傳統治療的不同處 (Haley & Richeport-Haley, 2007, pp.1-7)

策略家族治療與其他傳統治療的不同處			
是短期治療。	聚焦在行動層面而非發展頓悟上。	精神疾病與上癮行為是可以治療的。	運用「悖論」（paradox，或「矛盾意向法」）是合理的，而非用來操控。
聚焦在目前而非過往。	治療是強制性的，而非自願的（有些當事人只能在入獄與治療之間做選擇，通常就會選擇後者）。	父母親可以被賦能、也是主要助力。	不將治療視為祕密或隱私，而是可以被觀察的。
著重在正向潛意識，而非負向的潛意識（潛意識被視為正向力量，而非傳統的可怕、壓抑的想法）。		指導可以造成改變，不像傳統治療是以談話為主。	
	不強調診斷，而著重在改變問題所需的技巧上。	直接的指導包括給予忠告、教導、折磨或苦刑治療等，非指導性技巧是在治療師當下欠缺權力時使用，用來限制當事人的改變或是運用矛盾意向法。	減少文化上的探索，因為有時候太多探索反而類似分析過往歷史。
將問題放在社會脈絡內，而不是放在個人身上。	認為記憶可能有誤，不一定會帶來真相。		催眠是可以運用的珍貴技巧。

✚ 知識補充站

策略家族治療中的苦刑（ordeal）

1. 要家庭成員一起參與，目的是要讓出現的徵狀本身更麻煩、甚至不值得持續下去，也是建立起父母親應有的權力位階。
2. 像是父親協助亂丟玩具的孩子每天深夜起來，指導孩子去後院挖個洞，將當天亂扔的玩具埋起來，這樣的做法不僅解除了徵狀，也將家庭位階重新歸位。

8-17 家庭問題的產生

Haley 與 Madanes 認為問題之所以產生，主要是某階段的家庭生活發展（stage-of-life）出現問題（Haley & Richeport-Haley, 2007, cited in Nochols, 2010, p.147），問題徵狀的產生，其實是家庭成員企圖去平衡家庭系統的結果，或是一種人際策略／或努力定義關係性質的表現（Haley, 1963, cited in Becvar & Becvar, 2009, p.206），而問題之所以繼續存在，主要是持續的互動過程使然，因此治療師要協助家庭成員去背叛或重新架構問題（Carlson, 2002）。問題發展主要是因為：

（一）不適當的解決方式形成「正向回饋圈」，讓困難變成慢性問題；

（二）問題出在不一致、不相合的位階；

（三）問題的出現是因為家人試圖在暗地裡保護或控制另一人，因此徵狀或問題是有其功能的。

二、策略家族治療過程與目標

Haley 在治療過程中，通常是先一一訪問出席的家庭成員，協助他們放輕鬆，然後詢問每一位成員的觀點（在家庭事務中，母親通常是最中心的人物，因此 Haley 會先跟父親談、將父親納入），同時也會觀察這個家庭的位階結構與可能的三角或同盟關係，但不做任何評論，接著他就會開始許多的指導動作，讓這個家庭的成員做一些事來改變目前的情況（Nichols, 2010），同時也讓代間有適當的界限，避免跨代間的同盟產生（Mitrani & Perez, 2003）。

Haley 認為只是改變個人行為（第一層改變）是不夠的，還需要將家庭規則翻新（第二層改變），這樣的改變才會持久，因此其治療過程通常是：找出讓問題持續的正向回饋圈，然後找出支持這些互動的規則為何，最後則是想辦法改變規則、破壞維持問題的行為。

Haley 注意到問題發展與家庭生命發展階段的關係，留意每個家庭權力的運用，也注意行為的「隱（譬）喻」與家庭情況的關係（像是孩子去商店順手牽羊，就是隱喻了母親的外遇——偷人）（Mitrani & Perez, 2003; Nichols, 2010）。家人出現徵狀，常常是家庭「卡」在某個特別的發展階段，家庭中出現的徵狀也被解讀為一種隱喻，同時可以描述家庭系統的若干面向。徵狀包含有明顯的涵意（如「我肚子疼」）、同時有隱含的意義（「我需要關心」），因此徵狀也可以是溝通的一種方式。治療師會企圖釐清徵狀所隱含的訊息為何（Hanna & Brown, 1999）？這個觀念也是從溝通治療模式而來。

小博士 解說

同盟關係（coalition）是指家庭中一位成員結合另一位成員來對抗其他家人。像是妻子與兒子結合對抗丈夫，或者是丈夫結合自己母親來對抗妻子，有點類似「三角關係」的權力平衡。

策略家族的治療階段（Haley, 1987, cited in Mitrani, & Perez, 2003, p.186）

治療階段	說明
1. 社交階段（The social stage）	與每位參與的成員打招呼，讓他們很自在，主要是企圖贏得大家的合作。
2. 問題階段（The problem stage）	詢問出現的問題為何？每個人對於問題的看法如何？
3. 互動階段（The interaction stage）	要求家庭成員彼此互動並談論（「重建」），也讓治療師可以去確定有問題的階層為何？
4. 目標設定階段（The goal-setting stage）	詢問家庭成員具體說明他們想在治療中看到的改變為何？
5. 工作設定階段（The task-setting stage）	規定家庭成員一個簡單的家庭作業。

策略家族治療技巧

技巧	說明
加入 （joining）	治療師會先加入家庭、熟悉每位參與的家庭成員，然後再進行治療，可以說是先與當事人及其家庭建立良好的治療關係。
重建 （enactment）	接著就會邀請家庭成員針對所出現的問題（或IP）做解釋。治療師會注意每位成員對於問題的解讀，也接受家人對此問題的看法，不去面質可能有的不同意見，等於是「重建」問題現場，然後針對需要矯正的地方「指導」成員做出新的行為與反應。
指導性技巧 （directives）	治療師使用直接的指導，主要就是讓家庭成員直接有行為上的改變，像是給建議、教導訓練（coaching）、以及規定家庭作業，甚至是激起家庭的反抗行為，以鬆動原來的互動模式。
矛盾意向法 （paradoxical interventions）	◎ 當家庭處於穩定狀態時，通常會抗拒改變，因此治療師就運用這個抗拒來造成改變。 ◎ 「矛盾意向法」通常包含了兩個相反的訊息，那就是「改變」與「不改變」。治療師告訴家庭成員他／她想要協助他們改變的同時，卻要求他們不要改變，做法有三： 1. 邀請當事人去做更多他／她想要減少的問題行為。 2. 告訴那個家庭治療師不能確定他們是否準備好接受改變後的結果。 3. 誇大問題行為或徵狀，讓當事人與其家庭都覺得不可思議或荒謬。
「假裝技巧」 （pretend techniques）	◎ 屬於「矛盾意向法」的一種。 ◎ 治療師會宣稱是「假裝的」，也就是不讓當事人回到「真正的」問題裡。像是讓作惡夢的孩子去保護作惡夢的媽媽，讓孩子明白他不需要藉由自己的徵狀來保護母親。
重新架構	「重新架構」或視當事人狀況來重新定義問題。從行為或是互動困難的角度出發，甚至將IP的動機以正向的方式描述，可以協助家庭成員從不同的觀點看問題、產生不同的互動，也就是利用語言的改變來造成認知的改變。
採取立場 （positioning）	◎ 治療師會接受並誇大徵狀，然後家庭成員就可不受限於這個徵狀，可以自由去做其他的事。 ◎ 像是有家庭提到自己家「有問題」，治療師則會說「不是有問題，是沒救了！」激勵該家庭去積極解決問題。

8-18 貢獻與評價

家族治療的貢獻與評價

　　家族治療拓展了傳統治療強調的個人內在動力，將個人所置身的家庭納入考量，而最近的發展更將許多的文化脈絡（所謂的「後設架構」，metaframework），包括個人內在家庭系統、目的論、互動模式追蹤、組織、發展、多元文化、性別與過程等都列入考量（Corey, 2009），讓家族治療的廣度與深度更豐富。

　　許多家庭治療是從單純的個人諮商拓展到在家庭治療的運用，像是認知家庭諮商、阿德勒家庭諮商、後現代家庭治療等，而家族治療所使用的技術包羅萬象，也因為百家爭鳴的結果，總是有新的創意與技術出現，而現代的治療師已經朝向整合的取向，也使用了許多整合的技術（Goldenberg & Goldenberg, 1998）。

　　固然家族治療看到個人以外更廣大的脈絡與其影響，但是因為時代的變遷與科技的日新月異，傳統核心與大家庭結構都受到挑戰，家庭結構已經不像Haley所堅持的核心家庭模式，因此其運用也需要進一步的臨床與實徵研究來了解。

生態脈絡取向諮商的貢獻與評價

　　生態脈絡取向諮商從全面統觀的角度來思考問題，含括了個人（內外在）、人際、家庭、社區、環境、文化社會以及全球的影響因素，是最周全的考量，也將所有需要思考的面向都納入。譬如全球經濟衰退，造成全世界各國人才外流與人口外移，而在本國之內也因為經濟的變動，產生諸多社會問題，像是隔代教養、臺商與家人分隔兩地、犯罪與家庭暴力等，因此如果只是處理個人問題（如有徵狀的孩子），不足以解決問題根源，需要將其他系統與機制同時納入做處理，才可能收到事半功倍之效，要不然只是「頭痛醫頭、腳痛醫腳」的零星治標，徒然耗費人力與資源。因此，「生態諮商」有許多需要考量的範疇與條件，也需要進一步整合不同領域資源與專業人員的團隊合作，似乎工程浩大，不是區區一位治療師可以獨立完成，況且加上各機構或是負責單位的思維或是政治立場不同，要做完整的整合與妥協並不容易，但是已有不少新的專業人士願意為此戮力。

小博士解說

　　由於家庭結構是在家人互動中展現，因此治療師為了明瞭家庭結構，通常就利用「重建」的技術。「重建」是在晤談進行中，治療師觀察與修正家庭互動的架構，甚至刺激家庭成員展現出他們處理特殊問題的情況，不僅是觀察其可能的病態模式、同時也注意到建設性改變的潛能。

　　「重建」有三個步驟：治療師會1.認出問題的程序，2.指導家庭作重建，3.引導家庭將重建做修正（Mitrani & Perez, 2003, p.191）。

結構與策略取向之異同

相同	相異
都注重系統與架（結）構。	結構取向強調家庭是由次系統組成，也重視次系統間的界限；策略取向聚焦在順序重複的行為上，特別是那些破壞階層原則的跨代同盟關係。
都源自於「溝通理論」。	對問題的看法不同。Minuchin 將個人與家庭問題視為徵狀，而 Haley 則視之為「真正」的問題，需要真正的答案。
都是短期、實用性、指導性的治療。	雖然兩個取向都強調家庭階層的重要性（特別是在徵狀出現時的代間同盟或聯盟），但是 Minuchin 聚焦在平行的階層（就是次系統間的關係，也清楚定義代間關係），而 Haley 則是較聚焦在垂直的階層，家庭問題的產生，在於孩子介入代間所形成的同盟關係。
指出並解決現存問題（或徵狀）。	
將治療責任放在治療師身上。	
治療焦點都放在「家庭互動」上。兩個取向都不重視過去經驗，會積極加入家庭，阻斷刻板的互動模式，重組家庭位階或次系統，也催化更具彈性或有效的互動。	
強調有效的治療是要從正確評估與問題相關的家庭互動及假設開始。	
兩者都認為問題源自於僵固與重複的互動，因而限制了可能反應的選擇。	
「病態」則是家庭未能因外力的介入，影響其完成發展階段的適應情況。	
兩個取向也都認為要了解人類行為需要將行為置入脈絡中考量，而人類脈絡是有規則的系統，用來規範行為，而且是互惠的過程，其中最具影響力的脈絡就是家庭。	
企圖要重組家庭的失功能結構、設立界限、動搖家庭的平衡狀態，運用重新架構技巧、苦刑與重建。	
在治療上，Minuchin 與 Haley 兩人都是積極、指導取向，也期待治療師可以將相當的專業程度帶入家庭治療過程裡。	

第 9 章
總結：諮商理論與技術的學習與運用

9-1 給諮商師的提醒（一）

　　許多人進入諮商系所，抱持著助人的理想或夢想，然而一接觸諮商師訓練與養成課程之後，就感受到極大了壓力，也會開始懷疑自己適不適合這一行？雖然諮商師養成教育是以助人專業知能爲焦點，與大學部的教育目標或有不同，但是基本上也是一個生命的教育，願意選擇這個志業的人士有許多共通點，包括對人有興趣、希望有能力可以協助他人、願意對他人有正向的影響、願意與他人共享生命旅程，以及懷抱對生命的熱愛與對社會的貢獻，最重要的是，也願意將所學納入自己的生命哲學與豐富內涵。

　　準諮商師在運用諮商理論與技巧的同時，也要注意幾項重點：

一、自我覺察與自我照顧

　　Herlihy 與 Corey（2006, p.59）提到諮商師精熟諮商知識與技巧還是其次，最重要的是，了解自我特質與有效的人際能力。諮商師的自我覺察敏銳度越高，在運用諮商技術時，會特別考量到治療過程中的許多線索，甚至是諮商師自己的一些可能偏見與誤用，有了「覺察」的諮商師，才可能有更正確的行動與執行策略，也吻合了當事人的福祉。

　　「自我知識」（self-knowledge）是諮商師非常重要的一環，因爲諮商師的專業就是會影響當事人與其生活的，因此自我覺察是一項需要持續的工作與責任。「覺察」常常會讓我們發現自己不喜歡的部分，也會引起焦慮或不安（Lister-Ford, 2002, p.33），然而覺察有專業上的必需性、也有個人成長的必要性。諮商師的自我覺察目標，通常是一些未解決的自我議題（包括與人關係、創痛或早期經驗等等），同時也在助人工作中看到自己的影響，他們能欣賞人際關係之美、忍受曖昧不明、享受生命之美、感受靈性，也有機會去檢視改變與自我價值觀，然而光是覺察力道不足，還需要有改變的動力與行爲。Goulding 與 Goulding（1979/2008, p.3）也提到，治療不能只靠諮商師的魅力，「『人』自己才是關鍵所在」。

　　覺察內容包羅萬象，像是反移情、價值觀、未竟事務、家人與親密關係、早期經驗（包括原生家庭）與其對目前的可能影響、多元文化與其影響力（包括諮商師對於自己文化的了解與覺察）等等，諮商師面對的是跟自己一樣一般的人類，因此覺察並不限於直接觸及生活、生命的各個面向，還包含了環境、社會文化、經濟與全球趨勢等較爲外圍、巨觀的影響。

　　諮商師有了覺察，才會做自我照顧。自我照顧除了一般身心靈的面向之外，也要有適當的資源，包括有意義的人際關係（包含親密關係），可以提供支持與協助的督導與同僚，甚至有自己的支持團體與諮商師，與工作之間的界限也要維持相當的彈性，避免耗竭。唯有健康的治療師，在治療現場提供當事人正面的影響力與示範，才可爲當事人做永續服務。

諮商師的自我照顧

照顧項目	檢視項目與（舉例）
身體與健康	◎ 我今天身體狀況如何？面對當事人與工作時，仍然神采奕奕、精力旺盛嗎？ ◎ 我有良好的睡眠品質，不將焦慮或擔心帶入睡夢裡？ ◎ 我規律做運動與休閒，不讓自己的工作擠壓到該休息或放空的時間。 ◎ 我定時檢視自己的健康狀態。
心理與情緒	◎ 我會將自己的心情準備好去迎接每一位當事人。 ◎ 我有良好穩固的支持系統，也刻意去經營與維持。 ◎ 我不會讓自己的情緒影響工作，也不將當事人的問題帶到家裡或私生活裡。 ◎ 我有同儕支持團體的定期聚會。 ◎ 必要時，我會尋求同儕督導與個別治療。
靈性與宗教	◎ 我的閱讀範疇不限於諮商專業，而是遍及不同領域。 ◎ 我會花時間與空間做自我修復與獨處。 ◎ 我有自己的生活哲學或宗教信仰來指導我的生活。 ◎ 當我在一天結束前，會告訴我自己：「我已經盡力做了我該做的，其他的則交給更高的神祇協助。」

✚ 知識補充站

自我覺察（self-awareness）

　　個人能夠在日常生活中知悉、了解、反省與思考自己的個性、特質、想法、情緒以及人己關係，進而採取行動讓自己朝更好、有益社會的方向。

9-2 給諮商師的提醒（二）

二、適文化的考量

諮商師必須要注意，諮商基本上是西方文化的產物（Utsey, Fisher, & Belvet, 2010, p.182），因此在運用時要注意「適文化」的速配性，例如中國文化較屬於「集體文化」，因此家族／家庭的價值觀與和諧是非常重要的，而西方的「個人化」是其傳統，因此在助人專業上，特別要注意「適文化」與「多元文化」的議題，目前這已經成為諮商師必須具備的能力之一。臺灣基本上是個移民族群，也受過許多文化的影響（如荷蘭、日本），近年來加上新移民的大量湧入，族群的議題更要重視與提前了解。我國儒家傳統的倫理位階、家族沿革、男權社會，與平權、為弱勢發聲的諮商工作常常有衝突與扞格，因此「宣導」、「溝通」與「協調」就非常重要。如果以更廣的角度來看，因為每個人的成長經驗、背景、時間脈絡、環境與其他許多面向不同，因此每一個人都是一個文化，誠如許多楊格分析學派的治療師常被告知說：「當你對待一位病人時，你就是在對待一個文化。」（Samuels, 1991, cited in Sharf, 1996）因此更細微的「文化敏銳度」與能力是必要的。

三、諮商技術在生活上的運用

身為諮商人，我非常贊成諮商在生活上的運用，不只是理論或理念的部分，在技術上的練習也是如此。如果一個觀念或是技術不能說服我們自己，那麼運用起來一定沒有信心，也比較不可能到位，因此我在諮商師教育課程裡，會特別注意「理論」與「生活」結合的部分。

許多諮商理念或是技術，也都可以在日常生活中履行，倘若效果不佳，最好別用在當事人身上，省得自己心虛。諮商師若是對於某一些新的理論或是取向有興趣時，可以做廣泛的閱讀、參加相關的工作坊或是研討會，做適當練習與實習之後，然後才在實地臨床場域中運用。在這個行業裡，也可以看出某些取向的諮商師真的在生活、舉止樣態、甚至思考模式都「像」那個特定取向的專業助人者，這就證明了諮商與生活其實是一體的，特別是在自己鍾愛的取向或派別上，表現更為一致！

小博士解說

適文化是指適合本土文化之意。 許多的理論是從不同的文化而來， 倘若直接運用在自己本土文化社會裡， 可能會產生許多的不適當或是傷害， 因此必須要考量 「適文化」， 做適度的修正與改良， 才能夠吻合本土的需要與展現有效性。

諮商師在實習現場

```
┌─────────────────────────────────┐
│             實習現場             │
└─────────────────────────────────┘
```

在決定選擇實習機構前，先去了解該機構是否能提供實習所需的服務種類與時數？

與督導有第一次接觸，最好是找在該機構的全職諮商師或精神醫師，以為不時之需或諮詢對象。

要主動積極，主動去認識與了解機構裡的人員、服務對象，不要等工作來，而是去找工作做。

機構裡的其他人員都是你／妳的督導，如同孔子入太廟，可以每事問。

不要只對直屬督導好，因為他／她掌握你／妳的生殺大權，也要與機構裡的成員維持良好互動，因為諮商不是獨立作業，這些人都可能是你／妳以後的合作團隊或資源。

了解該機構可以連結的資源，以及如何使用。

可以協助開發創新的服務項目。

最好可以在每一次接案後，確實聆聽自己接案的錄音或觀看錄影，檢視做得不錯的、或檢討可以做得更好的。

在個別督導或是團體督導時，仔細聆聽、虛心求教，同時提出建設性的問題。

╋ 知識補充站

諮商師自己在每天接案後的「自我省思」非常重要！受訓中的諮商師可用來檢討自己需改進之處，觸碰了自己的哪些議題？也對日常生活的觀察及表現作反省，不僅在專業上成長迅速，更在自我成長上收穫豐碩！

9-3 給諮商師的提醒（三）

四、與督導、同業的實務交流

　　準諮商師除了正式課程上的學習之外，還可以額外加強自己的實力。Hazler 與 Kotler（1994）建議準諮商師可以：訪問諮商領域的專業人員或與其互動，協助相關專業人員的工作或擔任義工，找尋或是請教諮詢可以作為自己學習的良師楷模，參與專業活動與機構，接受諮商、體會當事人經驗，養成記日誌的習慣，閱讀小說、旅行或探索不同文化。

　　每位諮商師都應該要有督導或是同儕，彼此可以交換實務心得與互相支持，資深的督導不僅可以讓諮商師少犯錯誤，也可以在實務上隨時提醒，的確是將理論與實務做結合的最佳途徑。倘若督導難尋，退一步也可以用定期的同儕督導或討論來補足，每個諮商師所接案例數量有限，但是可以經由個案研討方式做更廣、更深層面的接觸，除了可豐富自己的實務處理經驗之外，還可以提供給分享人不同的思考方向或是作法，倘若同儕處理的案例類似（像是青少年、虞犯、或是家暴案件），彼此之間的交流與互動更是珍貴！

　　準諮商師在實習過程中，若能與不同的督導學習，其實是受益最多的，因為不同的督導可以從不同的取向與角度提供資訊，讓準諮商師可以有更多面向的學習，儘管有時候選擇自己喜歡的理論取向督導，可以讓自己所學更紮實，但是可以廣泛地學習不同取向督導模式或是觀點，也是另一種收穫。沒有哪一種督導關係是「對的」或是特別「適合」某一個人，準諮商師在接受督導時，不要將自己視為一個「被動」的受督導者，而強烈的學習意願、開放的心胸、不怕被批判的準備，都是接受督導的優勢。

　　到底應該找怎樣的督導，其實沒有正確指標。有人依自己喜歡的學派來找，但絕大多數的準諮商師，都是被動接受督導機構所能提供的督導，較少自己自費去另外找人督導，有些人甚至同時有兩位督導，萬一取向不同，徒增困擾而已。

小博士解說

　　同儕督導（peer supervision）就是指助人同業自行成立定期討論或交換訊息的聚會或團體，不僅在專業實務上彼此互通、交流與支持，在個人成長上亦獲益。

「中國輔導學會諮商專業倫理守則」中有關諮商督導規定

督導應熟悉專業倫理知能。 1

要告知受督者督導過程（含目的、評鑑方式與標準）。 2

清楚界定彼此關係、避免不必要的雙（多）重關係。 3

具督導資格並善盡職責。 4

負有與受督者相關的連帶責任。 5

提升受督者專業知能以及專業人格（敬業精神）。 6

給予受督者適當的倫理教育與訓練、增強其倫理判斷能力。 7

提供受督者多元諮商理論與技術，培養其結合理論與實務的統整能力及批判思考。 8

注意受督者之個別差異，必要時給予發展與補救機會，對於不適任者應協助其重新思考生涯方向。 9

同儕督導的優勢

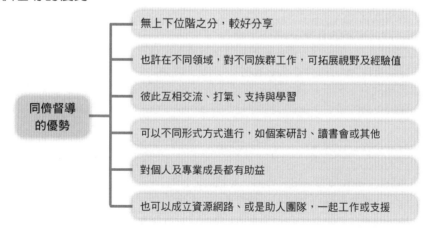

同儕督導的優勢

- 無上下位階之分，較好分享
- 也許在不同領域，對不同族群工作，可拓展視野及經驗值
- 彼此互相交流、打氣、支持與學習
- 可以不同形式方式進行，如個案研討、讀書會或其他
- 對個人及專業成長都有助益
- 也可以成立資源網路、或是助人團隊，一起工作或支援

✚ 知識補充站

督導（supervision）：一位有經驗的人（如諮商師）透過不同方式，協助新手或較缺乏經驗者熟悉本業（或領域）的理論與實務相關知能。督導功能（或內容）包括：監督與評量、教導與建議、示範、諮詢與探問、支持與分享（Holloway, 1995, 引自連廷嘉、許西森，2000，p.92）。

9-4 給諮商師的提醒（四）

五、諮商師的自我進修與繼續教育

　　諮商師的繼續教育，不只是為了專業執業與換照的考量，主要還是專業的成長不能一時或忘，維持專業的敏銳與進步，不只是當事人之福，也讓諮商師可以提升諮商專業，有更多的自我成長。除了參加國內外的專業進修課程或工作坊之外，現在的諮商師在臨床工作上的發現也可以結合研究，做實徵性的探討與了解。

　　諮商師進修管道有許多，包括持續閱讀專業期刊或是報告，可以得到治療最新趨勢與資源，也可以激發在臨床上的創意；廣覽書籍（不限於諮商專業）與文章，都可以讓我們看見更多的生命故事、面向與人性，讓我們更了解當事人與自己；參與不同專業的研討會或是與不同專業的人合作，不僅可以獲得更多資源、展現有系統的效率，還可以有許多的啟發。

六、發展與調整自己的諮商風格

　　所有的治療師都應該發展一套自己獨特的工作模式，這個模式適合諮商師本身的個性、也是對自己累積的實務經驗的敬重（Kahn, 1997, p.166）。每位治療師的生命經驗與背景不同，也許在對自己行為解釋上會較相信某一取向的理念，因此對於此一取向的相關閱讀與學派就較鑽研也深入，願意以這個取向的看法來解釋當事人的行為（或徵狀），當然諮商師也可能因為後來的臨床經驗或自身經歷的影響，納入不同取向的理念，慢慢地就形成了自己的「諮商型態」或「諮商風格」（也有研究者將其稱之為「理論取向」，theoretical orientation）。

　　不同理論的創始者，其自身的經歷與其所研發的理論息息相關！也因為目前諮商的趨勢已經朝著整合的方向（Corey, 2001），但是即便如此，諮商師還是會鍾情於若干喜愛的學派或取向，因此不僅諮商師需要一個堅實理論做根基，還需要讓自己隨著時間、經驗與智慧的成長，適時調整自己的理論取向（Corey, 2001; George & Cristiani, 1995）。

　　諮商理論是每一位專業助人者決定處置的立基點，若無理論的支持，所採用的助人歷程與技術也都毫無依據，可能會破壞其助人的意圖，而每位諮商師的理論取向與型態，與其個人功能有絕對關係（Corey & Corey, 2011）。每位諮商師都應該要有自己的理論架構，作為自己進行了解、治療當事人的基本工具，而諮商理論取向的形塑主要與個人生活哲學（對世界、自己與他人的看法）、所受的專業訓練取向、以及個人的專業經驗（包含接案的經驗）有關（Halbur & Halbur, 2006, p.5），且其發展是一個持續的過程。

　　要如何發展屬於自己的專業理論取向呢？「知道自己是誰」是發展諮商型態的起始點（Corey, 2001, p.25）。

發展自我諮商型態注意事項（Halbur & Halbur, 2006, p.21）

注意事項	說明
1. 發現自我	自我覺察與探索、知道自己要的是什麼、生命哲學為何？
2. 清楚自己的價值觀	知道什麼對自己是重要的，也努力捍衛。
3. 探索自己喜愛的理論為何？	這些理論觀點與自己的性格速配，也可以解釋自己的生命經驗。
4. 運用自己的性格	性格與所選擇的諮商型態息息相關。
5. 了解自己在臨床上的表現	將這些實務經驗錄音或錄影下來，可以協助自己找到理論的脈絡。
6. 容許他人（生命經驗、生活觀察、與人互動及繼續教育等）激勵你的學習	讓自己持續成長，並對許多人間情事更寬容、悅納。
7. 閱讀原始資料或作品	可接觸到原創者的基本思維，減少他人解讀的可能謬誤。
8. 化為實際行動	在生活中實際運用。
9. 與一位良師學習	良師可以是活生生的典範，或是存在歷史中。
10. 拓展自己的經驗	探索新的領域與經驗，抱持著好奇、探索的新鮮感。

諮商師的進修管道（不限於此）

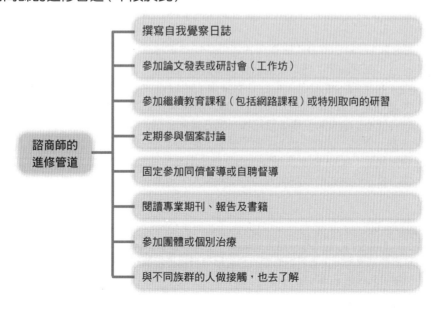

9-5 給諮商師的提醒（五）

七、依個人經驗與專業，發展創新諮商理念與技術

　　許多新手諮商師會誤認為諮商師的專業與其「技術」是同義詞，事實上這是相當大的誤解。引領諮商師從事助人專業的最大動力是「熱情」、清楚的助人理念，而技術只是最後的一個條件，技術的運用如果沒有正當的理念在背後支持，助人專業也只是「匠工」而已！技術是可以研發的，不少臨床專業人員經過經驗的淬煉，也會發展出一些適合自己與服務族群的技巧，因此，「技術」只是專業助人者所使用的工具而已，不等同於「專業」。

　　諮商理論會因為個人詮釋、經驗或「適文化性」做一些改變，通常我們也不會鼓勵準諮商師以理論為真理，而是需要去批判以及做必要的修正，從佛洛伊德的理論可見一斑，儘管理論原創者有許多不錯的觀念，但是經過時空推移、服務對象或問題的不同，在臨床運用上就會受到考驗，後來的專業人員與學者就會做檢覈與批判，讓原來的理論與時代並進、服務更有效！因此，專業人員不要自限於某些理論、食古不化，而要願意從實務操作與使用中，讓理論與技術都可以更新、進步。

八、光是技巧不足以成「師」，需要紮實理論做基礎

　　諮商技巧不足以讓諮商師成為助人專業，有紮實的理論做基礎，才是真正的王道。也許有些技巧在使用之後有相當驚人的結果，但是技巧的背後應該是有其理念脈絡在引導，這樣才可以師出有名。當然，諮商師的理論取向也可能隱藏著一個風險，也就是諮商師會傾向以自己相信的取向去解釋當事人困擾，容易造成所謂的「理論盲」，就如人本中心的學者所建議的：「諮商理論不應先於當事人」，而是要以當事人的福祉、甚至是當事人的解釋為先（Gilliland et al., 1989, p.68），要不然就容易變成「專業的傲慢」。

　　「閱讀」與「了解」理論的概念與其運用是初步，接下來準諮商師就需要以批判的眼光來檢視這個理論，必要時與同僚做適當討論與修正。也有資深諮商師發現，倘若治療師無一特定的治療取向，可能在與當事人晤談幾次之後便沒有方向感，這其實也是許多諮商師教育者的擔心，因為理論是診斷與處置問題的基礎，若無堅實理論基礎，就可能不知道要將當事人帶往哪一個方向。

　　諮商是助人專業，因此「用心」與「熱情」是支持諮商師繼續走下去的主要力量。因為協助對象是「人」，而且多是在生命過程中遇到生命瓶頸的當事人，有紮實的專業知識，才可能採取適當的策略與方式協助當事人，還要注意不要誤用或濫用技巧。

小博士 解說

　　所謂的「理論取向」指的是一種概念架構，用來了解當事人的治療需求，具體來說，諮商取向可以協助專業助人者針對當事人的經驗與行為提出假設，形成一個特殊處遇的理論基礎，然後用來評估治療過程。

發展個人諮商風格的幾個步驟 (Nystul, 2006, pp.141-149)

1 進行自我評估（了解自己的個性、價值觀、信念、優勢與弱勢）。

2 了解支持自己學習諮商的相關訓練（如心理學、醫學、哲學、人類學、社會學或文學等領域）。

3 總覽主要的諮商理論。

4 對某一理論的專注研讀與了解（無理論基礎的諮商師只會流於瑣碎、膚淺、技術導向，因此除了研讀學派創始者的著作外，去專門或特定取向的機構接受訓練，或是參加專業組織都是加分的）。

5 對個別差異的敏銳度（依不同當事人需求做適當處置）。

6 從不同的諮商理論中整合技巧。

7 運用。

8 研究與評估（除了證明該學派或取向的效果，研究與評估可以修正理論）。

✚ 知識補充站

　　個人之諮商取向的形成有幾個步驟：了解與熟悉主要諮商理論取向，了解自己為何選擇此取向的需求架構，清楚成熟、了解良好功能的個體是如何，以及在臨床實務中測試這個理論、形成新的假說，並加以實驗證明，然後將這些測試結果統籌在個人系統裡（George & Cristiani, 1995, pp.109-110）。我們在對個案做概念化或是處置計畫時，都會看到自己的取向痕跡，也就是我們對於問題的形成原因與解決之道，都會反映在裡面。

9-6 給諮商師的提醒（六）

九、我也需要諮商師

　　諮商師本身也是人，是人類社會的一份子，因此並不會因為擔任諮商專業就沒有了個人的議題需要處理。而諮商師本身若是相信「助人」這個專業，理應不會反對「諮商師也需要求助」的道理。Gerald Corey（2001, p.2）說道：「若諮商師本身在生活中也不願意對求助開放，的確很難說服當事人有求助動作，當你自己不買帳時，也很難讓其他人相信。」簡單地說，就是「從事助人工作者若自己不相信這個專業，如何說服當事人來求助？」Corey（2001, pp.113-114）還特別提到諮商師自己去做治療可以有許多的收穫：了解身為當事人的感受、體會可能有的移情與反移情、知道自己可能會過度認同某些當事人（而讓自己失去客觀性）、試圖去解決自己的未竟事務與傷痛、也可以更了解自己。

十、理論因為個人經驗、解讀或運用不同而有差異

　　許多的理論經過不同的人學習、詮釋與運用，會展現不同風貌，雖然其核心理念還是一樣，但是已經過「個人化」（personified）的過程、不是「純粹」的原始面貌，換句話說就是，當我讀Gerald Corey的諮商理論，可能就已經是經過Gerald Corey解讀的諮商理論，若讀的是Gerard Egan的作品，也是Gerard Egan解讀過的諮商理論。

　　諮商師在了解諮商理論的同時，是以自己的方式與經驗去解讀，因此理論就會呈現出不同風貌，即使諮商教育者擔任的是諮商師的培訓工作，所教授的理論其實也是經過教育者本身的理解與體會，已經有了教育者本身的詮釋在裡面。我通常會鼓勵準諮商師自己去閱讀理論原創者的著作，甚至是逐字稿的部分，可以讓準諮商師更清楚此理論的「原汁原味」，然後對照教育者的解釋說明，也許就更貼近此派理論。

十一、理論在經過持續的閱讀之後，因經驗不同而有不同領悟

　　諮商師會經常接觸理論，也常常閱讀理論，甚至需要一再重新回頭去複習、檢視理論，而隨著生命與臨床經驗累積，對於理論會有不同的領悟，或是修正。許多諮商理論都要經過持續不斷的修潤與增添，也有研究實驗的結果佐證，因此有許多參考價值。

　　諮商師本身在閱讀與使用理論時，也需要帶著批判的角度，不僅以臨床經驗來驗證理論、做適當的修正，同時也可以將運用心得與同業分享，甚至做成研究，進行較為系統的檢視。

如何將理論與實務做結合

將理論與實務做結合

多閱讀不同的理論入門書（或概論），取得一個較為完整與統觀的概念，因為不同作者會有不同的解讀與體認。	理論需要再三閱讀與思索，讓自己從「看山是山、看水是水」，進階到「看山不是山、看水不是水」，然後到「看山還是山、看水還是水」的境界，也就是從「混沌一片」到「漸漸釐清」。
選一個最能夠解釋自己生命經驗的理論深入研讀，因為這很可能是你要選取的核心理論。	對於自己喜愛的理論，不妨找出原理論創作者的原著或是逐字稿來閱讀，更能夠體會其精髓所在。
在上述閱讀過程中，慢慢在生活或臨床工作中做實驗與運用，就能夠很清楚理論的意義與實用性。	在實務應用上，也要進一步去思考、反省此理論的觀點與可能的偏誤，需不需要做適當修正與解釋？
不忘閱讀最新資料，因為許多理論在實務上運用之後，已經有一些落伍或出現問題，而且已經有人發現並做修正、補強工作。	與同儕或師長有固定討論與意見交換是最佳的。

✚ 知識補充站

諮商理論源自西方，因此自然有其文化的影響在裡面，我們若是以原裝套用，很容易出現問題，因此使用時要小心，必要時作修正。此外，自外文翻譯過來的理論書籍，可能因為翻譯功力不同，反而更不好讀，轉而去讀原文也許更容易了解。

9-7 給諮商師的提醒（七）

十二、自工作中衍生意義

讀者當初選擇擔任諮商的專業助人工作，可能認為這將是自己可以投注的志業，主要是相信從事助人工作對自己的意義，也從工作中衍生出意義。若是選擇諮商作為「志業」，就表示這項工作是讓我們創發自己生命意義之所在，也與生活有緊密連結，因此在工作、生活上的價值觀與哲學應該是一樣的，不能一分為二、呈現不一致的情況。

諮商師的工作內容不僅限於面對面的諮商，還包括教育推廣、宣導、計畫執行與研究，而這些也都是諮商專業的延伸，當然也耗費我們許多心力，倘若沒有熱情在背後支持，很容易耗竭。

十三、諮商不是「獨立」的工作，而是需要「團隊合作」

同樣是助人專業，醫師、護理人員、警察、司法人士、社福單位、諮商師等等，都是專業裡的一環，每一環都非常重要，理應合作無間、彼此協調，因為我們有共同的服務對象，也都希望為當事人的最好福祉努力。助人專業的系統、效率的團隊合作，才可能提供當事人或我們所服務的族群最好的福祉與協助，因此諮商師不應該只著重「獨立」作業，還要結合可能相關資源與人力，戮力為共同目標（或服務對象）而努力，這樣不僅節省資源、經濟，且有效率！此外，諮商師也是社會的一份子，有能力貢獻自己為社稷服務，我們的角色除了為弱勢代言、還是改變的行動者，團結的力量可以成就更多的正向改善工程。

小博士 解說

耗竭（burnout）指的是專業助人者面臨對工作無趣、情緒沮喪、甚至造成身心俱疲或疾病的情況，通常是因為沒有好好照顧自己所累積的最終結果，許多人還會因此退出專業或是自殺。諮商師常常面對的是生命遭遇瓶頸、困厄或創傷的當事人，也容易有所謂的「替代性創傷」（彷彿與當事人有同樣經歷）產生，必須要做好自我照顧工作，才不會有這樣的不良後果。

不同助人專業的功能與服務對象

專業名稱	服務地點	服務對象	服務方式	備註
輔導教師	國小、國中與高中（職）	學校學生與教師或家長	提供符合發展階段的各項服務	目前各級輔導教師以高中的專業度最高，基本上都有研究所以上學歷；國小輔導教師專業度最低，且背景龐雜
社工人員	社區	經濟或身心弱勢族群（如身心障礙或心理疾病、家暴家庭、犯罪受害者）	協助其滿足維生的基本需求（如經濟救助、喘息服務、醫療接送）	社會工作者因為工作量大，替換或耗損率很高，是各種資源的媒合者
諮商師	社區與大學（也可依服務對象區分為兒童青少年、家庭、成癮或伴侶諮商師）	一般民眾與大學院校相關人士	協助遭逢心理困境、創傷，或是一般自我了解與問題解決	每位諮商師的服務專業不同，目前國內有在學校、社區、私人心理診所服務的，以及「行動諮商師」。
諮商師教育者（培養諮商師的大學與研究所教師）	大學院校輔導與諮商相關系所	大學生、研究生、以及諮商師（繼續教育提供者）	擔任教學與訓練、督導、做研究	國內公立學校的諮商師教育者受限於「不得私自執業」的規定，許多人都缺乏持續的臨床經驗、以為其教學之輔助，因此容易生疏。
心理（或精神科、身心科）醫師	綜合醫院或身心科診所	社區民眾	擔任評估、診療、開藥，少數也做深度的心理治療；若在教學醫院，也需從事研究工作。	大部分的心理醫師負責診斷與開藥，較少與病人晤談，美國有另一種博士心理師（Doctor of Psychology），可以做催眠或深度治療，但不能開藥。
半專業助人者（包括兼輔教師與義工）	社區各單位	一般民眾	做危機處理或是先行安置的作業（如安撫受災戶、提供實體物資協助）	沒有經過專業的系統訓練，其協助有限，然而具相當輔佐之功能。

註：許多的危機現場，有時候需要配合當地的資源先行運作，而許多都是「半專業」人員或義工先走上第一線提供協助，這些人的功能是不容忽視的。

參考書目

王文秀（2011）。兒童諮商與心理治療之理論。收錄於王文秀、田秀蘭、廖鳳池著，兒童輔導原理（第三版）（pp.93-154）。臺北：心理。

易之新（2004）。敘事治療：解構並重寫生命的故事（By J. Freedman & G. Combs, 1999 Narrative therapy）。臺北：張老師文化。

林明雄、林秀慧譯（2002）。自體心理學的理論與實務（By M. Taggart White & M. Bakur Weiner, 1986, The theory & practice of self psychology）。臺北：心理。

林家興（2009）。心理師執業之路（二版）。臺北：心理。

邱珍琬（2002。）現象學派。收錄於張鳳燕、楊妙芬、邱珍琬、蔡素紋等譯《人格心理學－策略與議題》(pp.519-559)。臺北：五南。

邱珍琬譯（2002）。焦點解決在國高中的運用（By M. Murphy, 1997, Solution-focused counseling in middle and high schools）。臺北：天馬。

邱珍琬（2012）。諮商理論與技術。臺北：五南。

邱珍琬（2013）。大學生對諮商的迷思－以心輔系學生為例。高師大諮商心理與復健諮商學報，25，167-195。

連廷嘉、許西森（2000）。諮商督導者與實習諮商員督導經驗之分析。應用心理研究：督導理論與實務。18, 89-111。

許韶玲（2004）。受督導者於督導過程中的隱而未說現象之探究。教育心理學報，36(2)，109-125。

陳金燕（2003）。自我覺察在諮商專業中之意涵。應用心理研究：督導理論與實務。18, 59-87。

張厚粲（1997）。行為主義心理學。臺北：東華。

張傳琳（2003）。現實治療法：理論與實務。臺北：心理。

廖世德譯（2001）。故事、知識、權力－敘事治療的力量（By M. White & D. Epston, 1990, Narrative means to therapeutic ends）。臺北：心靈工坊。

劉瓊瑛譯（2007）。結構派家族治療入門（By S. Minuchin, 1991, Families & family therapy）。臺北：心理。

鄔佩麗（6/23/11）。EMDR（眼動減敏與力成更新療法）進階課程。高雄：高雄地方法院。

Andersen, H. (2003). *Postmodern social construction therapies*. In T. L. Sexton, G. R. Weeks, & M. S. Robbins (Eds.), *Handbook of family therapy* (pp.125-146). N. Y.: Brunner-Routledge.

Aponte, H. J., & Dicesare, E. J. (2002). Structural family therapy. In J. Carlson & D. Kjos (Eds.) (pp.1-18), *Theories and strategies of family therapy*. Boston, MA: Ally & Bacon.

Ballou, M., Gabalac, N. W., & Thomas, C. C. (1985). *A feminist position on mental health*. IN: Springfield.

Beasley, C. (1999). *What is feminism? An introduction to feminist therapy*. London: Sage.

Beck, A. A. & Weishaar, M. E. (1989). Cognitive therapy. In R. J. Corsini & D. Wedding (eds.) *Current psychotherapies* (4th ed), pp.285-320. Itasca, IL: F. E. Peacock publishers.

Becvar, D. S., & Becvar, R. J. (2009). *Family therapy: A systemic integration* (7th ed.). Boston, MA: Pearson Education.

Berg, K. I. & Steiner, T. (2003). *Children's solution work*. N. Y.: W.W. Norton & Company.

Bond, T. (2010). *Standards and ethics for counseling in action* (3rd ed.). London: Sage.

Brown, L. S. (2005). *Feminist therapist with Laura S. Brown*. APA oneline (http://www.apa.org/videos/4310220html)

Brown, L. S. (2008). Feminist therapy. In J. L. Lebow (Ed.), *Twenty-first century psychotherapies*: *Contemporary approaches to theory & practice* (pp.277-306). Hoboken, N. J.: John Wiley & Sons.

Capuzzi, D. & Gross, D. R. (1995). Achieving a personal and professional identity. In D. Capuzzi & D. R. Gross (Eds.) (pp.29-50). *Counseling & psychotherapy: Theories & interventions*. London: Prentice-Hall, Inc.

Carlson, J. (2002). Strategic family therapy. In J. Carlson & D. Kjos (Eds), *Theories & strategies of family therapy* (pp.80-97). Boston, MA: Allyn & Bacon.

Chaplin, J. (1999). *Feminist counseling in action* (2nd Ed.). London:Sage.

Clarkson, P. (1999). *Gestalt counseling in action*. Thousand Oaks, Ca:Sage.

Clarkson, P., & Mackewn, J. (1993). *Fritz Perls*. London: Sage.

Connie, E. (2009). Overview of solution focused therapy. In E. Connie & L. Metcalf (Eds.), *The art of solution focused therapy* (pp.1-19). N.Y.: Springer.

Conyne, R. K. & Cook, E. P. (2004). Preface. In R. K. Conyne & E. P. Cook (Eds.), *Ecological Counseling: An innovative approach to conceptualizing person-environment interaction* (pp.vii-xi). Alexandria, VA: American Counseling Association.

Conyne, R. K., & Cook, E. P. (2004). Understanding persons within environments: An introduction to ecological counseling. In R. K. Conyne & E. P. Cook (Eds.), *Ecological Counseling: An innovative approach to conceptualizing person-environment interaction* (pp.3-35). Alexandria, VA: American Counseling Association.

Cooper, M. (2008). Existential psychotherapy. In J. L. Lebow (Ed.), *Twenty-first century psychotherapies: Contemporary approaches to theory & practice* (pp.237-276). Hoboken, N. J.: John Wiley & Sons.

Corey, G. (1991). *Theory & practice of counseling & psychotherapy* (4th ed.). Brooks/Cole. CA: Pacific Grove.

Corey, G. (2001). *The art of integrative counseling*. Belmont, CA: Brooks/Cole.

Corey, G. (2005). *Theory & practice of counseling & psychotherapy* (7th ed.). Belmont, CA: Brooks/Cole—Thomson Learning.

Corey, G. (2009). *Theory and practice of counseling & psychotherapy* (8th ed.). Belmont, CA: Brooks/Cole—Thomson Learning.

Corey, G., Corey, M. S., & Callanan, P. (2007). *Issues & ethics in the helping professions* (7th ed.). Belmont, CA: Thomson Higher Education.

Corey, M. S., & Corey, G. (2011). *Becoming a helper* (6th ed.). Belmont, CA: Brooks/Cole.

Corsini, R. J. & Wedding, D. (2005). *Current psychotherapies* (7th ed.). Belment, CA: Brooks/Cole.

de Shazer, S., Dolan, Y., Korman, H., Trepper, T., McCollum, E., & Berg, I. K. (2007). *More than miracles: The state of the art of solution-focused brief therapy*. N.Y.: Routledge.

Dreikurs, R. (1964). *Children: The challenge*. N. Y.: Penguin Group.

Drewery, W., & Winslade, J. (1997). The theoretical story of narrative therapy. In G. Monk, J. Winslade, K. Crocket, & D. Epston (Eds.), *Narrative therapy in practice: The archaeology of hope* (pp.32-52). San Francisco, CA: Jossey-Bass.

Dryden, W. (1999). *Rational emotive behavioral counseling in action* (2nd ed.). London: Sage.

Dryden, W. (2007). *Rational emotive behavioral therapy.* In W. Dryden (Ed.), *Dryden's handbook of individual therapy* (5th ed) (pp.352-378). London: Sage.

Duncan, B. L., Miller, S. D., & Sparks, L. A. (2003). Interactional and solution-focused brief therapies: Evolving concepts of change. In T. L. Sexton, G. R. Weeks, & M. S. Robbins (Eds.), *Handbook of family therapy* (pp.101-123). N. Y.: Brunner-Routledge.

Ellis, A. (1997). The future of cognitive-behavior and rational emotive behavior therapy. In S. Palmer & V. Varma (Eds.), *The future of counseling & psychotherapy* (pp.1-14). London: Sage.

Evans, K. M., Kincade, E. A., Marbley, A. F., & Seem, S. R. (2005). Feminism and feminist therapy: Lessons from the past and hopes for the future. *Journal of Counseling & Development, 83* (3), 269-277.

Forey, J. P., & Goodrick, G. K. (2001). Cognitive behavior therapy. In R. Corsini (Ed.), *Handbook of innovative therapy* (2nd ed.) (pp.95-108). N. Y.: John Wiley & Sons.

Forisha, B. L. (2001). Feminist therapy. In R. Corsini (Ed.), *Handbook of innovative therapy* (2nd ed.) (pp.242-254). N.Y.: John Wiley & Sons.

Freedman, J., & Combs, G. (1996). *Narrative therapy: The social construction of preferred realities*. N. Y.: W. W. Norton & Company.

George, R. L., & Cristiani, T. L. (1995). *Counseling theory & practice* (4th ed.). MA, Needham Heights: Simon & Schuster Company.

Gilligan, C. (1982). *In a different voice:Psychological theory & womens' development*. Cambridge, MA: Harvard University Press.

Gilliland, B. E., James, R. K., & Bowman, J. T. (1989). *Theories & strategies in counseling and psychotherapy* (2nd ed.). Eaglewood Cliffs, NJ: Prentice Hall.

Gilliland, B. E., & James, R. K. (1998). *Theories & strategies in counseling and psychotherapy* (4th ed.). Needham Heights, MA: Allyn & Bacon.

Glasser, W. (1975). *Reality therapy: A new approach to psychiatry*. N. Y.: Harper & Row.

Glasser, W. (1998). *Choice theory: A new psychology of personal freedom*. N.Y.: HarperCollins.

Glasser, W. (2000). *Counseling with choice theory: The new reality therapy*. N.Y.: HarperCollins.

Glasser, W., & Wubbolding, R. (1995). Reality therapy. In R. Corsini & D. Wedding (Eds.), *Current psychotherapies* (5th ed) (pp.293-321). Itasca, IL: F. E. Peacock.

Goldenberg, H., & Goldenberg, I. (1998). *Counseling toay's families* (3rd ed.). Pacific Grove, CA: Brooks/Cole.

Grant, J., & Crawley, J. (2002). *Transference & projection*. Maldnhead, UK: Open University Press.

Grunebaum, J., & Smith, J. M. (1996). Women in context (s): The social subtext of group psychology. In B. DeChant (Ed.), *Women & group psychotherapy—Therapy & practice* (pp.58-88). N.Y.: Guilford.

Halbur, D. A., & Halbur, K. V. (2006). *Developing your theoretical orientation in counseling & psychotherapy*. Boston, MA: Pearson Education, Inc.

Haley, J., & Richeport-Haley, M. (2007). *Directive family therapy*, N. Y.: Haworth.

Hanna, S. M.. & Brown, J. H. (1999). *The practice of family therapy: Key elements across models*. Belmont, CA: Wadsworth.

Hazler, R. J., & Kotler, J. A. (1994). *The emerging professional counselor: Student dream to professional realities*. Alezandria, VA: American Counseling Association.

Herlihy, B., & Corey, G. (2006). *Boundary issues in counseling: Multiple roles and responsibilities* (2nd ed.). Alexandria, VA: American Counseling Association.

Herlihy, B., & Remley, T. P. (2001). Legal and ethical challenges in counseling. In D. C. Locke, J. E. Myers, & E. L. Herr (Eds.), *Handbook of counseling* (pp.69-89). Thousand Oaks, CA: Sage.

Hollon, S. D., & DeRubeis, R. J. (2004). Effectiveness of treatment for depression. In R. L. Leahy (ed.), *Contemporary cognitive therapy: Theory, research, & practice* (pp.45-61). N.Y.: Guilford.

Hooks, b. (2004). *The will to change: Men, masculinity, and love*. N. Y.: Artiabooks.

Hunter, S. C., & Borg, M. G. (2006). The influence of emotional reaction on help seeking by victims of school bullying. *Educational Psychology, 26* (6), 813-826.

Inobe, S. P. (2001). Eye movement desensitization and Reprocessing (EMDR). In R. J. Corsini (Ed.), *Handbook of innovative therapy* (2nd ed.) (pp.230-241). N. Y.: John Wiley & Sons.

Ivey, A. E., & Ivey, M. B. (2001). Developmental counseling and therapy and multicultural counseling and therapy: Metatheory, contextual consciousness, and action. In D. C. Locke, J. E. Myers, & E. L. Herr (Eds.), *Handbook of counseling* (pp.219-236). Thousand Oaks, CA: Sage.

Joyce, P., & Sills, C. (2014). *Skills in Gestalt counseling & psychotherapy*. London: Sage.

Kahn, M. (1997). *Between therapist and client: The new relationship* (Rev. ed.). N.Y.: W. E. Freeman.

Kellogg, S. H., & Young, J. E. (2008). Cognitive therapy. In J. L. Lebow (ed.), *Twenty-first century psychotherapies: Contemporary approaches to theory & practice* (pp.43-79). Hoboken, N. J.: John Wiley & Sons.

Korb, M. P., Gorrell, J., & Van De Riet, V. V. (1989). *Gestalt therapy: Practice & theory* (2nd ed). N. Y.: Pergamon.

Kottler, J. A., & Hazler, R. J. (1997). *What you never learned in graduate school: A survival guide for therapists*. N.Y.: W.W. Norton & Company.

Lazarus, A. A. (1995). Multimodal therapy. In R. Corsini & D. Wedding Eds.), *Current psychotherapies* (5th ed) (pp.322-355). Itasca, IL: F. E. Peacock.

Lazarus, A. A. (2008). Technical eclecticism and multimodal therapy. In J. L. Lebow (Ed.), *Twenty-first century psychotherapies: Contemporary approaches to theory & practice* (pp.424-452). Hoboken, N. J.: John Wiley & Sons.

Leach, M. M., & Aten, J. D. (2010). An introduction to the practical incorporation of culture into practice. In M. M. Leach & J. D. Aten (eds.). *Culture & the therapeutic process: A guide for mental health professionals* (pp.1-12). N.Y.: Routledge.

Leach, M. M., Aten, J. D., Boyer, M. C., Strain, J. D., & Bradshaw, A. K. (2010). Developing therapist self-awareness and knowledge. In M. M. Leach & J. D. Aten (eds.). *Culture & the therapeutic process: A guide for mental health professionals* (pp.13-36). N.Y.: Routledge.

Lebow, J. L. (2008). Couple and family therapy. In J. L. Lebow (Ed.), *Twenty-first century psychotherapies: Contemporary approaches to theory & practice* (pp.307-346). Hoboken, N. J.: John Wiley & Sons.

Lemma, A. (2007). Psychodynamic therapy: The Freudian approach. In W. Dryden (Ed.), *Dryden's handbook of individual therapy* (5th ed.) (pp.27-55). London: Sage.

Lester, D. (1994). Psychotherapy for suicidal clients. *Death Studies, 18* (4), 361-374.

Levant, R. F. (1996). The new psychology of men. *Professional Psychology: Research & Practice, 27*, 259-265.

Lewis, J. A., Lewis, M. D., Daniels, J. A., & D'Andrea, M. J. (2011). *Community counseling: A multicultural-social justice perspective* (4th Ed.). Belmont, CA: Brooks/Cole.

Lipchik, E. (2002). *Beyond technique in solution-focused therapy: Working with emotions & the therapeutic relationship*. N. Y.: Sage.

Lister-Ford, C. (2002). *Skills in transactional analysis counseling and psychotherapy*. London: Sage.

Mackewn, J. (1997). *Developing Gestalt counseling*. London: Sage.

May, K. M. (2001). Feminist family therapy defined. In K. M. May (Ed.), *Feminist family therapy* (pp.3-14). Alexandria, VA: American Counseling Association.

McLendon, J. A., & Davis, B. (2002). The Satir system. In J. Carlson & D. Kjos (Eds), *Theories & strategies of family therapy* (pp.170-189). Boston, MA: Allyn & Bacon.

Mearns, D., & Thorne, B. (2007). *Person-centered counseling in action* (3th ed.). London: Sage.

Metcalf, L. (2009). Solution focused therapy: Its applications and opportunities. In E. Connie & L. Metcalf (Eds.), *The art of solution focused therapy* (pp.21-43). N.Y.: Springer.

Minuchin, S., & Nichols, M. P. (1993). *Family healing: Tales of hope and renewal from family therapy*. N.Y.: Free Press.

Mitrani, V. B, & Perez, M. A. (2003). Structural-strategic approaches to couple and family therapy. In T. L. Sexton, G. R. Weeks, & M. S. Robbins (Eds.), *Handbook of family therapy* (pp.177-200). N. Y.: Brunner-Routledge.

Monk, G. (1997). How narrative therapy works? In G. Monk, J. Winslade, K. Crocket, & D. Epston (Eds.), *Narrative therapy in practice: The archaeology of hope* (pp.3-31). San Francisco, CA: Jossey-Bass.

Moorey, S. (2007). Cognitive therapy. In W. Dryden (Ed.), *Dryden's handbook of individual therapy* (5th ed) (pp.297-326). London: Sage.

Morgan, A. (2000). What is narrative therapy? 10/2/11Retrieved from http://www.dulwichcentre.

com.au/what-is-narrative-therapy.html.

Mosak, H. H. (1995). Adlerian psychotherapy. In R. Corsini & D. Wedding (Eds.), *Current psychotherapies* (5ᵗʰ ed) (pp.51-94). Itasca, IL: F. E. Peacock.

Nelson-Jones, R. (2005). *Introduction to counseling skills:Texts & activities.* Thousand Oaks, CA: Sage.

Neukrug, E. (2012). *An introduction to the counceling profession: The word of the counselor* (4ᵗʰ ed.) Belmont, CA: Brooks/Cole.

Nichols, M. P. (1992). *The power of family therapy.* Lake Worth, FL: Gardner.

Nichols, M. P. (2010). *Family therapy: Concepts & methods* (9ᵗʰ ed.). Boston, MA: Allyn & Bacon.

Nystul, M. S. (2006). *Introduction to counseling: An art and science perspective* (3ʳᵈ ed). Boston, MA:Pearson.

O'Connell, B. (2007). Solution-focused therapy. In W. Dryden (Ed.), *Dryden's handbook of individual therapy* (5ᵗʰ ed) (pp.379-400). London: Sage.

Parlett, M. & Denham, J. (2007). Gestaly therapy. In W. Dryden (Ed.), *Dryden's handbook of individual therapy* (5th ed) (pp.227-255). London: Sage.

Payne, M. (2000). *Narrative therapy: An introduction for counselors.* London: Sage.

Pedersen, P. (1988). *A handbook for developing multicultural awareness.* Alexandria, VA: American Association for Counseling & Development.

Perls, F., Hefferline, R., & Goodman, P. (1951/1994). *Gestalt therapy: Excitement & growth in the human personality.* Highland, NY: Gestalt Journal Press.

Rice, F. P. (2001). *Human development* (4ᵗʰ ed.). Upper Saddle River, NJ: Prentice Hall.

Richards, D. (2007). Behavioral therapy. In W. Dryden (Ed.), *Dryden's handbook of individual therapy* (5ᵗʰ ed) (pp.327-351). London: Sage.

Ridley, C. R. (2005). *Overcoming unintentional racism in counseling and therapy: A practitioner's guide to intentional intervention* (2ⁿᵈ ed.). Thousand Oaks, CA: Sage.

Rigazio-DiGilio, S. A. (2001). Postmodern theories of counseling. In D. C. Locke, J. E. Myers, & E. L. Herr (Eds.), *Handbook of counseling* (pp.197-218). Thousand Oaks, CA: Sage

Rivett, M., & Street, E. (2003). *Family therapy in focus.* London: Sage.

Satir, V., Banmen, J., Gerber, J., & Gomori, M. (1991). *The Satir model: Family therapy & beyond.* Palo Alto, CA: Science & Behavior Books.

Schlosser, L. Z., Foley, P. F., Stein, E. P., & Holmwood, J. R. (2010). Why does counseling psychology exclude religion? A content analysis and methodological critique. In Ponterotto, J. G., Casas, J. M., Suzuki, L. A., & Alexander, C. M. (Eds.), *Handbook of multicultural counseling* (3ʳᵈ ed.) (pp.453-465). Thousand Oaks, CA: Sage.

Schneider Corey, M. & Corey, G. (2011). *Becoming a helper* (6ᵗʰ ed.). Belmont, CA: Brooks/Cole.

Seligman, L. (2006). *Theories of counseling & psychotherapy: Systems, strategies, & skills* (2ⁿᵈ ed). Upper Saddle River, NJ: Pearson Prentice Hall.

Sharf, R. S. (1996). *Theories of psychotherapy and counseling: Concepts & cases.* Pacific Grove,

CA: Brooks/Cole.

Shipherd, J. C., Street, A. E., & Resick, P. A. (2006). Cognitive therapy for posttraumatic stress disorder. In V. M. Follette & J. I. Ruzek (Eds.), *Cognitive-Behavioral therapies for Trauma* (2nd ed) (pp.96-116). N. Y.: Guilford.

Smith, D. L. (2003). *Psychoanalysis in focus*. London: Sage.

Smith, T. B. (2010). Culturally congruent practices in counseling and psychotherapy: A review of research. In Ponterotto, J. G., Casas, J. M., Suzuki, L. A., & Alexander, C. M. (Eds.), *Handbook of multicultural counseling* (3rd ed.) (pp.439-450). Thousand Oaks, CA: Sage.

Snow, K. (2002). Experiential family therapy. In J. Carlson & D. Kjos (Eds), *Theories & strategies of family therapy* (pp.296-316). Boston, MA: Allyn & Bacon.

Stewart, I. (1989). *Transactional analysis counseling in action*. London: Sage.

Stewart, I., & Joines, V. (1987). *TA today: A new introduction to transactional analysis*. Chapel Hill, NC: Lifespace.

Sweeney, T. J. (1989). *Adlerian counseling: A practical approach for a new decade* (3rd ed.). Muncie, IN: Accelerated Development.

Tarragona, M. (2008). Postmordern/postructturalist therapies. In J. L. Lebow (Ed.), *Twenty-first century psychotherapies: Contemporary approaches to theory & practice* (pp.167-205). Hoboken, N. J.: John Wiley & Sons.

Tudor, K., & Hobbes, R. (2007). Transactional analysis. In W. Dryden (Ed.), *Dryden's handbook of individual therapy* (5th ed) (pp.256-286). London: Sage.

Utsey, S. O., Fisher, N. L., & Belvet, B. (2010). Culture and worldview in counseling and psychotherapy: Recommended approaches for working with persons from diverse sociocultural backgrounds. In M. M. Leach & J. D. Aten (eds.). *Culture & the therapeutic process: A guide for mental health professionals* (pp.181-199). N.Y.: Routledge.

Van Deurzen, E., & Adams, M. (2011). *Skills in existential counseling & psychotherapy*. London: Sage.

Vasquez, M. J. T. (2010). Ethics in multicultural counseling practice. In Ponterotto, J. G., Casas, J. M., Suzuki, L. A., & Alexander, C. M. (Eds.), *Handbook of multicultural counseling* (3rd ed.) (pp.127-145). Thousand Oaks, CA: Sage.

Walton, F. X., & Powers, R. L. (1974). *Winning children over: A manual for teachers, counselors, principals & parents*. Chicago, IN: Practical Psychology Associates.

Warner, J., & Baumer, G. (2007). Adlerian therapy. In W. Dryden (Ed.), *Dryden's handbook of individual therapy* (5th ed) (pp.124-143). London: Sage.

Weedon, C. (1997). *Feminism, theory, & the politics of difference*. Oxford, UK: Blackwell.

Welfel, E. R. (2010). *Ethics in counseling & psychotherapy: Standards, research, & emerging issues* (4th ed.). Belmont, CA: Brooks/Cole.

West, J. D., & Bubenzer, D. L. (2002). Narrative family therapy. In J. Carlson & D. Kjos (Eds), *Theories & strategies of family therapy* (pp.253-381). Boston, MA: Allyn & Bacon.

Westbrook, D., Kennerley, H., & Kirk, J. (2008). *An introduction to cognitive behavior therapy:*

Skills & applications. London : Sage.

Whitmore, D. (2004). *Psychosynthesis counseling in action* (3rd ed.). London: Sage.

Wilkins, P. (1999). *Psychodrama.* London: Sage.

Wilson, G. T. (1995). Behavior therapy. In R. Corsini & D. Wedding (Eds.), *Current psychotherapies* (5th ed) (pp.197-228). Itasca, IL: F. E. Peacock.

Winslade, J., Crocket, K., & Monk, G. (1997). The therapeutic relationship. In G. Monk, J. Winslade, K. Crocket, & D. Epston (Eds.), *Narrative therapy in practice: The archaeology of hope* (pp.53-81). San Francisco, CA: Jossey-Bass.

Yalom, I. D. (1980). *Existential psychotherapy.* N. Y.: Basic Books.

Yalom, I. D. (1995). *The theory & practice of group psychotherapy* (4th ed). N.Y.: Basic Books.

Zimmerman, J. L., & Dickerson, V. C. (2001). Narrative therapy. In R. J. Corsini (Ed.), *Handbook of innovative therapy* (2nd ed.) (pp.415-426). N. Y.: John Wiley & Sons.

國家圖書館出版品預行編目資料

圖解諮商理論與技術／邱珍琬著. ——二
版.—— 臺北市：五南圖書出版股份有限公
司, 2023.05
面；　公分
ISBN 978-626-343-867-5（平裝）

1.CST: 諮商　2.CST: 諮商技巧

178.4　　　　　　　　　112002420

1BZU

圖解諮商理論與技術

作　　者 ― 邱珍琬（149.29）

企劃主編 ― 王俐文

責任編輯 ― 金明芬

封面設計 ― 陳亭瑋

出 版 者 ― 五南圖書出版股份有限公司

發 行 人 ― 楊榮川

總 經 理 ― 楊士清

總 編 輯 ― 楊秀麗

地　　址：106臺北市大安區和平東路二段339號4樓

電　　話：(02)2705-5066　　傳　　真：(02)2706-6100

網　　址：https://www.wunan.com.tw

電子郵件：wunan@wunan.com.tw

劃撥帳號：01068953

戶　　名：五南圖書出版股份有限公司

法律顧問：林勝安律師

出版日期：2016年2月初版一刷（共五刷）
　　　　　2023年5月二版一刷
　　　　　2024年7月二版二刷

定　　價：新臺幣400元

經典永恆·名著常在

五十週年的獻禮 —— 經典名著文庫

五南，五十年了，半個世紀，人生旅程的一大半，走過來了。

思索著，邁向百年的未來歷程，能為知識界、文化學術界作些什麼？

在速食文化的生態下，有什麼值得讓人雋永品味的？

歷代經典·當今名著，經過時間的洗禮，千錘百鍊，流傳至今，光芒耀人；

不僅使我們能領悟前人的智慧，同時也增深加廣我們思考的深度與視野。

我們決心投入巨資，有計畫的系統梳選，成立「經典名著文庫」，

希望收入古今中外思想性的、充滿睿智與獨見的經典、名著。

這是一項理想性的、永續性的巨大出版工程。

不在意讀者的眾寡，只考慮它的學術價值，力求完整展現先哲思想的軌跡；

為知識界開啟一片智慧之窗，營造一座百花綻放的世界文明公園，

任君遨遊、取菁吸蜜、嘉惠學子！